Knaur.

Knaur.

Über die Autorin:
Joana Adesuwa Reiterer wurde 1981 in Benin City, Nigeria, geboren. Dort hatte sie Kontakt zur nigerianischen Entertainment-Industrie und führte eine kleine Modeboutique. Ihre Familie aber zwang sie seit ihrer frühen Kindheit zu grausamen Voodoo-Ritualen, die ihr Leben zu zerstören drohten.
Schließlich fand sie in Wien eine neue Heimat. Dort setzt sie sich nun aufgrund ihrer eigenen leidvollen Erfahrung für Zwangsprostituierte aus Afrika ein. Bereits in Nigeria arbeitete sie für Film und Theater und nutzt auch heute dieses Medium. Als Botschafterin von »Exit« in Österreich bereist sie mit eigenen Filmen zum Thema Zwangsprostitution Nigeria, um dort Aufklärungsarbeit zu leisten.

Joana Adesuwa Reiterer
mit Johanna Tschautscher

Die Wassergöttin

Wie ich den Bann des Voodoo brach

Knaur Taschenbuch Verlag

Besuchen Sie uns im Internet:
www.knaur.de

Vollständige Taschenbuchausgabe März 2009
Knaur Taschenbuch.
Ein Unternehmen der Droemerschen Verlagsanstalt
Th. Knaur Nachf. GmbH & Co. KG, München.

Umschlaggestaltung: ZERO Werbeagentur, München
Umschlagabbildung: FinePic, München / H. Henkensiefken
Druck und Bindung: CPI – Clausen & Bosse, Leck
Printed in Germany
ISBN 978-3-426-78183-8

2 4 5 3 1

Für Betty, gestorben am 10. Februar 2003
Dein Tod hinterließ in mir tiefe Spuren. Verlorenheit, Wahnsinn und Verzweiflung. Ich verstand die Welt nicht mehr, wie sie auf dich verzichten konnte. Du lebst noch immer in meinem Herzen.

Für die verstoßenen Straßenkinder in Afrika und die Opfer des Menschenhandels. Ihr werdet es schaffen. Ich hoffe und wünsche euch, dass ein neuer Tag kommen wird, an dem ihr zurückschauen und sagen könnt: »Es geht mir gut.«

»Du bist eine Ogbanje, eine Wassergöttin«, erklärte die Priesterin. »Beweise mir deine Liebe und vollziehe das Ritual, dann werden wir reich und glücklich sein«, verlangte mein Exmann.

Vielen Frauen und Kindern in Nigeria wird unterstellt, dass sie »aus dem Wasser stammen« oder »von Wassergeistern besessen sind«. Der Glaube an sogenannte »Ogbanjes« ist Bestandteil des Juju-Kultes, einer der vielen Ausprägungen traditioneller Kulte, die außerhalb Afrikas häufig unter dem Oberbegriff »Voodoo« zusammengefasst werden. Es heißt, dass Ogbanjes übernatürliche Kräfte besitzen und ihren Familien Wohlstand, Fruchtbarkeit und Schönheit bescheren können. Voraussetzung ist allerdings, dass sie sich zu ihrer vermeintlichen Herkunft »aus dem Wasser« bekennen: Ist dies nicht der Fall, bringen sie statt Glück Verderben über ihre Familien. Solche Frauen werden genötigt, sich einem Juju-Ritual zu unterziehen, damit sich ihre angeblichen übernatürlichen Kräfte entfalten. Auf der anderen Seite gibt es Heerscharen von dubiosen Pastoren, die gegen gute Bezahlung »böse Wassergeister« austreiben.

Dank des Einflusses der traditionellen Kulte ist es in weiten Teilen Nigerias üblich, persönliches Unglück auf das Wirken feindseliger Geister zurückzuführen und Zuflucht in magischen Praktiken zu suchen. In dieser Tradition gerät eine Frau, die ihre vermeintliche »Bestimmung« als Wassergöttin nicht akzeptieren will, in eine nahezu ausweglose Lage. Noch schlimmer ergeht es Frauen und Kindern, die der Hexerei bezichtigt werden: An einem solchen Vorwurf ist die Ehe meiner Eltern zerbrochen.

Bei diesen Wahnvorstellungen handelt es sich nicht um ein erhaltenswertes kulturelles Erbe, sondern um eine Bedrohung der Humanität. Die physische und psychologische Folter an Millionen von Frauen und Kindern ist eine Menschenrechtsverletzung. Diese Erkenntnis gewann ich, während ich dieses Buch schrieb. Stück für Stück erschloss ich mir meine eigene Geschichte, wie bei einer Therapie löste ich mich Schritt für Schritt von meiner eigenen Prägung durch die Traditionen meiner Heimat: Ich begriff, in welchem Maße die natürlichen Rechte von Frauen und Kindern durch Anhänger von Juju-Kulten und obskuren Sekten verletzt werden. Juju-Priester und falsche Pastoren verdienen sich ihren Lebensunterhalt mit ihrer fingierten Gabe, Besessene zu erkennen. Ganz gewöhnliche Frauen und Kinder werden verstoßen, sexuell missbraucht, als menschliche Ware gehandelt oder getötet. Seit ich mit meinem Kampf gegen Frauenhandel begonnen habe, wird mir immer deutlicher, dass neben Armut und wirtschaftlicher Ausbeutung noch ein anderer Faktor Menschenhandel und Zuhälterei ermöglicht: die Folter an Menschen, die der Hexerei bezichtigt werden. Viele verlassen aufgrund solcher Praktiken ihre Heimat. Doch in zahlreichen Ländern wird dies als Fluchtmotiv nicht anerkannt, die Opfer erhalten kein Recht auf Asyl.

Ich habe meine Geschichte niedergeschrieben, um einen Beitrag zur Aufklärung dieser verheerenden Verhältnisse zu leisten.

Der Trank

Benin City, Nigeria 1999

Ich ging zu meinem neuen Geschäft in der Airport Road, als mich ein Auto mit hoher Geschwindigkeit überholte, einige Meter vor mir abrupt bremste und dabei eine Menge Sand aufwirbelte. Verwundert starrte ich auf das Fahrzeug und wartete darauf, dass jemand ausstieg. Der feine Staub schwebte langsam zu Boden, aber niemand öffnete die Wagentür.

Leicht verängstigt wäre ich gern auf die andere Straßenseite geeilt, denn womöglich lauerten in dem Auto bewaffnete Banditen, nichts Ungewöhnliches in dieser Gegend. Aber je näher ich an das Fahrzeug herankam, desto klarer wurde mir, dass jemand in diesem Wagen saß, der genau auf mich wartete! Meine Schritte verlangsamten sich, ich blieb kurz stehen, versuchte auf die andere Seite zu wechseln, was aber gefährlich war, denn es herrschte starker Verkehr. Mit gespielter Gelassenheit schlenderte ich weiter, die Autos drängten an mir vorbei, während ich vergeblich nach einer Lücke Ausschau hielt. Schließlich erreichte ich den parkenden Wagen und starrte wie gebannt in den Seitenspiegel.

In dem Auto saß ein Mann, den ich kannte. Der Fahrer

öffnete die Tür und stieg würdevoll aus. Er steuerte direkt auf mich zu und sprach mit feierlicher Stimme: »Warum läufst du weg? Ich habe dich im Fernsehen gesehen! Du findest dich zurecht, obwohl ich dich verstoßen habe. Ich habe keine Angst vor deinem Erfolg. Lass uns über alles sprechen, als Vater und Tochter!«

Ein innerer Instinkt sagte mir: Niederknien. Aus Respekt vor meinem Vater.

Aber es gab nichts, was ich mit diesem Mann noch besprechen wollte. Ich wandte mich der Straße zu und wollte sie überqueren, da sah ich aus dem Augenwinkel noch jemanden im Auto.

Auf dem Beifahrersitz saß eine Frau, Ende dreißig, mit heller Haut und jugendlicher Ausstrahlung. Ich hatte sie noch nie aus so großer Nähe gesehen, die neue Frau meines Vaters. Auf der Straße lockerte sich der Verkehr. Nur noch ein Wagen, dann würde ich losrennen! Der Mann neben mir erriet meine Gedanken.

»Adesuwa!«, rief er. Seine Stimme klang nun anders. Die gespielte Souveränität schwang nicht mehr mit. Keine Spur von Stolz und Überlegenheit. Wollte er um Vergebung bitten? Unmöglich!

Verwirrt wandte ich mich ihm zu. In seinem Blick las ich: Lass uns noch einmal von vorne beginnen.

Ich wurde weich. Doch ich wollte hart bleiben. Also riss ich mich zusammen und zwang mich, nicht länger vor ihm zu zittern: »Du musst auch Itohan wieder aufnehmen und dich zu deiner Verantwortung bekennen!«

Die Frau im Wagen schob sich auf unsere Seite und sah uns an. Mein Vater bemerkte es, richtete den Oberkörper auf und spannte den Rücken: »Ich möchte, dass ihr morgen zurückkommt!«

Morgen.

»Okay«, rief ich, und blickte wieder auf die Frau. Ich konnte kurz in ihre Augen sehen. Plötzlich war die Straße leer, und ich rannte los. »Wir werden kommen, Daddy«, rief ich. Wie von selbst trugen mich meine Beine vorwärts, auf die andere Straßenseite. »Weg von hier«, dachte ich. Fort von meiner eben getroffenen Entscheidung. Warum um alles in der Welt hatte ich Ja gesagt?

Als ich weit genug vom Wagen meines Vaters entfernt war, blieb ich stehen. In meinen geschlossenen Augen sammelten sich Tränen. Ich wollte sie nicht öffnen, tat es aber doch. Das Auto meines Vaters war verschwunden. Ich wollte aufwachen aus diesem Traum. Niemals würde sich mein Vater bei mir entschuldigen. Keinesfalls auf offener Straße. Und ganz bestimmt nicht vor seiner neuen Liebschaft, Nancy!

Aber vielleicht hat er uns wirklich vermisst, dachte ich. So wie wir ihn. »Unsinn!«, rief ich entschieden, aber sofort fühlte ich wieder das Verlangen, dass es wahr wäre. »Daddy!«, flüsterte ich wie ein Kind. Mein Vater verhielt sich oft unverständlich, grausam, hart. Aber das Bedürfnis nach Geborgenheit ließ mich ihm immer wieder vergeben.

»Ich liebe ihn immer noch«, dachte ich. Anders als Itohan, meine Schwester. Sie war hart geworden und wollte nicht wieder zurück.

Wir waren geflohen. Aus dem Haus meines Vaters! Seine Grausamkeit war unerträglich geworden. Wie sollte ich meiner Schwester nun erklären, dass wir wieder zurück sollten? Sie würde nicht mit mir gehen, niemals das Haus meiner Großmutter mit unserem Elternhaus vertauschen. Großmutter verdiente wenig und konnte uns nicht mehr bieten als einen Winkel ihrer kleinen Wohnung und spärliche Nahrung. Dennoch zog Itohan es vor, in dieser friedlichen Atmosphäre zu leben. Doch nun hatte ich mich mit meinem Vater versöhnt! Auf offener Straße! Was würde meine kleine Schwester sagen? »Nur über meine Leiche, nur über meine Leiche!«

Ich wandte alle meine Überredungskünste an. Während meine Großmutter am nächsten Morgen in der Küche kochte, stand ich mit Itohan in der Tür und erklärte ihr die Situation. Meine Schwester wollte mir nicht zuhören, aber ich zwang sie dazu. »Ich werde nicht mehr für dich sorgen können!«, schloss ich. »Dann verhungere ich eben«, rief sie trotzig. Ich versuchte es mit Milde, dann wurde ich zornig. Ich sagte, dass ich nicht länger in der Lage wäre, sie finanziell zu unterstützen, nicht mehr diese harte Arbeit leisten könne. Meine Ersparnisse wären bald aufgebraucht. Doch da sie sich nicht überzeugen ließ, wir aber zu meinem Vater zurückmussten, aus finanziellen Gründen, tat ich das Schlimmste, was ich meiner Schwester antun konnte: Ich ließ sie einfach stehen.

Itohan war nicht fähig, ohne mich auszukommen. Also sah sie sich gezwungen nachzugeben, obwohl sich alles in ihr sträubte. Wie ein misshandelter Hund folgte sie mir, ständig konnte ich ihr Wimmern hören.

Zwei Stunden später standen wir vor dem großen, stattlichen Haus meines Vaters. Ein paar Nachbarn zeigten sich, sie wollten Zeugen der nun folgenden Ereignisse sein. Immerhin ist es eine Schande, wenn zwei Mädchen zwischen achtzehn und vierzehn Jahren von zu Hause fortlaufen. Was würde nun bei unserer Rückkehr geschehen? Erwartungsvoll lehnten sie am Zaun und starrten uns an. Wahrscheinlich rechneten sie mit einem großen Spektakel, aber sie wurden enttäuscht: Mein Vater empfing uns freundlich, zuvorkommend, fast glücklich!

Daddy öffnete uns persönlich das Tor, durch das er normalerweise nur mit seinem Auto fuhr. Ich freute mich! Er trug seinen dunkelblauen Anzug, den ich mochte und in dem er oft mit mir am Abend in die Stadt gefahren war. Ich spürte, wie mir warm ums Herz wurde. Doch gleichzeitig wunderte ich mich darüber, wie schnell sich Menschen verändern. Er hat mich um Verzeihung gebeten! Aber mein Vater bittet doch nicht um Verzeihung!

Wie auch immer, ich ging durch das Tor, als könnte ich damit in eine intakte Welt zurückkehren, die ich so sehr ersehnte. Ich hoffte, dass alles wieder gut werden würde.

Es war Abend, und Itohan und ich gingen in unsere Zimmer. Fred und Richard, meine Brüder, berichteten uns, was sich in unserer Abwesenheit ereignet hatte.

»Und die Frau?«, fragte ich geringschätzig, »die hellhäutige Schlampe?«

»Nancy ist heute nicht zu Hause«, antwortete Fred, der Älteste von uns allen, und senkte den Kopf.

Daddy rief uns in sein Zimmer. Er wollte mit uns reden. Über Nancy. Er hatte vor, Dinge klarzustellen. Vor allem mir gegenüber.

»Meine Frau«, begann er langsam und würdevoll, »ist

heute nicht zu Hause.« Er legte eine bedeutungsvolle Pause ein. »Sie kümmert sich um ihren kranken Vater.« Wir begriffen die Botschaft: So sollten auch wir uns verhalten, falls es einmal vonnöten war. »Nancy ist meine neue Frau.«

Damit war das Gespräch beendet.

Itohan und ich schliefen gut in dieser Nacht. Aber als ich wie immer um fünf Uhr früh erwachte, wünschte ich mir nichts sehnlicher, als dass Mummy wieder hier wäre.

Um sechs Uhr kam Nancy. Ihre Einkaufstaschen waren gefüllt mit einer Unmenge Essen. Nancys Vater hatte einen Bauernhof, der ein paar Kilometer entfernt lag. Also schleppte sie Gemüse, Fleisch, Eier und Brot zu ihrem neuen Heim, meinem Elternhaus! Dort, vor der Küchentür, konnte ich sie das erste Mal richtig betrachten. Sie war hübsch, jung, kräftig, vital. Mein Vater ordnete an, dass nur sie in der Küche kochen durfte. Ich widersprach nicht: Das konnte mir nur recht sein.

Eine ganze Woche verging, ohne dass irgendetwas Dramatisches vorfiel. Nancy versorgte uns mit frischen Mahlzeiten, führte den Haushalt und ließ mich und Itohan in Frieden. Ich hatte plötzlich Zeit, mich vermehrt um meine kleine Boutique zu kümmern, und war froh, endlich wieder ein wenig Geld sparen zu können. Nancy ging ich aus dem Weg, und sie versuchte, mich zu ignorieren. Aber eines Morgens stritten mein Vater und sie in der Küche. Ich wollte schnell aus dem Haus, um nicht in ihre Auseinandersetzung zu geraten, doch dann hörte ich, wie sie die Tür abschlossen. Misstrauisch blieb ich stehen und lauschte. Obwohl sie ihren Streit mit gedämpften Stimmen fortsetzten, konnte ich meinen Namen hören. Mehrere Male!

Also beschloss ich, vor dem Haus auf meinen Vater zu warten und ihn zu fragen, was los war. Aber noch bevor ich mich zurückziehen konnte, kam Daddy aus der Küche. Ich grüßte ihn hastig, erhielt aber keine Antwort. Dann rannte auch Nancy weinend aus dem Raum. Ich wollte sie trösten, aber sie stieß mich fort und schrie: »Es ist deine Schuld!«

Welche Schuld? Ich hatte keine Ahnung, wovon sie sprach.

»Adesuwa, lass sie in Ruhe«, rief mir Daddy zu.

»Sie soll mich nicht nur in Ruhe lassen, sondern auch dieses Haus verlassen«, brüllte Nancy wie eine Verrückte.

»Was wollt ihr von mir?«, rief ich.

In diesem Moment ging oben die Treppentür auf, und meine Tante Clara erschien am Flur, die ältere Cousine meines Vaters – wir nennen auch ältere Cousinen »Tante«. Sie rannte zu Nancy, legte mütterlich ihren Arm um sie und tröstete die Weinende. Mein Vater stand neben ihnen und wusste nicht, was er tun sollte. Auch ich hatte keine Ahnung, was hier vor sich ging!

Meine Tante befahl mir und meiner Schwester Itohan, nach draußen zu gehen. Während wir uns umwandten, hörte ich sie noch flüstern, dass sie sich »um die Dinge« kümmern werde.

Itohan und ich setzten uns schweigend auf die Terrasse. Eine Stunde lang rätselte ich, um »welche Dinge« es sich wohl handeln konnte. Dann erschien mein Vater und befahl: »Zieht euch an, wir gehen in die Kirche!«

»Was?«

»Geht in eure Zimmer und zieht euch um. Wir gehen jetzt in das Gotteshaus!«

Ungläubig starrten Itohan und ich einander an. Sprachlos schlichen wir in unsere Zimmer. Mein Vater ging schon lange nicht mehr zur Kirche! Das letzte Mal, als Daddy in einem Gotteshaus gewesen war, hatte der Pastor meine Mutter zum Altar gebeten und öffentlich erklärt, dass sie »eine besondere Frau« wäre. Das hatte meinen Vater fürchterlich aufgeregt!

Im Nebenzimmer wechselten auch Fred und Richard ihre Kleider. Unten vor der Tür warteten Daddy, meine Tante Clara und Nancy. Wir stiegen in Daddys Auto und fuhren los. Tante Clara nahm ihren eigenen Wagen. Nancy saß vorne und hatte aufgehört zu weinen. Hin und wieder schluchzte sie noch und zog die Nase hoch. Es klang wie ein Protest.

Unser Ziel war Aduwawa, sehr weit außerhalb des Zentrums von Benin City. In diesem Randbezirk standen zahlreiche Kioske und auch viele Kirchen verschiedenster Glaubensrichtungen. Nach fünfzig Minuten hielt mein Vater vor einem einstöckigen Haus mit brauner Fassade. Es war offensichtlich von Jandons errichtet worden. »Jandons« nannten wir jene Nigerianer, die irgendwo in Europa reich geworden waren, sich als etwas Besseres fühlten und nun in ihrer Heimat ihre eigenen Ansichten von Mode, Design und Architektur durchsetzen wollten. Vor dem Haus stand eine riesige Skulptur aus Bronze: eine Frau, die Zwillinge hielt. An ihrer rechten Seite waren Buchstaben eingraviert: »The End shall judge the Means.« Eine sehr gängige Inschrift in Nigeria. Viele Autos trugen Aufkleber mit diesem Spruch. Auch Büros und Tankstellen schmückten sich damit, vielleicht um kundzutun, dass bei ihnen alles mit rechten Dingen zuging.

Wir betraten die Kirche. Das Gebäude war in vier Räume unterteilt, die man über eine breite Treppe erreichen konnte. Wir stiegen die Stufen zu einem offenen Raum hinauf. Meine Tante Clara überholte uns mit entschiedenem Schritt, als wolle sie beweisen, dass sie sich hier auskannte. Mit fester Stimme rief sie laut einen Namen: »Mama Ego!« Mehrere Male schallte ihr Ruf durch die Halle, bis eine dicke Frau mittleren Alters aus irgendeiner Ecke auftauchte. Mama Ego trug ein weißes, weites Gewand. Die Spitzen des Überhangs streiften über einen dreckigen Boden. Zornig starrte sie uns an, ohne ein Wort zu sagen, geschweige denn, uns zu begrüßen. Dann umarmte sie meinen Vater, Nancy, gleich darauf Tante Clara. Mit stolzer Miene führte sie uns in eine Art Warteraum. Eine Tür führte in das Allerheiligste. Nach einer Weile durften wir eintreten und gelangten in einen hundert Quadratmeter großen Raum, in dem links und rechts Bänke standen. In der Mitte führte ein breiter Gang direkt zum Altar. Hinter dem Tisch des Herrn hing ein breiter Vorhang, halbkreisförmig angeordnet. Eine Gruppe von etwa achtzig Leuten saß links und rechts in den Bänken und betete inbrünstig. Ich fühlte mich wohler, als ich ein paar Kinder herumlaufen sah. Die Frau bot uns eine besondere Sitzrolle an, ganz hinten an der Mauer. Fred, Richard, Itohan und ich ließen uns darauf nieder. Mein Vater, Nancy und meine Tante durften sich zum Altar setzen, auf spezielle Stühle. Die dicke Frau ging hinter den Altar und zog ihren weißen Umhang aus. Ich fürchtete, ihren fetten Körper sehen zu müssen, und wollte mich abwenden, aber unter dem weißen Umhang trug sie ein Kleid in noch blendenderem Weiß. Mit dem Rücken zu uns kniete sie nieder und betete. Nancy folgte ihrem Beispiel. Mein Vater blieb stehen, um uns zu überwachen. Tante Clara war nirgends zu sehen. Alle anderen sprachen zu Gott oder taten zumindest so, auch meine Geschwister.

Ich war nicht in der Lage dazu und sah mich in der Halle um. Überall brannten Kerzen. Sie sollten den Raum erleuchten, denn die Fenster waren lichtdicht geschlossen worden, sodass kein Sonnenstrahl eindringen konnte. Wozu sollte das gut sein? Ich fühlte mich wie in einer Höhle! Die Luft war schwül und stickig, die Kerzen fraßen den Sauerstoff. Ich sagte mir, dass es hier anders zuging als in den Kirchen, in die uns Mummy immer gebracht hatte, aber dass dennoch alles relativ normal wirkte. Die Betenden trugen zur Kirche passende Kleider, die Buben dunkle Hosen und weiße Umhänge, die Mädchen weiße Roben, die bis zum Boden reichten. Die älteren Männer knoteten ihre Umhänge mit einer roten Kordel zusammen, und ihre Körper wippten in regelmäßigen Bewegungen hin und her. Was mich am meisten faszinierte, war die Trennung von Männern und Frauen. Das hatte ich bisher nicht gekannt. Auch die Jugendlichen beteten getrennt, nur die ganz kleinen Kinder liefen herum, wo sie wollten.

Ein lautes Schluchzen riss mich aus meinen Gedanken. Nancy stand plötzlich direkt auf dem Altar, umgeben von vier Frauen und weinte. Die Frauen scharten sich dicht um sie und wiederholten ständig: »… dass die Antwort hier wäre, hier in dieser Kirche!«

Ein lauter Knall ließ mich zusammenfahren. Die Eingangstür krachte zu. Itohan drängte sich erschrocken an mich.

»Femi, komm zu mir!«, befahl eine Stimme. Sie kam aus dem Schlund Mama Egos, in einer Tonlage, mit der mein Vater noch nie zuvor angesprochen worden war. Er gehorchte und kniete neben Nancy nieder. Die fette Frau erhob ihre Arme: Sie könne sehen, sie könne sehen, hinter alles, was uns nicht zugänglich wäre…! In die Vergangenheit, Gegenwart, Zukunft.

»Dank sei Gott«, hauchte sie in unserer Sprache. Und gleich darauf: »Femi, ruf sie her!«

In diesem Augenblick bekam ich Angst. Wen sollte er rufen? Worum ging es bei dieser Sache hier? Plötzlich stürzte auch noch ein Mädchen hinter dem Vorhang im Altarraum hervor. Ich bekam einen enormen Schreck! Sie war zwischen vierzehn und sechzehn Jahre alt und begann wild zu schreien: »Ich habe nichts. Ich bin nichts. Lasst mich gehen! Ihr werdet bestraft werden!« Das rief sie immer wieder, bis Mama Ego ein paar Männern befahl, die Tobende zum Schweigen zu bringen. Die sogenannten Diakone schoben sie zurück hinter den Vorhang. Das Mädchen wehrte sich, war aber fast nicht mehr bei Sinnen und fügte sich schließlich.

Hinter einem Vorhang hielten diese Leute eine Halbwüchsige gefangen! Wo waren wir hier? Erst jetzt fiel mir auf, dass die Kirche kein Schild am Eingang hatte.

»Ihr vier kommt jetzt hierher!«, befahl mein Vater. Ohne einen klaren Gedanken fassen zu können, gehorchten wir und gingen nach vorn. Mama Ego stand breit und würdevoll vor dem Altar, ihre massige Gestalt ließ sie majestätisch und Ehrfurcht gebietend erscheinen.

»Habt ihr dieses Mädchen gesehen?«, begann sie in einem monotonen Singsang. »Sie ist verrückt geworden, eine Hexe, die ihre Macht nicht für das Gute gebraucht! Falls ihr, insbesondere du«, die Priesterin zeigte auf mich, »falls du dich entschließt, deine Kraft für das Böse einzusetzen, wirst du vernichtet werden!«

Wie eine Göttin baute sie sich vor mir auf. Die ganze Glaubensgemeinschaft von mindestens siebzig Leuten begann laut und inbrünstig zu beten. Sie sahen nicht zu uns herüber, doch sie hatten genau begriffen, worum es ging. Meine Beine wurden schwach, in meinem Inneren wuchs entsetzliche Angst. Itohan klammerte sich an mich. Betrug, dachte ich. Mein Vater hat mich hintergangen! Still tropften die Tränen unter Itohans Lidern hervor. Das traf mich doppelt hart. Ich hatte sie überredet, mit mir nach Hause zu kommen, und nun führte ich sie auf die Schlachtbank. Die Priesterin wich keinen Millimeter zur Seite und versuchte, mich zu einem Geständnis zu drängen.

»Deine Stiefmutter ist seit vier Monaten bei deinem Vater, aber sie ist noch nicht schwanger! Warum?«

Ich brachte keinen Ton heraus.

»Schwanger!«, rief sie.

Was wollten sie von mir?

»Rede!«

Sie sind verrückt!, schoss es mir durch den Kopf. Gleichzeitig schlotterten mir die Knie und ich empfand entsetzliche Angst, während ich sie wie gebannt anstarrte. Ein Knoten wuchs in meinem Hals, ein harter Stein in meinem Magen, meine Glieder brannten vor Furcht.

»Du hältst ihren Unterleib fest!«, donnerte die Priesterin.

»Ihr seid krank«, schrie ich, »ihr seid verrückt! Ich habe keine Ahnung, wovon ihr sprecht!«

Die ganze Kirche begann zu kreischen, so heftig, als bejubelten sie einen Sieg. Zwei Männer eilten unverzüglich auf mich zu, packten mich und brachten mich in einen anderen Raum. Ich hatte mich erdreistet zu schreien! Sie zwangen mich auf die Knie. Ich hörte Itohan lautes Flehen: »Daddy, bitte lass uns hier weggehen!«

Die fette Frau draußen verkündete, sie habe eine Vision: Drei Hände seien verantwortlich für die Misere meiner Stiefmutter. Ich und meine drei Geschwister müssten einen Trank zu uns nehmen, den sie vorbereitet habe.

Ich kniete immer noch zwischen den Männern und hörte, wie sie sagte, dass Hexen ziemlich unschuldig aussehen könnten. Schaulustige versammelten sich am Eingang. Mama Ego durchbrach die Reihe der Zuschauer wie eine Straßenwalze und bahnte eine Gasse für meinen Vater und Nancy. Wie eine Säule stand sie vor mir und zog eine Flasche mit Olivenöl aus ihrem Umhang. Diese fiel plötzlich auf den Boden und zersprang in tausend Scherben. Meine Stiefmutter begann laut zu weinen. Doch Mama Ego erklärte mit feierlicher Stimme, Nancy brauche sich nicht zu beunruhigen, sie hätte noch mehr von dem Saft vorbereitet. Denn sie habe gewusst, dass sie es heute mit übernatürlichen Kräften zu tun bekommen würde, die von mir und Itohan ausgingen! »Sie ist eine Ogbanje – eine Wassergöttin!« Mit diesen Worten sank sie auf die Knie und stieß seltsame Laute hervor. Sie sprach in Zungen. Tief in Trance erhob sie sich wieder und warf dabei den Kopf hin und her. »Dank sei dir, Dank, du hast mir die Augen geöffnet, heute wieder!« Mit einem Wink befahl sie Fred und Richard, mir gegenüber niederzuknien. Die beiden gehorchten. Mit dem Öl vom Boden rieb sie ihre Köpfe ein und befahl ihnen, sich wieder zu erheben. Dann wandte sie sich Itohan und mir zu. Ich dachte, sie würde auch uns die Köpfe mit dem Öl einreiben, aber plötzlich tuschelte sie mit meinem Vater und Nancy. Dann erhob sie wieder ihre salbungsvolle Stimme. »Ogbanje, Ogbanje, wir erkennen euch gleich, wenn wir euch sehen. Lass ab, lass ab! Bedecke deine Schlangenbeine!«, rief sie.

Ich dachte, dass sie verrückt war, doch gleichzeitig schnürte mir die Angst die Kehle zu.

»Ah, nun veränderst du deine Form!«, fuhr sie fort. Dabei rollten ihre Augen, und ihr massiger Körper bebte. »Ich fürchte die Wale nicht! Bedecke deine Flossen, sonst befehle ich meinen Männern, sie dir mit einem Messer abzuschneiden! Du wirst kriechen, dein Leben lang!«, endete sie.

Achtzig Leute beteten hinter der Priesterin. Mein Vater, meine Tante und Nancy starrten uns an. Sie konnten doch nicht alle verrückt sein! »Gestehe, gestehe, gestehe«, wiederholte die Priesterin eindringlich. Daddy und Nancy standen neben ihr und warteten genauso wie die fette Frau auf meine Unterwerfung. Acht Mal schrie sie das Wort heraus, ohne dass Itohan und ich antworten konnten. Dann lief sie hinaus und befahl zwei Männern, auf uns aufzupassen. Sie würde gleich wieder erscheinen.

»Sie werden nicht weggehen«, versicherte ihr mein Vater mit fester Stimme. »Dafür werde ich sorgen!«

Itohan und ich erstarrten. Daddy stand hinter der dicken Priesterin. Es gab kein Entrinnen.

Als die Frau wiederkam, trug sie zwei Gläser mit einer dunkelroten Flüssigkeit in den Händen.

»Trinkt!«, befahl sie.

Ohne zu zögern, ich weiß nicht warum, schluckten Itohan und ich die Flüssigkeit hinunter. Ich glaube, wir hatten Angst vor Vater. Vielleicht hofften wir auch, wenn wir gehorchten, würden sie uns glauben, dass wir keine Ogbanje waren.

Die Substanz schmeckte süß. Sie sah ein wenig aus wie Blut. Ich wollte nur noch hinaus, das Sonnenlicht sehen! Mama Ego, meine Tante Clara, Nancy und mein Vater sahen uns erwartungsvoll an. Itohan und ich stellten die Becher auf den Boden. Die fette Frau baute sich vor uns auf.

»Nun lasst uns warten!«

Itohan zitterte, ihr Gesicht war leichenblass. Ich fragte mich, ob sie das durchstehen würde.

»Sieben Tage!«, rief die Frau vor uns. »Nicht mehr als sieben Tage, und sie werden gestehen.«

Ich begriff, dass es nicht vorbei war, sondern nun erst begann.

»Ihr beide werdet uns erzählen, wie ihr eure Kräfte gebraucht, andernfalls werdet ihr sterben!«, verkündete sie pathetisch.

Sterben. Mein Mund klappte auf. Flüssigkeit sammelte sich darin. Speichel, eine enorme Menge, gleichzeitig wurden meine Lippen trocken. Ich wollte ausspucken. Gift. Gift, dachte ich. Itohan ging es wie mir. Ich konnte nicht sprechen. Mein Vater näherte sich. Was war das für ein Trank? Gestehe, gestehe! Sterben …

Ich sah in die Augen meines Vaters. Kein Mitleid zeigte sich darin. »Wir werden vielleicht sterben«, dachte ich. Ich wollte Itohans Hand ergreifen, wagte aber nicht, mich zu bewegen. Gleichzeitig kochte es in mir, ich spürte eine gewaltige Wut in mir aufsteigen.

»Was hat sie uns zu trinken gegeben, Daddy«, flüsterte ich mit gepresster Stimme.

»Das geht euch nichts an«, schrie die Frau. »Wenn ihr gesteht, wird euch nichts passieren. Tut ihr es nicht, werdet ihr die nächste Woche nicht überleben!«

Hatte sie uns vergiftet?

Ich hasste meinen Vater. Itohan sagte kein Wort. Fred und Richard schwiegen, aus Angst, der Zorn meines Vaters könne sich auch gegen sie richten. Aber ich spürte, dass auch sie ihn verachteten. Unsere Tante stupste uns an, und wir begriffen, dass es zu Ende war. Aufstehen. Den Raum verlassen. Nach Hause fahren. Warten. Sieben Tage. Schlafen. Essen. Sterben. Gift.

Mama Ego schritt mit meinem Vater und Nancy feierlich die Treppen hinauf. Tante Clara brachte uns zum Ausgang. Wir warteten dreißig Minuten. In völliger Stille.

Als mein Vater um die Ecke kam, flüsterte ich meiner Tante zu: »Warum zerstörst du unsere Familie?«

Ohne mit der Wimper zu zucken entgegnete sie: »Bevor diese Woche um ist, wirst du deinen dreckigen Mund nicht mehr öffnen können.«

Sie meinten es bitterernst. Der Trank enthielt irgendein schleichendes Gift. Ich wollte wissen, woraus sie es gemischt hatten, aber ich gönnte meiner Tante den Triumph nicht, sich an meiner Ratlosigkeit zu weiden. Also schwieg ich beharrlich. Angst. Sie wollten uns Furcht einflößen, uns Angst und Schrecken in den Leib pflanzen!

Ein Schrei ertönte. Aus einem Nebenraum drangen laute Rufe und gellende Klagetöne. Meine Tante drückte Fred und Richard mit festem Griff an die Wand. Sie erklärte, dass besessene Hexen andere anstecken könnten, man müsse sich von ihnen fernhalten. Ihre Worte bezogen sich nicht auf mich und Itohan, sondern auf eine Frau im Nebenraum. Es war eine weibliche Stimme, die um Hilfe rief.

Entgeistert starrten Fred und Richard auf die Tür, die mit einem blauen Vorhang verhängt war. Meine Tante stellte sich vor sie, als könne sie die beiden dadurch beschützen. Ich wollte wissen, was hinter der Tür vor sich ging, und trat einen Schritt zurück, um durch die Öffnung sehen zu können. »Deine Leute rufen dich!«, schrie meine Tante mir zu. Ich schob die blauen Vorhänge auseinander. In dem Zimmer lag eine Frau auf dem Rücken, direkt am kalten Boden. Ihre Beine und Arme hatte sie in die Höhe gestreckt. Zwei Männer und eine schwarz gekleidete Frau standen rund um sie und sprachen seltsame Gebete. Einer der Männer schlug die vermeintliche Besessene in regelmäßigen Abständen mit einer Strohpeitsche. Der andere Mann träufelte ihr Öl auf den Kopf, während die schwarze Frau wie in Trance Gebete raunte.

Ich war zutiefst verstört. So etwas hatte ich noch nie zuvor gesehen! Ich wollte Itohan mitteilen, was hier vor sich ging, aber sie presste die Handballen auf ihre Ohren und wiegte den Kopf hin und her. Ein eindeutiges Zeichen, dass sie keine weiteren Schrecknisse mehr verkraften konnte.

Das Klatschen der Schläge und die Klagerufe der Frau hinter dem blauen Vorhang drangen noch eine ganze Weile zu uns.

»In sieben Tagen wirst du hier liegen, Adesuwa, und gestehen!«, flüsterte meine Tante. »Sie werden dir den bösen Wassergeist austreiben, oder du wirst sterben.« Das Gleiche hatte die fette Frau gesagt.

Plötzlich begriff ich, wo wir waren. Das war keine Kirche, es sollte nur so aussehen – mit Priestern, Diakonen, einem Chor, Kindern, betenden Massen, Roben, Altären! Vielleicht war es die Versammlung einer der obskuren Sekten, die bereits Tausende von Menschen für sich gewonnen hatten!

Nun kamen mein Vater und seine Verlobte die Treppen herunter, ohne ein Wort zu sagen. Sie sahen weder uns noch Fred und Richard in die Augen. Stumm verließen wir das Gebäude.

Itohan und ich gingen zu Daddys Auto, doch mit einem Blick stellte er klar, dass wir seinen Wagen nicht mehr berühren durften.

»Da habt ihr hundert Naira, seht zu, dass ihr selbst nach Hause kommt, mit eurer Macht! Mit eurem Zauber habt ihr den Leib meiner Frau unfruchtbar gemacht! Und ihr wollt meine Kinder sein?«

Damit stieg er mit Nancy und meinen Brüdern in sein Auto, gab Gas und fuhr so schnell fort, dass wir in eine Staubwolke gehüllt zurückblieben.

Leute aus der Nachbarschaft starrten uns an, als wären wir Schauspieler in einem Freilichttheater. Offenbar kannten sie diese Szenen, hier wurden wahrscheinlich öfter Familien auseinandergerissen.

Itohan und ich brauchten zwanzig Minuten, bis wir einen Entschluss fassen konnten. Langsam gingen wir die Straße hinunter. Verloren oder frei, ich konnte es nicht voneinander unterscheiden. Irgendwann erreichten wir Daddys Haus, völlig erschöpft.

Mein Vater stand auf dem Balkon, als hätte er uns erwartet. Inzwischen war es Abend geworden. Er begrüßte uns nicht. Mein Bruder Fred wusch gerade Daddys Wagen. »Tragt eure Sachen nach unten. Alle! Alle Kinder müssen von nun an unten wohnen!« Mit diesen Worten verließ mein Vater den Balkon. Fred protestierte: »Was hat das denn mit uns zu tun, Daddy?« Die Stimme meines Vaters schallte aus dem Haus ins Freie: »Du glaubst, du bist nicht betroffen, aber deine Schwestern könnten ihre Brüder verunreinigen, wenn es nicht bereits passiert ist. Hinunter mit euch, bis ich nach euch rufe. Ich lasse euch tausend Naira bringen für das Essen in dieser Woche.«

Das Haus meines Vaters war groß. Die Architektur sah fremdländisch aus, europäisch, ein stattlicher Turm verband das Untergeschoss mit den oberen Räumen. Im Turm, den wir »Arc« nannten, schraubte sich eine Wendeltreppe nach oben. Daddy hatte mit dem Bau begonnen, nachdem er meine Mutter geheiratet hatte. Die oberen Stockwerke wurden fertiggestellt, aber unten wollten sie nicht mehr investieren. Wahrscheinlich weil es dort immer dunkel war, aufgrund der fast drei Meter hohen Mauer, die mein Vater rund um das Grundstück gezogen hatte, um sein Territorium von den anderen abzugrenzen. Oder »zu sichern«, wie er erklärte. In den unteren Teil gelangte man durch ein rotes Eisentor. Von innen konnte man die Tür mit zwei großen Bolzen verriegeln. Außerdem gab es noch viele Schlüssel und ein Vorhängeschloss, die ebenfalls zur Sicherung dienten. Diese Technik erinnerte mich immer an die Gefängnishöfe, die ich in Hollywoodfilmen gesehen hatte. Mein Vater ordnete an, dass wir jedes Mal das Vorhängeschloss benutzen mussten, um die Tür abzuschließen. Sobald man im Inneren des Hauses war, fragte man sich, wozu die Schlösser gut sein sollten, denn alle Zimmer waren völlig leer. Im unteren Geschoss gab es fast keine Möbel, nicht einmal Betten. Auch Küche und Bad fehlten. Außerdem roch es modrig. Das also war unser neues Heim! Hätten die Nachbarn gewusst, dass im Inneren dieses seltsamen Hauses nur gähnende Leere herrschte, hätten sie es nicht so bewundert.

Zuerst mussten wir alles putzen. Ich warf Itohan's Matratze auf den Boden, wir wollten darauf nebeneinander schlafen. Nachdem unser Raum halbwegs bewohnbar war, sank ich erschöpft auf den Schaumstoff und starrte an die Decke. Es war diesig im Zimmer, das Licht fiel schräg in den Raum und erzeugte keine freundliche Atmosphäre.

»Werden wir sterben?«, fragte mich Itohan, die regungslos an der Wand lehnte.

»Nein, sicher nicht. Wir werden nicht sterben. Wir sind keine Hexen oder Wasser… was weiß ich, wie sie das nennen«, rief ich mit gespielter Selbstsicherheit. Im Grunde hatte ich große Angst und wollte vorsichtig sein. Achtsam. Meine Worte genau wählen. Niemanden kränken oder beleidigen, schon gar nicht jemanden aus dieser Götterwelt. Itohan schien mir zu vertrauen, sie glaubte mir. Nein, wir waren keine Wasserwesen, keine Hexen, daher würden wir auch nicht sterben.

Als sie sich zu mir legte, wünschte ich mir auch, jemanden zu haben, der mich beruhigte. Ich fragte mich die ganze Zeit, was wir getrunken hatten. Es konnte Gift sein. Oder Blut?

Am nächsten Morgen erwachte ich schweißgebadet. Mit geschlossenen Augen lag ich auf der Matratze, und mir graute davor, die Augen zu öffnen. Auf keinen Fall wollte ich mich als Geist sehen! Tot! Irgendwie verändert. Ich hatte furchtbare Angst, nicht mehr am Leben zu sein und es genau in dem Augenblick zu bemerken, wenn ich die Augen öffnen würde. Also beschloss ich, mich einfach nicht mehr zu bewegen. Ich hatte die ganze Nacht geschlafen, ohne zu träumen. Noch nie war mir das passiert. Nein, ich wollte mich keinesfalls als Gespenst sehen! Da hörte ich eine Stimme. »Wir leben! Du hast recht gehabt, Ade, wir leben noch!«, rief Itohan.

Ich öffnete meine Augen. Meine kleine Schwester saß im Bett neben mir. Ich musste lächeln. Nun hatte mich Itohan beschützt! Vor meiner Angst. Ich berührte ihren Rücken und begriff, dass wir immer noch Körper hatten und atmen konnten! Ich umarmte sie, stand auf und machte Frühstück. Ich spürte eine große Energie, also machte ich mich auf und kaufte von meinen Ersparnissen einen Kerosin-Kocher. Wir wärmten uns Wasser, kochten Nudeln und aßen. Lächelnd standen wir auf und richteten uns unser Zimmer ein, klebten ein paar Poster an die Wände und klopften unsere Bettwäsche aus. Während dieser gemeinsamen Arbeit fühlten wir uns so glücklich, als läge eine wunderschöne Zukunft vor uns. Aber als wir fertig waren, legte sich die Euphorie, und wir wussten nicht, was wir mit unserer Zeit anfangen sollten. Am Abend breitete sich wieder diese lähmende Schwere aus.

Sechs Tage noch.

Die Aussicht, wieder schlafen zu müssen, nicht zu träumen, aufzuwachen und nicht zu wissen, ob ich noch leben würde, raubte mir jeden Funken Lebenslust. Kraftlos lag ich im Bett und konnte nicht schlafen. Um elf Uhr stand ich auf und begann hektisch Briefe zu schreiben. An Mummy!

Vielleicht würde ich das nächste Tageslicht nicht mehr sehen! Womöglich war das meine letzte Gelegenheit, mich zu verabschieden. Von dieser Welt. Und von meiner Mutter! Sie hatte meinen Vater bereits vor drei Jahren verlassen und war nach Europa gegangen. Seither hatten wir nichts von ihr gehört.

Nichts war sicher in dieser Nacht. Der Tod und das Leben, alles vereinigte sich in der Tatsache, dass wir diesen Trank tatsächlich geschluckt hatten. »Liebe Mummy …«, »Liebe, liebe Mummy … wir leben von meinen Ersparnissen, Daddy gibt uns nicht, was er verspricht, wir sind eingesperrt, obwohl die Türen offen sind … Mummy!«

Ich konnte nicht schreiben, was wirklich geschehen war. Zu sehr schämte ich mich. Vielleicht fürchtete ich mich ja auch nur davor, es niederzuschreiben, schwarz auf weiß: »Wir haben Gift getrunken.«

Der Hass auf meinen Vater ergriff wieder von mir Besitz. Die tausend Naira sahen wir nie. Ein Lockmittel für Fred und Richard, ihm zu gehorchen. Ich ernährte meine Geschwister von meinen Ersparnissen.

Am nächsten Tag konnte ich nicht aufstehen. Ich war wütend und tief frustriert. Womöglich würde ich am nächsten Tag nicht mehr leben! Welchen Sinn hätte es also noch, etwas zu unternehmen?

Irgendwann schleppte ich mich ins Bad und ging aufs Klo. Als ich mich dort im Spiegel sah, begriff ich: Auf diese Weise konnte ich mich vergewissern, dass mein Körper noch eine Haut hatte und alle Lebensfunktionen noch bestens arbeiteten. Es gab mich! Ich existierte! Mein Antlitz im Spiegel – traurig, furchtsam, wütend.

Ich stellte mich alle zehn Minuten vor das milchige Glas an der Wand. Mehr brachte ich an diesem Tag nicht zustande!

Wieder kam die Nacht. Diesmal fiel ich in einen tiefen Schlaf. Ich träumte von Mummy, sie rief meinen Namen, mehrere Male. Sie sagte mir, ich solle klettern, klettern! Aber ich wusste nicht wohin! Ich stand auf einem hohen Hügel, der über und über mit Tau bedeckt war in der anbrechenden Dämmerung. Das Einzige, was ich deutlich sehen konnte, war ich selbst. Hundertmal. In jedem Tropfen spiegelte sich mein Gesicht. Alle »Ichs« starrten mich an. Ich wäre wohl bis an mein Ende so auf dem Hügel gestanden, hätte Mummy mich nicht angestupst, sodass ich hinunterfiel. Nach einem raschen Flug landete ich in meinem Bett. Ich öffnete meine Augen und hatte den Eindruck, keine Sekunde geschlafen zu haben, obwohl ich doch ganz sicher wusste, eben aus einer wunderschönen Illusion erwacht zu sein. Mein Kopf bewegte sich keinen Millimeter, aber meine Augen musterten den Raum. Itohan neben mir schlief. Vorsichtig bewegte ich meine Hände, um meinen Leichnam nicht zu erschrecken, falls ich bereits ein Geist wäre. Ich berührte Itohan. Keine Reaktion. Ich schüttelte sie sanft, ohne Erfolg. Panik brach in mir aus! Hastig setzte ich mich auf. Ich begriff, dass ich am Leben war, aber meine Schwester vielleicht nicht mehr. »Itohan!«, schrie ich. Innerhalb einer Minute rasten tausend Gedanken durch meinen Kopf. »Sie ist tatsächlich eine Hexe! Und ist gestorben! Ich lebe noch! Ich bin keine Hexe! Nein, es kann nicht wahr sein … es ist nicht wahr! Itohan!«, schrie ich und schüttelte sie. Mir wurde entsetzlich übel, und ich wollte mich übergeben, aber zuvor musste ich meine Schwester wach bekommen! Also rüttelte ich sie weiter.

»Lass mich schlafen«, stammelte sie plötzlich, »falls sie es nicht schaffen, mich zu töten, ein für alle Mal!«

Sie hatte genug von der Folter.

Erleichtert, aber zitternd vor Kälte legte ich mich zurück auf den billigen Schaumstoff. Ich schluckte mehrere Male. Mein Magen beruhigte sich langsam.

Noch fünf weitere Nächte.

Wir hatten wenig zu essen. Mein Körper meldete Hunger, aber unter diesen Umständen trieb er mich nicht dazu, die Initiative zu ergreifen und einfach einkaufen zu gehen. Im Stockwerk über uns wurde gekocht: Nancy bereitete meinem Vater ein herrliches Essen. Am frühen Nachmittag kam sie die Außentreppe herunter und warf die Reste in die Mülltonne. Während sie das tat, mit langsamen Bewegungen, sprach sie zu sich selbst. Zuerst dachte ich, diese Schlampe ist einfach verrückt, aber dann begriff ich, sie wollte nur unsere Aufmerksamkeit gewinnen, damit wir die Botschaft auch begriffen: Wir da oben haben genug zu essen, ihr nicht, wir können es uns leisten, die Reste der Müllabfuhr zu überlassen. Holt sie euch aus der Tonne oder verreckt.

Vier Nächte verstrichen, und wir weckten einander immer öfter auf, um sicherzugehen, dass wir noch lebten. Der Stress zerrte an unseren Nerven, diese ständige Angst, das Gefühl, nicht zu wissen, was wir getrunken hatten. Der siebente Tag rückte immer näher. Plötzlich hatte ich dauernd Kopfweh. Zusammen mit dem Hunger, dem wenigen Schlaf, der schlechten Luft und der Verantwortung für meine Schwester zehrte das stark an meinem Körper. Im Spiegel konnte ich klar erkennen, dass etwas Schlimmes mit mir geschah. Gift, dachte ich. Ja! Es wirkt bereits. Irgendwann würde ich rote und schwarze Flecken im Gesicht bekommen! Der Hass auf meinen Vater war so überwältigend, dass ich kaum mehr etwas anderes empfinden konnte!

Sechster Tag. Am Abend kam mein Vater die Treppe herunter. Wahrscheinlich wollte er sich persönlich vergewissern, dass wir noch lebten, obwohl wir nicht gestanden hatten. Er schrie uns eine Stunde lang an. Beschuldigte meine Mutter und drohte, uns zu erschießen, wenn wir am nächsten Tag nicht gestehen würden. »Zwölf Uhr Mittag!«, schrie er.

Dann ging er nach draußen und schloss das Tor ab. Damit waren wir richtig eingesperrt. Die Mauer rund um das Haus war fast überall drei Meter hoch.

Itohan flüsterte mir zu, dass wir fliehen mussten, weglaufen, jetzt! Aber nun war die Eisentür verschlossen. Fred und Richard bekamen den Befehl, uns morgen Mittag zu Daddy zu bringen. Sollten wir in der Zwischenzeit verschwinden, würden sie die Folgen tragen müssen! Das war eine klare Drohung. Nun hatte ich auch noch die Verantwortung für meine Brüder.

Siebter Tag. Ich hatte in der Nacht kaum ein Auge zugetan und war völlig durchgefroren. Mein Körper hatte sich geweigert, Wärme zu erzeugen. Keine Träume. Wenigstens wusste ich sicher, dass ich noch lebte. Aufstehen machte keinen Sinn. Besser an die Decke starren. Stickige, schlechte Luft. Nichts mehr tun. Stillstand. Aber plötzlich brach ein Sonnenstrahl durch das defekte Fenster, und ich fragte mich, wie es ihm gelungen war, die Mauer zu überwinden! Ich badete im Licht! Als ob ich über meinem Bett schweben würde, geborgen, schwerelos auf einer Matte aus Sonnenstrahlen! Aus dem Stillstand war Ruhe geworden, Friede, Leichtigkeit. Itohan neben mir schlief. Ich hatte alle Zeit der Welt, sie anzusehen, und tat es. Himmlisch.

Aber ein Gedanke, eine Empfindung, ein seltsames Schuldgefühl brachte mich zurück in die Welt. Es klingt absurd, aber was mich beschäftigte war: Wir hatten Daddy enttäuscht! Wir waren nicht gestorben, obwohl er es gewünscht hatte! Wir waren ungehorsam gewesen!

Wie sollte ich ihm heute Mittag gegenübertreten und erklären, dass ich weder gestorben war noch gestehen konnte?

Wie von selbst trugen mich meine Beine ins Bad, ich putzte meine Zähne und räumte das Zimmer auf. Auch Itohan hatte begriffen, dass sie noch am Leben war, und saß regungslos auf dem Bett. Plötzlich sprang sie auf, rannte zu mir und umarmte mich fest und lange. Wir sprachen kein Wort. Ich legte meine Arme um sie, zärtlich und sanft, und wir wiegten uns hin und her. Noch nie zuvor hatte ich einen Menschen auf diese Weise berührt!

»Gehen wir, Adesuwa, fliehen wir!«, erklärte Itohan. Sie sah mir fest in die Augen und versuchte, mich davon zu überzeugen, dass wir verschwinden mussten. Ihr Blick war klar und entschieden, und das gefiel mir. »Ja«, sagte ich, »du hast recht, Itohan! Geh«, fügte ich hinzu. Ich aber wusste nicht, ob ich dazu bereit war, ich verstand selbst nicht, was mich noch hier hielt! Wahrscheinlich wollte ich einfach Sicherheit. Mummy und Daddy, eine Familie! Egal, was mir mein Vater antat, das Bedürfnis nach Geborgenheit und einer intakten Welt war stärker als all das Grauen, das mir bereitet wurde. Doch bei Itohan schien das anders zu sein. Sie war durchdrungen von einer inneren Kraft oder der Gewissheit, es nicht länger ertragen zu können.

So starrten wir einander an, bis die Eingangstür aufging, mit einem lauten Ächzen. Wir wussten, wer hereinkam. Itohan versteckte sich hinter mir. Ich drängte sie in die Küche oder das, was eine Küche hätte werden sollen, vor langer Zeit, als alles noch in Ordnung gewesen war, und schloss die Tür.

Angespannt warteten wir und lauschten. Daddy musste wissen, dass wir in der Küche waren, doch er kam nicht, um die Tür zu öffnen. Mein Vater inspizierte unser Zimmer. Wahrscheinlich mit seinem Jagdgewehr in der Hand. Früher hatte er mit dieser Waffe »die Räuber« verjagt. Damals war es ein Spaß, ihm zuzusehen, wie er uns auf dem Balkon mit diesem Gewehr beschützte. Es war Spiel und Ernst zugleich, denn es gab tatsächlich Räuber in der Gegend. Mein Vater verscheuchte sie, indem er in die Luft schoss.

Wir hörten seine Schritte, Stille, wieder Schritte: er suchte etwas. Als es wieder völlig ruhig war, schlichen wir hinaus. Ich sah nach, ob er irgendetwas zurückgelassen hatte, doch da war nichts. Itohan folgte mir. Rasch packten wir unsere Habseligkeiten zusammen. Als hätten wir eine stillschweigende Übereinkunft getroffen, stopften wir alles in einen »Ghana-must-go«-Sack, eine gestreifte Tasche, die man auf dem Markt bekam. Wir waren nun beide entschlossen, zu unserer Großmutter zurückzukehren.

»Sie leben noch! Und offenbar sind sie nicht bereit zu gestehen!«, rief mein Vater oben. Wir hörten stets die Stimmen von Daddy und Nancy, allerdings nur undeutlich, doch diesmal sprach er laut und langsam, damit wir ihn auch verstanden.

»Ruf Mama Ego an«, schlug Nancy vor.

Wir packten alles ein, was uns gehörte. Es war uns ein Bedürfnis, nichts, aber auch gar nichts von unseren Sachen hier zurückzulassen. Rasch liefen wir in die Küche und sprangen aus dem Fenster, damit er uns vom Balkon aus, »seinem Thron«, nicht sehen konnte. Wir wollten einfach nur weglaufen, obwohl wir keine Ahnung hatten, wie wir über die Mauer kommen sollten!

Das Sonnenlicht blendete mich. Wir beschirmten die Augen mit der Hand. Auf der Straße vor dem Eisentor stand eine große, dünne Frau, die ich nicht kannte. Ich tat, als sähe ich sie nicht, und betrachtete die Mauer. Irgendwie musste es doch möglich sein, dieses Bollwerk zu überwinden.

Die Frau beobachtete uns. Sie hatte eine helle Haut und erinnerte mich an meine Mutter. Meine Knie wurden augenblicklich weich, aber ich riss mich zusammen. Mummy! Wäre sie doch hier gewesen! Plötzlich pfiff die Frau am Tor, weil sie dachte, dass ich sie nicht gesehen hätte. Sie winkte, mit einer Geste, die mir auf einmal Vertrauen einflößte.

Das Tor war verschlossen. Mein Vater hatte den Schlüssel.

»Hier, nimm das«, rief die Frau und schob einen Zettel durch das Gitter. Gleich darauf rannte sie fort.

Von wem mochte die Nachricht sein? Meine Schwester und ich steckten die Köpfe zusammen und lasen. »Großmutter!«, rief Itohan.

Ich faltete den Zettel zusammen. Unsere Großmutter hatte gehört, dass etwas bei uns daheim nicht stimmte, und forderte uns auf, sofort zu ihr zurückzukehren. Ich fragte mich, wie sie das erfahren hatte, und schielte nach den Häusern der Nachbarn.

»Adesuwa!«, brüllte mein Vater vom Balkon herunter.

»Was willst du schon wieder!«, wollte ich wütend zurückschreien, aber ich brachte nur »Ja, Vater« heraus und rannte augenblicklich zu ihm hinauf. Als ich oben ankam, forderte er mich auf, endlich zu gestehen.

»Ich bin keine Ogbanje, Daddy, und Itohan auch nicht. Wir besitzen keine übernatürlichen Kräfte. Alles, was wir wollen, ist, dass du uns gehen lässt.«

Mein Vater lehnte selbstgefällig an der Brüstung des Balkons und lächelte. »Wir wollen leben, Daddy, und wir werden es schaffen, auch ohne dein Geld und dein Haus. Vergiss uns ab sofort. Wir haben nichts mehr mit dir zu tun. Wir wollen nur weg von hier!«

Itohan starrte mich mit großen Augen an. So hatte noch nie jemand mit unserem Vater gesprochen. Auch ich wunderte mich, woher diese Worte kamen.

Dort stand er und starrte mich an, als würde er mich gleich entsetzlich verprügeln. Und genau das hatte er vor!

»Fred, hast du gehört, was deine Schwester zu mir gesagt hat?«

Mein Bruder schlich aus dem Zimmer zu seinem Vater auf den Balkon. Er sollte Zeuge sein und uns zur Vernunft bringen. Doch ich konnte seine Beschwichtigungsversuche nicht mehr länger ertragen!

»Was glaubt ihr, wer ihr seid! Wer gibt euch das Recht, uns so zu behandeln! Seid ihr verrückt geworden?«, brüllte ich aus Leibeskräften. »Öffnet das Tor, sofort, oder wir schreien, bis alle Nachbarn vor dem Haus stehen!«

Ich rastete völlig aus. Noch nie zuvor hatte ich so viel Kraft in mir gespürt. Itohan klammerte sich an die Brüstung. Nancy, die Idiotin, schmiegte sich verschreckt an meines Vaters Brust. Ihr ehrenwerter Ehemann sagte kein Wort.

Unten gingen ein paar Leute auf der Straße vorbei. Sie sahen nicht zu uns herauf, obwohl sie genau gehört hatten, was ich geschrien hatte.

Daddy holte sein Gewehr und drohte, uns zu erschießen, falls wir uns nicht auf der Stelle wie »folgsame Kinder« benehmen würden. In diesem Moment begriff ich, dass ich weiterschreien musste, um nicht wieder unterlegen zu sein. Also fing ich an, lauthals zu singen: »Lass uns gehen, lass uns gehen.« Mein Vater machte einen Schritt auf mich zu und warnte mich, noch ein einziges Wort zu sagen.

»Du kannst mir nichts mehr verbieten«, schrie ich. Dann nahm ich meine ganze Kraft zusammen und stieß einen gellenden Laut hervor, sodass alle um mich für einen kurzen Augenblick erstarrten. Itohan schluchzte laut. Ein Mann, der meinen Vater regelmäßig besuchte, lehnte sich an das Tor und forderte Daddy auf, zu ihm herunterzukommen. Mein Vater rief ihm mit herrischer Stimme zu, er möge sich um seine eigenen Angelegenheiten kümmern! Darauf versammelten sich noch mehr Nachbarn vor unserem Haus. Das konnte Daddy gar nicht recht sein, und er wich einen kleinen Schritt zurück.

Da zerbrach etwas in mir. Es war, als ob ein Spiegel in tausend Stücke zerspringen würde. Mein Vater schämte sich! Vor den Nachbarn! Er zeigte sich schwach und verwundbar!

Das Bild meines Vaters zerrann in mir wie ein Stück Eis an der Sonne. Und damit auch all die Geborgenheit, die ich mit meiner Familie verband, die Sicherheit, das Gefühl, immer geliebt zu sein.

Wie vom Blitz getroffen sprang ich zur Seite, rannte die Treppe hinunter, packte Itohan am Arm, zerrte meine Tasche hinter mir her. Ich kletterte auf das Tor, wie ich es manchmal als kleines Kind getan hatte. »Willst du da herunterspringen, Ade?«, rief Itohan entsetzt. »Es ist doch viel zu hoch!«

Rasch kletterte sie mir nach. Als ich ihren Körper neben mir spürte, setzte ein Prozess in mir ein, der mich mit Entsetzen erfüllte: Ich verließ meine Kindheit. Gewaltsam. Vor den Augen meines Vater, der Nachbarn, der ganzen Welt, war ich im Begriff, über die Mauer zu springen, mir wehzutun, meinen Vater öffentlich zu entehren, meine Schwester in Gefahr zu bringen, meine Brüder Fred und Richard allein zu lassen. Mit diesem Vater und seiner dummen Frau!

Wer bist du, Adesuwa, dass du das wagst?

Feine Tautropfen bedeckten die Blätter des Kaschubaumes neben mir. Sofort fühlte ich mich wieder wie im Traum und hörte die Stimme meiner Mutter. In unzähligen Spiegelbildern sah ich mich selbst in diesem Baum und schwebte von

Erinnerung zu Erinnerung, von Kindheitserfahrungen zu Erlebnissen mit meinen Jugendfreundinnen. Auch mein Vater erschien plötzlich in diesen Tropfen, er trug schöne, weite Gewänder und sah mich mit einem milden, herrlichen Blick an. Er war schön und jung, ich fühlte wieder, wie mich alle um meinen wundervollen Vater beneideten. Zwischendurch sah ich immer wieder meine Mutter, Mummy, ihren strengen Blick, ihre stets zusammengepressten Lippen, ihre traurigen Augen, ihre Bestimmtheit und Geradlinigkeit. Und den Moment, als sie uns verließ.

Die Kaschubaumblätter strichen über meine Haut. Es war mir gleichgültig. Ich vergrub mein Gesicht in meinen Händen, nicht mehr fähig und willens, den Tau auf den Blättern von meinen Tränen zu unterscheiden. In allen Tropfen spiegelte sich meine Kindheit, und ich wusste nicht, ob ich in diesem Moment sterben würde oder nicht. Ob Daddy auf mich schießen oder nur weiter drohen würde: »Komm runter, oder ich knalle euch ab!« Es war mir gleichgültig. Seine Stimme drang nun wie aus weiter Ferne an mein Ohr. »Ihr seid Hexen! Niemand wird mich aufhalten, denn ich bin euer Vater!« Ich konnte die Dinge nicht mehr wahrnehmen, sie prallten an mir ab. War das Gift daran schuld, dass ich nichts mehr voneinander unterschied? Ich hielt den Atem an und fragte mich, wann ich tot von diesem Tor stürzen würde. Meine ganze Vergangenheit zog an mir vorbei.

Kindheit

Ich kam am 1. Mai auf die Welt. Am »Tag der Arbeit« oder, traditioneller betrachtet, am »Maitag«. Durch Zufall hatte mein Vater an einem 1. Mai gute geschäftliche Kontakte geknüpft, und so hatte dieser Tag eine besondere Bedeutung für ihn. Der 1. Mai brachte ihm Glück! Darum nannte er mich Adesuwa.

Adesuwa bedeutet: in Reichtum geboren. Für mich bedeutete es lange Zeit ein Leben in Fülle, für meinen Vater vielleicht die Zuversicht, dass ich ihn eines Tages reich machen würde. Ich habe meine Eltern nie nach ihren genauen Gründen gefragt.

Meine Mutter kam aus einer angesehenen christlichen Familie, wo jeglicher Kontakt zu der heidnischen Götterwelt strikt untersagt war. Sie stammt aus der Sippe der Oba Akenzwa, einem alten Königsgeschlecht, das über Jahrhunderte hinweg die Stadt regiert hat. Vor ihrer Heirat wohnte sie in Ogbe, dem Viertel des Palastes von Benin City, einer sehr guten Gegend. Ihre Mutter, meine Großmutter, hatte eine leitende Stellung im nigerianischen Nationalgefängnis. Der Vater meiner Mutter stammte aus der Familie der Uwaifo. Sie spielen als Musiker und Entertainer im Show-Business eine große Rolle.

Mein Vater hingegen kam aus der Familie der Aiwansedos, die ich bis heute nicht gut kenne, weil es uns untersagt war, mit seinen Verwandten Kontakt aufzunehmen. Es hieß, die Familie bestünde vorwiegend aus Hexen! Meine Mutter bezeichnete sie als Osus, Ausgestoßene. Mein Vater behauptete, seine Schwestern und Brüder wären allesamt Beschwörer und Zauberer, und sie trachteten ihm nach dem Leben! Er hatte sehr schlechte Erfahrungen mit seiner Familie und ihren Juju-Praktiken gemacht. Darum hatte er nichts dagegen, dass seine eigene Familie streng christlich geprägt war. Wahrscheinlich hat er meine Mutter geheiratet, um den Aiwansedos zu entfliehen. Erst viel später habe ich erfahren, dass er einen seiner gecharterten Frachter verloren hat, die für ihn Ware von Europa nach Afrika brachten. Man munkelte, die Hexen und Beschwörer hätten es versenkt. Als er meine Mutter heiratete, ging er mit ihr in eine christliche Kirche. Sie zogen in ein gutes, solides Viertel und begannen ein Haus zu bauen. Es wurde nie fertiggestellt, und die Wände wurden nie gestrichen. Sie blieben immer grau. Was praktisch war, weil man den Staub darauf nicht wahrnehmen konnte. Dabei hatte sich Daddy immer ein weißes Haus gewünscht. Wahrscheinlich weil er viel in Europa gearbeitet hatte und das Flair dieses Kontinents liebte.

Mein Vater hatte als junger Mann beschlossen, in Europa Geschäfte zu machen. Er lebte jahrelang in Belgien, Italien und Deutschland und importierte Medikamente und Marvel Milk. Ich habe meine Eltern nie danach gefragt, wie sie einander kennengelernt haben, aber meine Mutter hat meinen Vater geliebt, und so war es ihr gleichgültig, dass ihre Familie gegen diese Heirat war. Sie bekamen vier Kinder:

zuerst Fred, dann mich, meinen Bruder Richard und als Letzte Itohan. Wir lebten jahrelang ein anständiges Leben. Meine Eltern glaubten an Disziplin und strenge Regeln.

Wenn wir ungehorsam waren, wurden wir bestraft. Meistens schlug uns mein Vater mit einem dünnen Stock oder einem Gürtel. Häufig mussten wir stundenlang knien und dabei einen Reifen – *tyre* – auf unserem Kopf tragen. Meine Mutter bestrafte uns, indem sie uns kein Fleisch zum Essen machte. Gelegentlich schlug sie uns mit dem Stock auf die Hände, verzichtete aber ansonsten auf körperliche Züchtigungen.

Bis zu meinem vierzehnten Geburtstag war unser Leben völlig normal. Wir lebten in der nigerianischen Mittelschicht, meine Eltern hatten beide eine gute Arbeit. Jahrelang hatten wir sogar einen Chauffeur, einen Mann um die fünfzig, der sich sehr langsam bewegte und immer einen schwarzen Cowboyhut und darunter eine ebenso schwarze Sonnenbrille trug. Meine Mutter nannte ihn scherzhaft »Papa Shade«. Er brauchte nicht weniger als dreißig Minuten, um unseren Mercedes nach einer Reinigung trocken zu reiben. Der Chauffeur hatte die Aufgabe, uns in die Schule zu fahren und von dort auch wieder abzuholen.

Meine Eltern hatten es möglich gemacht, dass wir in geordneten Verhältnissen aufwuchsen. Oft fühlte ich mich sogar den anderen etwas überlegen, wahrscheinlich weil wir Geld von unseren Eltern bekamen, mit dem wir uns in jeder Pause bei der Kantinenfrau Essen kaufen konnten und oft auch noch nach der Schule Eiscreme. Das war keineswegs selbstverständlich, viele meiner Freundinnen konnten das nicht. Dennoch mussten wir wie viele andere Kinder im Haushalt helfen, unsere Wäsche selbst waschen und bügeln und täglich allein unsere Hausaufgaben erledigen. Meine schulischen Leistungen waren nie glänzend, aber immer in Ordnung. Gestritten haben meine Eltern wie alle anderen Paare auch, meine Geschwister haben sich Kämpfe geliefert wie die Nachbarskinder. Wie meine Freundinnen träumte ich von der großen Welt, einem schönen Mann und einer wundervollen Zukunft.

Das Einzige, was mich in meiner Kindheit je gestört hat, war die Wildnis vor unserem Haus, die wir Busch nannten. Auf diesem Gelände geschahen hin und wieder seltsame Dinge. Ich fürchtete mich davor. Fremdartige Laute drangen in mein Zimmer, Stimmen, Geräusche, gelegentlich auch unheimliche Gesänge. Da mein Fenster zu der Wildnis hinausging, dachte ich lange Zeit, dass nur ich diese Laute vernahm – auch weil sonst niemand darüber sprach oder davor Angst zu haben schien. Manchmal sah ich in der Nacht auch Menschen tanzen. Doch ich konnte ja das Fenster schließen, den Vorhang zuziehen und mich ins Bett legen, das ich so liebte. Damit war die Sache für mich erledigt.

Wir Kinder verbrachten viel Zeit in unserem Haus. Der Garten war etwa zweihundert Quadratmeter groß und mit einer drei Meter hohen Mauer umgeben, auf der überall dicke Glassplitter eingemauert waren, um Eindringlinge abzuhalten. Ich musste immer in den ersten Stock des Hauses gehen, um über diese Mauer hinwegsehen zu können. Es war uns nicht erlaubt, draußen auf der Straße zu spielen. Wir durften das Grundstück nur verlassen, wenn wir uns Bücher von Freundinnen borgen wollten, die man für die

Schule benötigte, oder andere Besorgungen zu erledigen hatten. Oft beeilten wir uns dabei sehr, um fünf Minuten einzusparen und noch kurz eine Freundin zu besuchen. Wenn das nicht möglich war, konnten wir nur in den Garten oder auf den Balkon gehen, um etwas frische Luft zu schnappen. Ich tat das häufig und hörte dabei gelegentlich unsere Nachbarn über unser »seltsames« Haus reden. Wahrscheinlich fanden sie es komisch, weil es das einzige wirklich hübsche Gebäude in der Gegend war. Ich hatte auch Schulfreunde, die mich nur deshalb nach Hause begleiteten, weil sie die Architektur sehen wollten! In Benin City baute man gewöhnlich große Häuser mit vier Zimmern im Erdgeschoss und einer besonderen Tafel an der Mauer mit Aufschriften wie »Gott ist gut« oder »Das Ende wird die Absichten offenbaren«. Aber ein Turm, in dem sich eine Wendeltreppe in die Höhe schraubt, das hatte sonst niemand in der Stadt zu dieser Zeit. Also war es logisch, dass man unser Haus bewunderte und es Noahs Arche nannte.

Eine Hintertreppe führte vom Garten aus in den ersten Stock. Den Garten benutzten wir fast nie, nur wenn wir Wasser von der Küche entsorgen mussten oder ich mich verstecken wollte, weil ich etwas angestellt hatte.

Die Mauer um unser Anwesen war an manchen Stellen nur zwei Meter von den Hauswänden entfernt, und niemand von uns hatte große Lust, im Schatten dieses Monuments zu spielen. Wenn Papa mit dem Auto kam, öffneten wir das große Eisentor, um es dann hinter ihm wieder sorgfältig zu verschließen.

Neben unserem Haus standen zwei andere Wohnhäuser, aber auf der rechten Seite sah man direkt in den Busch.

Dort wuchsen hohes Elefantengras, Büsche und Kaschubäume. Ein Sämling dieser Kaschubäume ist in unserem Garten aufgegangen, und schon als kleine Kinder sind wir auf ihn geklettert.

Was meine Kindheit prägte, waren Ordnung, strikte Regeln und die Gewissheit, dass die Dinge im Sinne eines allwissenden Gottes einen Anfang und ein Ende hatten. Jeden Abend saß ich auf meinem Joko, einem kleinen Hocker, in der Küche und wartete, bis das Wasser kochte. Oft wollte ich Eba, Maniokpüree, für Daddy machen. Er liebte kaltes Eba und Egusi Soup, eine Kürbiskernsauce. Ich starrte in die brennende Flamme und wartete darauf, bis das Wasser kochte. Der Harmattan aus der Sahara blies immer wieder in die Küche, und dabei flackerte die Flamme auf. Ich liebte das.

Wenn das Wasser kochte, schob ich den Kessel von der Flamme und goss es in die Schüssel. Dann streute ich Garri, rohen Maniokgries, in den Sud, weil Daddy Eba gern etwas kräftiger hatte. Ich tat das, weil ich mir immer wünschte, dass er mich anlächelte.

Mein Vater lag auf seinem Bett und sah fern. Er rechtfertigte dieses allabendliche Ritual damit, dass er wissen müsse, was in der Welt los sei. Ich brachte ihm das Essen und kniete nieder, um ihm extra kaltes Wasser zum Trinken zu reichen. Er nahm mir das Glas aus der Hand, und ich rutschte auf den Knien weiter auf ihn zu. Das gebot die Tradition. Seine Auffassung von Tradition. Es sei eine Art, unseren Respekt zu zeigen, erklärte mir Mummy jedes Mal, wenn ich sie fragte, warum das notwendig wäre.

Meine beste Freundin zu dieser Zeit war Joy. Sie ging mit mir in die Schule.

Die Beziehung mit ihr bedeutete mir sehr viel. Sie kam aus einem weniger strengen Elternhaus. Ihr Vater war Trinker, und ihre Mutter arbeitete bei der Regierung, schaffte es aber kaum, die Familie zu ernähren. Was für mich besonders wichtig war: Joy musste die Strümpfe nicht bis unter die Knie tragen und die Bluse nicht in den Rock stecken, wie meine Mutter es von mir verlangte!

Mit Joy konnte ich über alles sprechen, was meine Familie nicht erfahren durfte. Eines Morgens hatte sie mir auf dem Schulklo einfach die weißen Strümpfe bis zu den Knöcheln hinuntergerollt, wodurch mir wahrscheinlich zum ersten Mal in meinem Leben klar wurde, dass Ungehorsam nicht sofort Züchtigungen nach sich zieht. Dann bot sie mir ihren Lippenstift an. Als ich ablehnte, erklärte sie mir, die Buben würden mich als »Jüdin« bezeichnen, ich solle endlich ein wenig lockerer werden. »Juden« nannte man bei uns jene Mitschüler, die altbacken und verklemmt wirkten und alles taten, was Eltern und Lehrer anordneten. Vermutlich hatte keiner von denen, die diesen Namen gebrauchten, jemals einen Juden getroffen.

Meine Eltern wollten, dass meine Freundinnen genauso wären wie ich, die »Jüdin«. Oft musste ich meinen großen Bruder Fred bitten, nicht zu verraten, dass ich mit Joy in der Pause auf den Schulhof ging, anstatt mit Veronique, meiner anderen Freundin, in den Schulbüchern zu lesen. Fred verpetzte mich nicht, er litt ebenfalls unter den strengen Regeln meiner Eltern und war von demselben Lebenshunger erfüllt wie ich.

Eines Tages, nach der Schule, begleitete mich Joy zu unserem Haus. Gewöhnlich gingen wir immer in Gruppen nach Hause, aber Joy war noch nie dabei gewesen. Es machte großen Spaß, mit der Clique durch die Straßen zu ziehen, und außerdem fühlten wir uns so sicherer. Es gingen Gerüchte um, dass Leute von Erpressern gekidnappt wurden. Als mich Joy fragte, ob sie mit mir nach Hause gehen durfte, war ich einverstanden. Mein Bruder hatte an diesem Tag länger Schule als ich, und meine Eltern hatten mir befohlen, auf ihn zu warten. Doch ich hatte keine Lust, eine ganze Stunde lang allein auf den Treppen des Schulgebäudes herumzulungern. Lieber wollte ich mir mit Joy heimlich die Zeit vertreiben, um dann in der Nähe unseres Grundstücks auf Fred zu warten und wie gewünscht mit ihm nach Hause zu kommen. Außerdem wollte ich meiner Freundin schon lange etwas zeigen, was in meiner Familie tabu war: den Busch mit dem Elefantengras, auch Napiergras genannt, das über zwei Meter hoch wurde. Seine rasierklingenscharfen Blätter wiegten sich ständig im Wind, mit seltsamen Geräuschen, als würde dort ein geheimnisvolles Fest gefeiert.

Joy dagegen freute sich auf ihren ersten Besuch in »Noahs Arche«. Als wir das Tor erreichten, spähte ich vorsichtig durch das Gitter. Daddys Auto stand auf dem Grundstück.

»Wir können nicht rein«, eröffnete ich meiner Freundin.

»Warum?«

»Ich muss immer mit meinem Bruder nach Hause kommen«, antwortete ich.

»Was sollen wir dann tun?«

»Komm, wir warten auf ihn zwischen dem hohen Gras dort!«, rief ich.

»Ist das dein Ernst?«, fragte mich Joy sichtlich überrascht. Ich deutete auf den Busch, die Wildnis. Kein normales Mädchen hatte Lust, sich die Kleider und die Schuhe schmutzig zu machen.

Doch ich zog meine Freundin den schmalen Pfad in den Busch hinein. Nach ein paar Metern erreichten wir eine kleine Mauer, an der ein großer Stein lehnte. Dort erklärte ich meiner Freundin: »Wenn dieser Stein nicht mehr an seinem Platz liegt, heißt das, dass mein Bruder Fred zu Hause ist!«

Joy starrte mich verdutzt an.

»Das haben wir so ausgemacht, um besser mit unseren Eltern klarzukommen!«

Joy nickte fasziniert.

»Okay«, sagte sie, »werden wir jetzt also die ganze Zeit hier auf ihn warten?«

»Nein, komm, folge mir!«

Zielstrebig ging ich in den Busch hinein. Joy zögerte. Sie hatte plötzlich Angst.

»Was ist?«, fragte ich sie.

»Dieser Pfad hier«, flüsterte Joy, »sieht ganz anders aus als ein gewöhnlicher Weg!«

Ich musste lachen.

»Wie sieht denn ein gewöhnlicher Weg aus, Joy?«, fragte ich. Dann ergriff ich ihre Hand, um sie mit mir zu ziehen. Denn zusammen mit ihr wollte ich dieses Geheimnis endlich lüften!

»In der Nacht treffen sich hier manchmal Leute und feiern Feste«, erklärte ich ihr sachlich. Doch meine Worte beruhigten sie keineswegs.

»Machst du Witze?«, fragte sie verstört.

Wie versteinert stand sie da. Ich musste an meine Mutter denken, die immer sagte: Die Wahrheit ist schwer zu ertragen. Vielleicht hätte ich ihr das nicht zumuten sollen. Ich hoffte, dass sie nicht davonlaufen würde. Ihre Schultern zuckten, ich ging zu ihr und umarmte sie. Joy ignorierte meinen Beistand, presste die Schultasche fest an ihre Brust und entfernte sich langsam mit Rückwärtsschritten von mir. Sie war so ernst dabei, und da mich die ganze Szene an einen Horrorfilm erinnerte, musste ich unwillkürlich loslachen.

»Du nimmst mich nur auf den Arm«, schrie sie wütend, »ich wusste es ja, du machst bloß blöde Witze!« Dabei lachte sie laut auf, um die Spannung zu lösen. Ich war ein wenig gekränkt. Offenbar begriff sie nicht, dass es mir sehr ernst war und ich ihre Hilfe brauchte!

Wir gingen weiter. Unser Haus lag bereits fünfzig Meter von uns entfernt. Oben, im ersten Stock, stand mein Fenster offen. Ich sah hinauf und dachte an mein Bett, in das ich mich zurückziehen konnte, egal was geschehen war, und dann würde alles wieder gut werden.

»In der Nacht höre ich durchs Fenster Stimmen aus dem Busch.«

Joy erwiderte nichts.

»Ich höre sogar Menschen singen. Doch meine Eltern nehmen mich nicht ernst, obwohl ich mich schon oft bei ihnen beklagt habe. Genau wie du!«

Joy drehte sich zu mir, blickte mich eine Weile schweigend an und brach dann erneut in schallendes Gelächter aus. Es ärgerte mich so sehr, dass ich verstummte und trotzig hoffte, sie eines Besseren belehren zu können.

Diese Reaktion war nicht neu für mich. Mein Vater nannte mich häufig »Josef der Träumer« und meinte, meine Fantasie und meine Einbildungskraft wären wieder einmal am Werk gewesen. Ich war dafür bekannt, viel zu träumen. Und das Seltsame war, dass viele der Träume auch wahr wurden. Es kam sogar so weit, dass meine Mutter mich bat, ihr meine Träume zu erzählen. Waren es Albträume, riet sie mir, sie für mich zu behalten, nahm meine Hände und begann zu beten. Hatte ich aber etwas Erfreuliches geträumt, erlaubte sie mir, singend herumzulaufen und davon zu berichten.

Dann hörte Joy auf zu lachen. Nachdem sie offenbar ihren ganzen Mut zusammengenommen hatte, rannte sie an mir vorbei, direkt in den Busch hinein. Ich folgte ihr und überschritt nun zum ersten Mal die Grenze, über die ich mich bisher nie gewagt hatte.

Der Pfad wurde enger, dickes Gras wiegte sich links und rechts von uns im leichten Wind. Wir liefen immer geradeaus auf einen kleinen Platz zu. Dort hielten wir an. Der Boden war mit rotem trockenem Sand bedeckt, in dem unsere Schuhe fast versanken.

»Ist das alles?«, sagte Joy und hob die Arme, um das hohe Elefantengras vor uns auseinanderzubiegen. Langsam schritt sie vorwärts. Ich schlich hinter ihr her. Schließlich erblickten wir einen hüfthohen Haufen aus rotem Sand.

»Was ist das?«, fragte ich.

»Es ist dein Busch, du musst es wissen!«, antwortete sie.

Ich trat ein paar Schritte näher und wandte mich erschrocken um, als hinter uns ein Windstoß durch das Gras fuhr. Das Geräusch klang, als wäre jemand böse, weil wir hier eingedrungen waren.

Joy schlich rechts um den Haufen herum, ich links. »Schau mal, hier!«, schrie sie, als wäre ich tausend Kilometer weit entfernt.

»Still!«, flüsterte ich, »willst du, dass uns jemand hier bemerkt?«

Ein neues Geräusch ließ uns zusammenfahren. Es klang, als würde sich jemand nähern, vom Weg her, den wir gekommen waren. Ich erschrak furchtbar und gab Joy ein Zeichen, dass sie sich verstecken sollte. Ich konnte die Bewegungen meiner Lungenflügel hören, so reglos stand ich da. Auch Joy rührte sich nicht. Die Geräusche hielten noch eine Zeit an, wir konnten sie nicht wirklich orten und wagten kaum zu atmen. Nach ein paar Minuten war es absolut still. Nur das sanfte Rascheln des Grases war noch zu hören. Langsam schlichen wir aus unseren Verstecken und gingen vorsichtig aufeinander zu. Joy hielt ihr Lineal in der Hand, als wäre es eine gefährliche Waffe, doch ich war zu aufgeregt, um darüber lachen zu können. Unsere Sinne waren völlig klar, jede Kleinigkeit fiel uns plötzlich auf. Oben in dem Sandhaufen steckte ein Stock, daran hing ein weißes Stück Stoff, verknotet mit einem roten Band, an dem eine tote Taube befestigt war. Dem Tier waren der Kopf und andere Körperteile abgeschnitten worden. Der Kopf steckte im Sandhaufen. Der arme Vogel starrte in den Himmel, Blut rann langsam an seinem kleinen Gesicht herab. Es sah aus, als würde der Kadaver weinen.

Ein heidnisches Ritual, das höchstens vor einer Stunde stattgefunden hatte. Das Blut strömte noch aus dem kopflosen Rumpf. Kaurisschnecken steckten im Sandhaufen. Rasch zog Joy ein paar heraus.

Während sie sie säuberte, sagte sie: »Ade, gehen wir! Das ist eine heidnische Opferstelle!«

»Was willst du denn mit den Schneckenhäusern?«

»Weißt du nicht, dass Kaurisschnecken Glück bringen?«, rief sie.

»Auch wenn sie zusammen mit einer toten Taube als Opfer gedient haben?«, erwiderte ich kühl.

»Okay, schau, was ich tue!«, rief sie plötzlich furchtsam. »Ich lege sie zurück. Siehst du es?«

»Hast du auf einmal Angst, dass dir etwas geschehen wird?«, fragte ich sie verstört und musterte ihr Gesicht, das vor Schreck völlig leer war. Achtsam steckte Joy alle Schnecken zurück in den Hügel. Als eine in das Blut fiel, benutzte sie ihr Lineal, um sie wieder herauszuholen. Ich stand neben ihr und sah ihr zu. Dabei bemerkten wir, dass eine Blutspur im Sand den Weg entlang weiter nach hinten führte. Wie hypnotisiert folgten wir ihr. Der Weg wurde immer schmaler, die Spur war nun kaum noch zu sehen.

»Es ist jemand hier!«, dachte ich laut.

»Adesuwa, ich verschwinde!«, hörte ich Joy plötzlich hinter mir flüstern, »wenn du noch bleiben willst, dann viel Glück!«

Im selben Augenblick ertönte eine Stimme aus dem Busch.

»Ani kihn?«, fragte sie. Ich kannte ihren Klang.

In wilder Panik rannten wir davon. Mein Herz hämmerte, meine Füße trugen mich wie von selbst zurück in die Sicherheit der Betonstraße, der Siedlung, der bekannten Häuser. Joy lief dicht hinter mir und überholte mich. Nun waren es nur noch ein paar Dutzend Meter bis zu unserem Haus. Sie überquerte die Straße und hielt keuchend auf der anderen Seite an. Ich blieb bei unserem Tor stehen. Immer noch hatte ich diese Stimme im Ohr. »Ani kihn? – Wer ist da?« Es war die Stimme meiner Tante Clara gewesen.

Joy verabschiedete sich hastig und rannte weiter. Dabei stolperte sie über einen Stein und fiel der Länge nach hin.

»Willst du nicht zu uns kommen, Joy?«, rief ich ihr nach.

»Genug für heute, Ade, bis morgen in der Schule«, schrie sie und floh.

»Wo ist deine Schwester? Warum hast du nicht auf sie gewartet?«, hörte ich Daddy auf dem Balkon mit Fred schimpfen. Neben ihnen stand Itohan und suchte mit den Augen die Straße ab. Meine Familie machte sich Sorgen um mich. Natürlich! Ich hatte ja nicht auf Fred gewartet. Nun würden wir wahrscheinlich beide Prügel bekommen. Plötzlich sah meine Schwester mich am Tor stehen. »Da ist sie!«, schrie sie.

Das Tor war natürlich wie immer verschlossen. Ich schlug zwei Mal dagegen und rannte schließlich zum Hintereingang.

»Wo ist diese dumme Göre!«, rief mein Vater barsch. Normalerweise versteckte ich mich hinter der Terrasse, wenn ich etwas angestellt hatte, in der Hoffnung, dass sich die Wogen glätteten, aber diesmal hatten sie mich bereits gesehen. Mein Vater kam die Treppe herunter. Er war nicht besonders groß, aber seine Bewegungen erschienen stets imposant, und er konnte sich in furchteinflößender Weise vor einem aufbauen! Aber irgendwie hatte ich es oft geschafft, ihn zu besänftigen.

Mein wirkliches Problem war Mummy. Sie machte stets aus einer Mücke einen Elefanten. Nicht mit großen Gesten, aber mit ihren stummen, vorwurfsvollen Blicken.

Daddy stand vor mir. »Wo warst du?«, fragte er streng. Sollte ich die Wahrheit sagen oder lügen? Ich wog beides gegeneinander ab. Meine Mutter sagte immer: »Die Wahrheit wird dich befreien.« Gleichzeitig aber vermittelte sie mir auch, dass die Wahrheit schwer zu ertragen war!

Trotzdem entschied ich mich dafür. Mit wenigen Worten erklärte ich, dass ich in den Busch gelaufen und dort auf seltsame Dinge gestoßen war. Plötzlich wurde mein Vater sehr nachgiebig.

»Wenn du das noch einmal tust, schlage ich dich!«

Ich war überrascht. Normalerweise bekam ich für derartige Vergehen eine ordentliche Tracht Prügel mit dem Gürtel! Außerdem eine geharnischte Predigt und die Anweisung, mich den ganzen Abend hinknien zu müssen!

Warum schlug er mich nicht?

»Wo war sie?«, fragte Mummy von oben.

»Sie hat sich draußen mit ein paar Freunden unterhalten. Alles okay!«, rief mein Vater. Dann wandte er sich wieder zu mir: »Geh jetzt und mach deine Hausaufgaben!«

Wow! Warum deckte er mich? Bestimmt wusste er etwas über die Vorgänge im Busch!

Langsam ging ich die Treppen hinauf. Oben stand meine Mutter. »Geh sofort in dein Zimmer! Deine Strafe bekommst du später!« Dann zog sie mich an den Ohren. Ich zwang mich, nicht zu schreien oder mich zu wehren – besser an den Ohren gezogen zu werden, als es sich mit Daddy zu verscherzen. Er gab sich gern fröhlich, spielte und blödelte herum, aber auf der anderen Seite konnte er hart, grausam und brutal sein. Erst später wagte ich seinen Charakter zu beschreiben: Er war wie ein offenes Grab, das ständig darauf wartet, ein Opfer zu verschlingen, ohne es je wieder preiszugeben. Aber trotz allem liebte ich ihn. Ebenso wie Mummy. Eigentlich meine ganze Familie! Mit meinem Vater kam ich früher so gut aus, dass meine Mutter manchmal richtig eifersüchtig wurde!

Nachdem Mummy meine Ohren losgelassen hatte, legte ich mich sofort in mein Bett. Ich war völlig erschöpft. Dennoch grübelte ich darüber nach, was sich dort draußen im Busch ereignet hatte. Und warum hatte Daddy mich nicht bestraft? Ganz sicher verheimlichte er mir etwas!

Trotzdem hoffte ich, dass er mich an diesem Abend zum Bummeln mitnehmen würde. Obwohl ich meine Augen kaum mehr offen halten konnte, wünschte ich mir nichts sehnlicher, als wieder mit Papa im Auto kreuz und quer durch die Stadt zu fahren. Dabei pflegte er die Mädchen und Frauen anzuhupen, die dort spazieren gingen.

Damals fand ich das lustig. Erst viel später begriff ich, dass Daddy ein Frauenheld war, und zwar einer von der schlimmen Sorte. Während des Studiums richtete ich meinen Freundinnen an der Universität oft die Haare, wenn sie eine Verabredung hatten. Damit konnte ich mir ein paar Naira verdienen. Der Schock war groß, als ich herausfand, dass ich die Mädchen für meinen eigenen Vater schön machte! Er bezahlte sie sogar, während ich damals keinen Naira von ihm erhielt!

Aber an diesem Abend hatte ich von all diesen Dingen noch keine Ahnung. Ich dachte an den roten Sand im Busch, das Blut der Taube, die Stimme aus dem Dickicht und wollte nur noch bei Daddy im Auto sein. Dort lief immer gute Musik, und mein Vater war glücklich. Ich fühlte mich leicht und frei. Ich liebte meinen Vater abgöttisch, viel mehr als meine anderen Geschwister. Es gefiel mir, wie er den Frauen nachpfiff und auflachte, wenn sie ihn ansahen und ihm zuwinkten. Er selbst rechtfertigte diese Fahrten mit Sprüchen wie: »Ihr könnt euch glücklich preisen, einen Vater wie mich zu haben. Denn ihr wisst ja, ein Mann könnte auch zwei Frauen haben oder mehr. Aber ich habe mich entschieden, nur eure Mutter zu heiraten, denn ich bin ein moderner Mann!« Mit diesem Statement begann unser Bummel, und dann durfte er sich alles erlauben.

Nachdem ich stundenlang über die Ereignisse im Busch nachgedacht hatte, hörte ich plötzlich die Stimme meines Vaters: »Ade, lass uns Suya kaufen fahren!« Sogleich war ich das glücklichste Kind der Welt. Also trug er mir meinen eigenmächtigen Ausflug nicht nach! Und Suya schmeckte fantastisch. Gegrilltes Rindfleisch mit Gewürzen aus dem Norden, fein geschnittenen Zwiebelringen, Tomaten und Öl. Ein unwiderstehlicher Geschmack! Rasch bügelte ich meine Bluse, wusch mich im Bad, frisierte mein Haar und eilte die Treppen hinunter.

Wir folgten der Hauptstraße und hörten Lionel Richie. Mein Vater mochte seine Musik und fühlte sich als so etwas wie sein Repräsentant in Benin City! Als wir die Straße das vierte Mal hinuntergefahren waren, überholte uns eine Frau. Sie war ausgesprochen schön. Mein Vater folgte ihr. Zuerst blieb er noch auf Abstand, aber dann stellte er die Musik lauter und fuhr ganz knapp hinter ihr. Als wir bei dem Suya-Mann ankamen, gab er mir hundert Naira und ließ mich aussteigen: »Ade, warte hier auf mich!« Dann raste er der Frau nach wie bei einem Formel-1-Rennen, fuhr neben ihr her und wechselte vom Auto aus ein paar Worte mit ihr. Plötzlich parkte sie ihren Wagen, mein Vater tat dasselbe. »Vielleicht müssen Männer mehrere Frauen haben«, dachte ich. Eine Stiefmutter! schoss es mir dann durch den Kopf. Nein! Bitte nicht! Sofort fühlte ich Panik in mir aufsteigen.

»Wie viel?«, rief ich dem Suya-Mann zu, denn ich wollte so schnell wie möglich zu meinem Vater laufen, um ihn zu »retten«.

»Neunzig Naira«, antwortete er.

Ich kramte in meiner Tasche und zog die zusammengeknüllten Scheine heraus. Der Suya-Mann hatte tiefschwarzes Haar, und seine Haut war so dunkel, wie ich es noch nie zuvor gesehen hatte. Er war nicht älter als zwanzig Jahre. Ich starrte ihn an. Der Verkäufer war einen Kopf größer als ich und lächelte mir neckisch zu. »Zehn Naira zurück«, rief er und riss dabei seinen Mund ungewöhnlich weit auf. »O Gott«, schrie ich. Seine Zähne waren blutrot, kaputt, zerschlagen! Mir fiel ein Geldschein aus der Hand. Der Mann hob ihn für mich auf. Dann hielt er mir das Wechselgeld hin, zog die Hand aber immer wieder zurück, sobald ich es nehmen wollte. Er spielte mit mir. Aber ich begriff den Flirt nicht, ich wollte zu meinem Vater! »Ich kippe deinen Stand um, wenn du mir nicht sofort das Geld gibst!«, schrie ich. Der Suya-Mann lenkte ein, und ich lief zu meinem Vater.

Ich wusste nicht, wie Daddy reagieren würde, wenn ich auftauchte. Doch er beachtete mich gar nicht.

»Okay, bei Jovi, in zwanzig Minuten«, sagte er. Ein erfahrener Frauenheld. Die schöne Schwarze tat, als sei ich Luft, stieg in ihr Auto und fuhr davon. Sie war Ende dreißig, schätzte ich. Auf ihrem Kopf prangte ein riesiger blonder Haarbusch, für den sie sicher eine Menge bezahlt hatte. Ihre Lippen waren angeschwollen wie nach einem Insektenstich, aber sehr schön rot bemalt. Vielleicht fand Daddy das so attraktiv!

Meine Mutter würde niemals einen blonden Schopf an ihrem Kopf befestigen, nie ihre Lippen chilirot anstreichen, nur damit sie zu den Fingernägeln passten. Stumm stieg ich in Daddys Auto. Er fuhr mich nach Hause, ohne ein Wort zu sagen.

»Lass das Tor zu, geh hinein und warte unten auf mich. Niemand darf wissen, dass du zu Hause bist, okay?« Ich wollte gerade aussteigen, da fasste er mich plötzlich an der Hand. »Warte! Geh doch nach oben. Sag deiner Mutter, dass ich Mr. Obanor treffen muss«, befahl er. Wütend riss ich mich los und sprang aus dem Auto. Mein Vater gab Gas und entfernte sich.

Über die Hintertreppe stieg ich in den ersten Stock. Ich legte die Suya auf den Küchentisch, erzählte meiner Mutter genau das, was mein Vater mir befohlen hatte, und legte mich ins Bett.

Natürlich konnte ich mich nicht beruhigen. Mein Herz klopfte, erfüllt von Wut, Aufregung und diesem seltsamen Gefühl, betrogen zu werden, aber nicht genau zu wissen, wie! Meine Gedanken wanderten von den künstlichen Haaren der Lady zu den kaputten Zähnen des Suya-Mannes und wieder zurück zu den Blicken meines Vaters in das Dekolleté dieser Frau. Also holte ich meine Schultasche und öffnete sie. Ich wollte noch ein wenig lesen und etwas tun, was mich ablenkte und beruhigte. Aber als ich meinen Schulranzen öffnete, schlug mein Herz noch viel heftiger! »Wie kommen diese Kaurisschnecken in meine Tasche?«

Die Taube, das Opfer! Rasch schloss ich meinen Ranzen. Joy musste sie mir hineingesteckt haben! Ich lief zum Fenster und wollte die Schnecken hinauswerfen, zurück in den Busch! Aber mein Fenster ließ sich nicht so einfach öffnen, denn es bestand aus zehn übereinanderliegenden fächerförmigen Glasplatten, die mit kleinen Metallfedern miteinander befestigt waren. Manchmal streikte die Mechanik, und das Fenster begann zu quietschen oder funktionierte überhaupt nicht. Ich drückte behutsam dagegen, damit niemand, der sich womöglich draußen im Busch aufhalten mochte, ein Geräusch hören konnte. Vorsichtig versuchte ich den Seitenflügel so weit zu öffnen, dass ich die Schnecken zurück in die Wildnis werfen konnte. Aber vermutlich hatte ich viel zu viel Angst, sodass das Glas zerbrach und mir tief in das Handgelenk schnitt. »Mist!«, fluchte ich. Es blutete heftig, ich begann zu weinen, obwohl ich es nicht wollte. Und dann schrie ich doch vor Schmerz.

»Was ist passiert?«, rief meine Mutter.

Das Blut tropfte auf den Boden, und beim Anblick der Lache wurde mir schwindlig. Mummy rauschte ins Zimmer. »Ade!«

Bevor ich eine Ausrede parat hatte, sah ich, dass die Kaurisschnecken noch am Fensterbrett lagen. Meine Mutter war die Letzte, die diese Muscheln sehen sollte. Sie sind ein Zeichen dafür, dass jemand heidnischen Bräuchen anhängt und an einem traditionellen Hexenritual teilgenommen hat. Ich presste die Hand auf die Wunde, um die Blutung zu stoppen, taumelte rückwärts zum Fenster und stupste dabei die Muscheln aus dem Fenster. Ich betrog Mummy und dachte mit schlechten Gewissen an die Kirche, an Jesus Christus und an meinen Stammplatz in der zweiten Reihe. Jetzt erst begriff ich völlig die Bedeutung der Worte: Vergib mir meine Schuld. Nun hatte ich Schuld auf mich geladen. Ich hatte meine Mutter durch eine List getäuscht! Und das mit voller Absicht!

Für meine Mutter war Christus das Allerwichtigste. Jeden Sonntag besuchten wir die Kirche, zogen unsere schönsten Kleider an, frisierten uns sorgfältig die Haare. Stets waren wir besonders früh da, damit wir unsere Stammplätze in den vorderen Reihen einnehmen konnten. Ich besuchte auch die Agape-Gruppe und später den Jugendchor. Besonders die Gruppe machte Spaß, weil ich mit Teenagern zusammenkam, die genauso gerne tanzten wie ich. Anstatt die Bibel zu lesen, studierten wir häufig die Tanzschritte für die letzten Hits ein. Den Rhythmus machten wir uns selbst dazu. Doch meine Mutter war sehr stolz auf uns!

Mummy sah nur auf meine blutende Hand und rief nach Fred, der einen Erste-Hilfe-Koffer bringen sollte. Dann sammelte sie die Scherben vom Fußboden auf. Für meine Mutter gehörte ein Erste-Hilfe-Koffer zur Ausstattung eines ordentlichen Hauses. Nicht umsonst unterrichtete sie Hauswirtschaft. Sie verband mein Handgelenk und verließ wortlos das Zimmer. Ich war mir nicht sicher, ob sie wütend auf mich war oder nicht.

Im Bett überlegte ich, wie diese Schnecken in meine Tasche gekommen waren. Bestimmt lagen sie jetzt unten im

Garten. Ich hatte sie ja nur vom Fensterbrett gestoßen und nicht weit hinaus in den Busch geworfen.

Was für ein Tag! Mir schwirrte der Kopf. Die Schnecken, die tote Taube, das Blut auf meinem Handgelenk, die fauligen Zähne eines zwanzigjährigen Mannes und eine mögliche Stiefmutter …

Plötzlich erschien Itohan im Zimmer und brachte mir mein Essen. Dankbar setzte ich mich im Bett auf und beobachtete die anmutigen Bewegungen meiner kleinen Schwester, die achtsam ein Tablett auf meinem Schoß abstellte und mir guten Appetit wünschte. Ich aß gerührt und widmete mich dann neu gestärkt meinen Büchern. Ich las sehr lange. Plötzlich sprang irgendetwas auf das Dach und machte einen enormen Lärm. Das geschah oft, aber an diesem Abend erschrak ich sehr. Die Ereignisse dieses Tages waren noch zu frisch.

»Wahrscheinlich eine Ratte«, versuchte ich mich von meinen düsteren Gedanken abzulenken. Ja. Genau das tat ich immer: mich ablenken! Das beherrschte ich hervorragend! Im nächsten Augenblick flog ein Vogel gegen mein kaputtes Fenster. So schnell wie er gekommen war, verschwand er auch wieder.

Der kalte Wind von draußen verursachte Gänsehaut auf meinen Armen. Ich vergrub mich unter der Decke und wartete auf den nächsten Schock. In der Dunkelheit gingen mir schauerliche Bilder durch den Kopf. Ständig tropfte Blut auf mich herab. Am nächsten Morgen bat ich Itohan, fortan in meinem Zimmer zu schlafen.

Sie tat es. Ich fühlte mich stärker in ihrer Gegenwart und schwor mir, nie wieder irgendwo allein im Dunkeln zu sein.

Ich werde vierzehn

Kurz vor meinem vierzehnten Geburtstag hatte ich dieselben Wünsche wie viele andere Mädchen in meinem Alter: einen Freund zu haben, eine harmonische Familie, eine schöne Wohnung und ein abwechslungsreichen Leben in einer großen Stadt. Nie kam mir den Gedanke, dass ich eines Tages etwas Ungewöhnliches machen würde, geschweige denn, dass ich Afrika verlassen könnte. Alle meine Wünsche und Gedanken bewegten sich innerhalb meiner Kultur, der afrikanischen Tradition und Mentalität.

Das Wichtigste war für mich stets die Liebe meines Vaters. Auch wenn ich ihn viel mehr liebte, oder viel ehrlicher, als er mich. Ich verband seine Zuneigung mit Geborgenheit und Sicherheit und wünschte mir nichts sehnlicher, als dass diese Liebe ständig um mich wäre!

Am 25. April 1995 eröffnete mir mein Vater, dass wir anlässlich meines Geburtstages endlich nach Abuja fahren würden. Ich freute mich riesig! Schon immer wollte ich in unsere neue Hauptstadt, die vor einigen Jahrzehnten am Reißbrett entworfen worden war. Abuja war eigens gegründet worden, um die alte Kapitale Lagos zu ersetzen. Ich war sehr neugierig darauf, wie eine neue Hauptstadt aussah – mit Menschenmassen, japanischer Architektur, modernen

Frisuren und neuester Mode. Vielleicht würde ich sogar Leuten beim Tanzen zusehen können und ein paar neue Schritte lernen. Lagos erschien mir uralt, eine Stadt voller Müll, geprägt von Umweltverschmutzung. Abuja interessierte mich, weil ich diese Stadt mit einer anderen Kultur verband. Außerdem würden wir mit dem Auto hinfahren, und »Auto« bedeutete: gute Laune. Meine Eltern haben sich auch im Auto zum ersten Mal öffentlich geküsst. Ein Zungenkuss! Damals hatte ich keine Ahnung, wozu das gut sein sollte.

Nun waren es nur noch wenige Tage bis zu meinem Geburtstag. In meinem Zimmer stand bereits mein Gepäck, eine kleine Tasche mit meinen wenigen Habseligkeiten.

Am Abend ging ich in die Küche. Es war Zeit, etwas zum Essen vorzubereiten. Ich holte eine Yamswurzel, die ich zusammen mit Tomaten aufkochen wollte. Itohan und Richard kamen nach Hause und später auch meine Mutter. Wir aßen friedlich und sahen uns dabei zum sechsten Mal das Video von »Sound of Music« an. Die Lieder kannten wir alle auswendig, und so sangen wir mit und fühlten uns glücklich. Wir liebten diese Art der Gemeinsamkeit! Danach setzte ich mich gut aufgelegt an meine Hausaufgaben und lernte bereitwillig Physik, was ich normalerweise hasste.

Kurz vor Mitternacht kam Daddy nach Hause. Wir waren alle noch auf. Als wir ihn die Treppe heraufkommen hörten, erhob ich mich sofort, um ihm sein Essen zu bringen. Daddy pflegte sich auf sein Bett zu legen und erwartete dann, dass ihm jemand die Strümpfe auszog. Das tat gewöhnlich immer Itohan, aber wir machten es alle gerne, weil wir Daddy auf diese Weise nahekamen und ein paar vertrauliche Worte mit ihm wechseln konnten.

Er lag bereits auf dem Bett, als ich ihm das Yamswurzelgericht servierte. Während ich den Tisch heranrückte, begann er zu murren, weil ihm niemand die Strümpfe auszog. Also rief ich nach meinen Geschwistern. Itohan kam herein, zog ihm die Schuhe aus und zerrte an den Kniestrümpfen. Da mein Vater geschwitzt hatte, gingen sie schwer herunter. »Mach schon«, sagte ich ungeduldig, damit mein Vater nicht ärgerlich wurde. Nachdem ich das Tablett mit dem Essen auf den Tisch gestellt hatte, half ich meiner Schwester. »Fester, fester!«, rief ich und musste lachen, weil die Strümpfe so an seinen Waden klebten. Auch mein Vater lachte nun, stemmte seine Beine gegen das Bett und tat, als sei es das Schwierigste auf der Welt, sich seine Strümpfe auszuziehen! Itohan und ich saßen bereits am Boden und bekamen kaum mehr Luft vor lauter Lachen, während wir weiter zogen und zerrten. Wir quietschten und schrien so laut, dass Mummy und Richard ins Zimmer kamen, um mitanzusehen, wie wir Daddys Strümpfe einen Meter lang dehnten, bis sie endlich von seinen Füßen herunterschnalzten.

Dann eilten Itohan und ich mit seinen Schuhen und den feuchten Strümpfen ins Bad. »Daddy, dein Essen ist da«, lachte ich, als ich wieder zurück in das Zimmer kam. Mein Vater wälzte sich auf dem Bett zum Tisch hinüber. Er war müde und wollte im Liegen essen. Die Fernbedienung für den Fernseher lag neben ihm, er schaltete das Gerät ein. Meine Mutter setzte sich zu ihm und kraulte seinen Rücken.

Ich war glücklich, dachte an Abuja, freute mich auf die Reise und spürte, dass ich meine Eltern jetzt besser allein lassen sollte. Also ging ich zurück zu Itohan ins Bad. Meine Schwester hielt einen zerknüllten Zettel in der Hand und entfaltete ihn neugierig.

»Woher hast du das?«, fragte ich.

»Aus Papas Strumpf!«, flüsterte sie.

Der Zettel war klein und zerknittert, doch der Name und die Telefonnummer waren gut lesbar. Ein seltsamer Name, wie der eines traditionellen Arztes. Wir wussten nicht, was wir mit dem Zettel anfangen sollten.

Daddy saß gemeinsam mit Mummy vor dem Fernseher und aß. Es war besser, die beiden nicht zu stören. Ich beugte mich zu Daddys Schuh hinunter und stopfte den Zettel tief hinein. Da spürte ich noch ein weiteres zerknülltes Papier im Schuh. Vorsichtig schloss ich die Badezimmertür, damit uns meine Eltern nicht sehen konnten, und öffnete die Toilette, als müsste ich mal. Dann untersuchte ich Daddys Schuhe, und als ich die Hand herauszog, sah ich, dass sie sich rot verfärbt hatte. Roter Staub wirbelte in der Luft. Plötzlich ging die Badezimmertür auf, und Mummy erschien. Hastig schüttelte ich den Staub hinter mir in die Toilette und holte den Schuh umständlich nach vorn. Da begriff ich, dass auch die Zettel ins Klo gefallen waren.

Ich drehte mich um und starrte in die Muschel. Mummy kam näher und sah den roten Puder, der sich bereits im Wasser aufgelöst hatte!

»Hast du deine Menstruation bekommen, Ade?«, fragte sie. Es sah tatsächlich aus wie Blut. »Ja«, stammelte ich und drängte meine Mutter aus dem Raum.

Ich tat, als hätte ich noch im Bad zu tun, und wusch mir lange die Hände. Anschließend ging ich hinaus und brachte das Geschirr in die Küche. Inzwischen holte mein Vater ein dickes Bündel Geldscheine aus seinem braunen Lederkoffer. Er rief Fred und Richard, dann mich, Itohan und auch meine Mutter. Als ich in das Zimmer trat, lagen auf dem Tisch vor ihm, in drei Häufchen aufgeteilt, 400 000 Naira.

Mein Vater besaß zu dieser Zeit drei Tankstellen und handelte auch mit Rohöl. Drei Mal in der Woche lieferte ein großer Tankwagen Treibstoff: zweimal Diesel und einmal Kerosin. Sein Geschäft schien damals sehr gut zu laufen. Wir durften uns hinknien und das Geld zählen. Ich hatte dabei schon meine eigene Technik entwickelt und war meistens die Schnellste.

Am nächsten Tag wollte mein Vater das von uns gezählte Geld auf die Bank tragen.

Wir liebten diese Abende! Das Einkommen unseres Vaters zählen zu dürfen, mitten in der Nacht, seine Gegenwart zu spüren, eine gesicherte Zukunft vor uns zu haben! Während wir die Scheine glücklich zu Zehnerstößen aufeinanderlegten, baten wir natürlich um etwas Taschengeld. Auch meine Mutter wusste, dass dies ein guter Zeitpunkt war, gewisse Dinge anzusprechen.

»Na, was wollen meine Leute heute von mir?«, lachte mein Vater.

»Die Kinder brauchen ein paar neue Kleider, Femi. In ein paar Tagen hat Adesuwa Geburtstag. Willst du, dass sie mit diesen alten Sachen in der neuen Hauptstadt herumläuft?«

Ich war überglücklich. Am liebsten hätte ich die ganze Welt umarmt!

Mummy eröffnete uns, dass wir in Abuja in einem Hotel übernachten würden. Ich war noch nie zuvor in einem Hotel gewesen! Sie erzählte, dass in diesem Haus auch ein Swimmingpool wäre, eine Bar und ein Abendbüfett!

An diesem Abend ging ich so fröhlich ins Bett wie nie zuvor. So sollte mein Leben aussehen! Immer! Ich konnte kaum einschlafen.

Nur noch ein paar Tage Schule, dann würden wir endlich losfahren! Ich war unkonzentriert und nervös. Am Montag zog ich dann meinen neuen karierten Rock und meine Bata-Schuhe an. Während der Pause begutachtete ich mich im Spiegel der Schultoilette. Ich träumte von den Straßen der neuen Hauptstadt. In meiner Fantasie schlenderten die Leute gelassen von Laden zu Laden, riefen sich coole Sprüche zu und begannen plötzlich auf den Gehsteigen zu tanzen, wie in den Hollywoodfilmen. Als ich wieder in den Spiegel blickte, hielt mein Gegenüber plötzlich ein Mikrofon in der Hand und sang! In einem Rhythmus, den ich selbst erfand, wiegte ich mich hin und her und bewegte die Lippen, wie es mir gefiel. Ich kam mir wunderschön dabei vor! An diesem Tag trug ich auch einen weißen Büstenhalter, und wenn ich wild tanzte, konnte man unter der weißen Bluse die zarten Brustspitzen sehen. Wie in einem Traum schwebte ich von Song zu Song und sah eine wunderschöne Zukunft vor mir. Es war alles perfekt, und ich fühlte mich großartig.

Aber meine Mutter hatte mir verboten, den weißen Büstenhalter in der Schule zu tragen. Wie oft hatte sie mir eingeschärft, dass es mich in Schwierigkeiten bringen würde!

Die Jungen konnten kaum ihre Augen von solchen Dingen abwenden, doch seitdem meine Brüste gewachsen waren, spürte ich diesen unwiderstehlichen Drang, sie auch ordentlich zu präsentieren.

Ich bürstete mein Haar zurück und wusste, dass die Person dort in dem Spiegel, jene mit dem Mikrofon, mein eigentliches Ich war.

Als ich zu meinen Platz in der Klasse zurückkam, fand ich dort einen Brief. Er stammte von Lawrence, einem wirklich hübschen Jungen aus der Klasse über mir. Seine schwarzen, wulstigen Augenbrauen waren berühmt in der ganzen Schule, ebenso wie seine sportlichen Leistungen.

Turnunterricht war sehr wichtig in unserer Schule, vor allem wegen der sozialen Kontakte, die sich dabei knüpfen ließen.

Ich hatte schon vorher gewusst, dass Lawrence mich mochte. Wir waren Freunde, sprachen aber selten miteinander. Es war verboten, mehr als ein paar Worte auf dem Gang zu wechseln, vor allem, wenn es nicht um die Schule ging. Aber einmal standen wir im Gang zusammen, und Lawrence erzählte mir ausführlich von Lagos, seinen Vierteln, dem Flair, dem Meer und den vielen Bars, Stränden und den coolen Getränken, die man dort bekam. Lawrence kam aus Lagos, aus dem Stadtteil Ikeja. Ich selbst war bis zu diesem Zeitpunkt nur einmal in der ehemaligen Hauptstadt gewesen; damals begleitete ich meine Mutter zum Flughafen, um Daddy dort abzuholen. Die Straßen, die ich auf der Fahrt durch die Stadt sah, erschienen mir sehr hässlich, nur der Flughafen selbst wirkte ordentlich.

Lawrence erzählte mir eine Menge aufregende Dinge

über Lagos. Wir unterhielten uns lange, und ich hing an seinen Lippen. Als ich den Brief sah, dachte ich: Bestimmt hat er mir geschrieben, dass er in den Ferien nach Lagos geht! Neugierig öffnete ich den Brief.

»Liebste …«

Sofort ging ich zurück in die Toilette, um in Ruhe lesen zu können. In meinen Händen hielt ich meinen ersten »Liebesbrief«!

»Du bist so schön« – es war das erste Mal, dass ein Junge mir so etwas mitteilte! »Ich liebe dich und will mehr.« Überrascht, aber ohne Angst, spürte ich, dass etwas geschehen war. Meine Kindheit war vorüber, etwas ganz Neues lag vor mir.

Da ertönte die Klingel, und ich rannte zurück in die Klasse. Joys Klassenraum lag auf dem Weg dorthin, ich musste noch bei ihr vorbei und ihr den Brief zeigen. Doch sie lachte und meinte, ich sollte seine Liebesschwüre nicht ernst nehmen.

Als ich am nächsten Tag das Schulgelände betrat, merkte ich, dass mich jemand anstarrte. Nicht nur einer, sondern viele Mitschüler. Sie warfen mir Blicke zu und lachten über mich. Was hatten sie bloß? Ohne mich weiter darum zu kümmern, ging ich die Treppe hinauf. Vielleicht würde ich ja in meiner Klasse herausfinden, was los war.

Es gab einen Klassenkameraden, der mich immer unterbrach, wenn ich gerade eine Antwort vorbereitete. Stets entschuldigte er sich damit, dass er mir nur helfen wollte. Die ganze Klasse wusste, dass er einfach in mich verknallt war. Doch ich wollte das nicht wahrhaben, ich hasste es, wenn er mich unterbrach! Außerdem verhielt sich dieser Junge oft aggressiv und aufdringlich.

Jetzt kam er auf mich zu und fragte, was Lawrence von mir wolle. Ich war überrascht und antwortete, dass ihn das nichts anging. Darauf wurde er wütend. Nach dem Unterricht kam er noch einmal zu mir, um mich zu warnen. Sollte ich noch einmal mit Lawrence sprechen, würde ich es bereuen.

Ich war schockiert. Offenbar war diese Drohung völlig ernst gemeint. Verstört sah ich zu, wie er seine Sachen packte und die Klasse verließ. Eigentlich wollte ich ihm noch etwas nachrufen, doch dann verkniff ich es mir. Ich wollte ja nicht, dass noch andere von mir und Lawrence erfuhren.

Am liebsten hätte ich Mummy mein Herz ausgeschüttet, aber sie wäre bestimmt zur Schulleitung gegangen, um zu verkünden, dass Lawrence mir einen Liebesbrief geschrieben hatte. Mit der Folge, dass er von der christlichen Schule verwiesen worden wäre. Also behielt ich mein Geheimnis für mich und ging tief in Gedanken auf mein Zimmer. Als mein Bruder Fred nach Hause kam, rief er spöttisch durch das Haus: »Law ist okay, Law ist okay, Adesuwa!«. Meine Mutter dachte, ich hätte mich entschieden, Jura zu studieren, und beglückwünschte mich dazu.

Am nächsten Tag hoffte ich, dass sich die Situation in der Schule wieder etwas beruhigt hätte. Aber es war noch schlimmer als zuvor. Der schreckliche Junge aus meiner Klasse war an diesem Morgen bereits um sieben Uhr erschienen, um Lawrence zu schikanieren. Er musste schon einiges angerichtet haben, denn eine ganze Reihe Schüler glotzten mich wie eine Außerirdische an.

Dieses Mädchen ist schuld, dass zwei Jungs aneinandergeraten sind!

Gleich in der ersten Pause ging ich zu Lawrence. Wir schlenderten zusammen zu »Mama Bonbons«, der Kantinenfrau. Ich beschwor Lawrence, den Idioten aus meiner Klasse zu meiden. Der Junge ging jede Woche zum Training und war ein gefürchteter Schläger. Bei einem Kampf hatte er fast ein Auge verloren. Er stammte aus einer wohlhabenden Familie und glaubte, es mit jedem aufnehmen zu können, weil sein Vater alles regeln würde und auch dafür sorgen konnte, dass unerwünschte Widersacher die Schule verlassen mussten. Während unseres Gesprächs achteten wir ständig darauf, dass uns niemand beobachten konnte. Aber leider gelang uns das nicht, denn plötzlich stürmte der Idiot aus meiner Klasse auf uns zu.

»Die Pause ist aus«, rief er wütend. Hastig nahm ich Lawrence an der Hand, um mit ihm in die Schule zurückzueilen. Doch Lawrence wollte nicht als Feigling dastehen, der weglief. Das war ein Fehler! Er riss sich von mir los und fragte seinen Herausforderer, was er von ihm wolle. Während des Wortwechsels trieb er die Sache auf die Spitze und behauptete, ich wäre seine Freundin! Bevor ich irgendetwas unternehmen konnte, schlug ihm der Junge aus meiner Klasse ins Gesicht. Lawrence reagierte völlig normal und wehrte sich. Ein echter Kampf begann, einige Schüler wurden aufmerksam und umringten die beiden. Vergeblich versuchte ich, sie zu trennen. Dann zog der Kerl aus meiner Klasse ein Messer hervor und stach es Lawrence in die Hand. Blut schoss hervor, und alle Schüler schrien auf.

Damit war alles aus.

Meine Eltern würden gerufen werden, und das hieß, dass ich meine Reise nach Abuja vergessen konnte! Ich konnte nichts mehr tun! Ein paar Lehrer erschienen, packten die beiden Streithähne am Kragen und zerrten sie zum Direktor. Ich lief weinend nach Hause. Den ganzen Nachmittag einschließlich des Abends wartete ich auf einen Anruf des Schulleiters, doch er meldete sich nicht.

Am nächsten Morgen um acht Uhr standen alle Schüler und Lehrer – etwa eintausend Menschen – im Schulhof und lauschten den Ausführungen des Direktors. Es war wie jeden Tag, aber als ich erschien, hatte ich den Eindruck, sie würden auf mich warten. Ich kam ein bisschen zu spät, aus Angst, obwohl ich nichts verbrochen hatte. War es die Schuld eines jungen Mädchens, wenn zwei Halbwüchsige aus Eifersucht aneinandergerieten? Doch ich wusste, dass sie mich trotzdem bestrafen würden. So waren nun einmal die Regeln an der Schule.

»Adesuwa« rief mein Lehrer mich nach oben. Mit erhobenem Haupt marschierte ich auf die Tribüne. Die Zuschauer warteten gespannt auf den Urteilsspruch. Der Lehrer näherte sich mir mit einem ein Meter langen Stock.

Das Urteil lautete: vierundzwanzig Schläge auf die Hände. Es tat sehr weh, aber ich wollte nicht weinen und biss die Zähne zusammen. Meine Schulkameraden bewunderten meine Tapferkeit. Auch Lawrence und der Idiot aus meiner Klasse wurden geschlagen. Mein Bruder Fred sah zu. Er hasste mich in diesem Moment. Wegen der Schande. Der Direktor gab mir einen Brief für meine Eltern mit. Nach den Ferien sollten sie in der Schule erscheinen.

An diesem Nachmittag wollte mich mein Vater von der Schule abholen. Ich hoffte, dass er nicht dem Schulleiter über den Weg lief, denn ich hatte nicht vor, meinen Eltern etwas zu erzählen, geschweige denn, ihnen den Brief zu geben!

Niedergeschlagen und gedemütigt wartete ich vor dem Schulgebäude auf meinen Vater – eine Stunde früher als ausgemacht, denn mit der geschwollenen Hand konnte ich nicht mehr schreiben.

Unsere Schule lag in der GRA, der Goverment Reserved Area, demselben Viertel, in dem wir auch wohnten. Hier gab es überall feine, noble Häuser, und ein besonders schönes stand direkt vor unserer Schule. Hinter den Fenstern bewegten sich ausschließlich bildhübsche Menschen. Ein Mann lebte dort mit seinen sieben Frauen und deren Schwestern. Oft fuhren teure Autos vor, und meine Schulkameradinnen behaupteten, es gingen dort wichtige Geschäftsleute ein und aus.

Nun beobachtete ich, wie ein junger Mann das Tor öffnete, damit ein Wagen aus der Einfahrt fahren konnte. Da sah ich plötzlich meinen Vater auf dem Gelände stehen! Er griff gerade in die Hosentasche, um Geld herauszuholen.

Der junge Mann verneigte sich vor meinem Vater, und dieser genoss sichtlich den Respekt und die Anerkennung, die ihm in diesem Haus entgegengebracht wurde. Dann ging der junge Mann in die Eingangshalle zurück, und mein Vater wandte sich zur Straße, um das Gelände zu verlassen. Am Tor drehte er sich um und sah zum Balkon hinauf, wo eine schöne Frau stand, weiß gekleidet, wie eine Marmorstatue. Mein Vater warf ihr eine Kusshand zu.

Ich war völlig entgeistert! Ob Mummy das wusste? Kurz

darauf saß ich mit ihm in seinem Wagen. Mit seinem eleganten Anzug sah er aus wie ein echter Gentleman. In seinem Haar glänzte teures Wet-Gel, das fantastisch roch. Mein Vater lächelte stolz wie ein junger König. Nie zuvor hatte ich ihn so glücklich gesehen.

»Adesuwa«, rief er, »du bist wirklich außergewöhnlich! Jedes Mal wenn dein Geburtstag kommt, mache ich hervorragende Geschäfte und bekomme exzellente Kontakte!«

Ich saß neben ihm und presste meine geschwollene Hand gegen den Sitz. Vor lauter Anspannung konnte ich mich kaum bewegen. Ich hatte Angst und stand unter Schock. In meiner Tasche steckte der Brief meines Direktors.

»Ich möchte nicht mehr von dir abgeholt werden, Daddy«, brachte ich schließlich hervor. Trotz des Drucks, der auf mir lastete, gelang es mir, mit sanfter Stimme zu sprechen. »Weißt du, ich gehe lieber allein zur Schule und wieder nach Hause.« Ich weiß nicht, ob mein Vater begriff, was ich damit bezweckte. Aber ich wollte nicht, dass er einen Vorwand hatte, um diese Marmorstatue aufzusuchen! Mein Vater brachte mich schweigend, aber glücklich nach Hause, ließ mich aussteigen und fuhr wieder davon. »Zu einem Geschäftspartner!«

Unter meinem Polster versteckt lag mein Tagebuch. Ich wollte die ganze Misere darin aufschreiben, fürchtete jedoch, dass Mummy es lesen würde. Wütend und verzweifelt wartete ich auf den nächsten Tag.

Am 30. April, einen Tag vor meinem vierzehnten Geburtstag, fuhren wir wie geplant nach Abuja.

* * *

»Tante Clara steht draußen, Daddy. Ich glaubc, es ist dringend, sie war schon vor ein paar Tagen hier!«

Mein Vater sprang von seinem Bett auf. Eben hatte er noch über Mr. Bean im Fernsehen gelacht, doch nun wirkte er ernst. Normalerweise sprang er niemals auf, wenn Besuch kam! Meine Tante, die Cousine meines Vaters, war mir immer unheimlich gewesen. Zwar wusste ich nur wenig über sie, doch die Art, wie meine Mutter sie behandelte, machte mir klar, dass man ihr besser aus dem Weg ging.

Daddy zog sich rasch um, nahm seine Autoschlüssel und entfernte sich, ohne ein Wort zu verlieren. Meine Mutter befahl mir, auf die Suppe aufzupassen, sie müsse etwas erledigen. Damit eilte sie in unser Gästezimmer, das sie immer wieder als Waschraum verwendete.

Ich hatte Angst.

Tante Clara und mein Vater verließen das Haus durch das Tor. Vom Balkon aus sah ich ihnen nach. Zu meiner Verwunderung stiegen sie nicht ins Auto, sondern überquerten zu Fuß die Straße und blickten nach links und rechts, als wollten sie sichergehen, dass sie niemand sah. Ich konnte es nicht fassen: Sie schlugen den schmalen Pfad in den Busch ein!

Kurz darauf stand meine Mutter unten am Tor und sah sich nach meinem Vater und Tante Clara um, konnte sie aber nirgends erblicken. Sie wunderte sich darüber, dass das Auto an seinem Platz stand und die beiden spurlos verschwunden waren. Ich wollte den Kochlöffel auf die Seite schleudern, zu ihr hinunterlaufen und ihr alles erklären, aber ich fürchtete, dass die Sache dadurch noch schlimmer werden würde.

Mummy kehrte zu mir in die Küche zurück. Wie ein nervöses Tier ging sie auf und ab. Ich brachte ihr ein Glas Wasser und rührte wieder im Suppentopf um. Wir waren allein in der Küche, und ich spürte, dass meine Mutter mir etwas erzählen wollte, worüber sie bisher geschwiegen hatte.

»Adesuwa«, begann sie, »du verstehst das wahrscheinlich noch nicht, aber seit sich dein Vater wieder mit seiner Cousine trifft, geht er nicht mehr in die Kirche!«

Ich wusste genau, wovon sie sprach, doch ich schwieg.

»Adesuwa«, fuhr sie bedrückt fort, »ich habe dich das Beten gelehrt. Bete und sei stark.«

Ihre Worte beunruhigten mich sehr. Das Essen war fertig, und ich servierte ihr einen Teller Suppe. Um elf Uhr abends kehrte Daddy zurück. Er roch schlecht und legte sich ungewaschen zu Mummy ins Bett.

Keiner von uns schlief, alle taten nur so. Ich wollte wissen, was meine Eltern im Nebenzimmer besprachen, und hielt den Atem an, um durch die Wände ihrer Unterhaltung folgen zu können. Ganz fest presste ich mein Ohr an die Mauer, aber meine Eltern flüsterten so leise, dass ich kein Wort verstand.

Ich dachte an den Busch. An die Kirche. An die Hexen aus der Familie meines Vaters. Ich spürte, dass ich nichts mit diesen Dingen zu tun haben wollte. Auch die traditionellen Bräuche, die mein Vater in der Familie pflegte, schienen mir unerträglich. Dass wir ihm kniend das Wasser reichen mussten! Wenn Freunde meiner Eltern zu Besuch waren, mussten wir auch diesen Leuten auf Knien das Wasser bringen! Was für ein idiotischer Brauch!

Irgendwann musste ich wohl eingeschlafen sein. Plötzlich spürte ich, dass mein Bett nass war, doch ich träumte und wollte nicht aufwachen. Aus weiter Ferne hörte ich die Stimme meiner Mutter, die mir irgendetwas erklärte, aber zwischen mir und ihr schien eine Glaswand zu sein. Wind blies auf meiner Seite, ich hielt meine Hände vor die Augen, um mich vor dem Sand zu schützen. Da kam meine Mutter hinter der Wand auf mich zu, in grellem Licht, schreiend, rufend, weinend. Ich versuchte die Glaswand wegzustoßen, aber sie bewegte sich keinen Millimeter. Darauf suchte ich nach einem Werkzeug, mit dem ich diese Wand durchbrechen konnte, aber es war dunkel, windig und kalt, und ich fand nichts. Plötzlich streifte mich ein eisiger Windstoß, und ich erwachte. Wieder einmal hatte ich ins Bett gemacht, obwohl ich bereits über vierzehn Jahre alt war. Itohan schlief neben mir. Ich zog das Leintuch unter ihrem Körper hervor und ging hinaus in den Flur, wo der Wäscheschrank stand.

Auf dem Gang hörte ich ein leises Schluchzen aus dem Nebenzimmer.

»Adesuwa!«

Es war meine Mutter!

»Hast du wieder ins Bett gemacht?« Diese Frage kam völlig unerwartet. Doch ich schämte mich nicht, sondern wunderte mich, was sie hier um vier Uhr früh tat?

»Mummy, ist alles in Ordnung?«, ich ging zu ihr in das Zimmer. Meine Mutter ist eine wunderschöne Frau, aber in dieser Nacht sah sie entsetzlich aus. Ihre Augen waren geschwollen, ebenso ihre Wangen. Dunkelblaue Flecken verfärbten ihre sonst so strahlend helle Haut.

»Wer hat das getan?«, fragte ich, obwohl ich genau wusste, wer sie misshandelt hatte. Ihre Lippen waren aufgesprungen und bluteten. Ich ging zu ihr. Unter Schock. Sie sah kurz auf und senkte dann den Kopf. Meine Mutter weinte wieder. Seit vier Stunden saß sie hier und weinte, und ich hatte die ganze Nacht davon geträumt.

Ich kauerte mich auf den Boden, völlig verstört, und musste meine Mutter ständig anstarren. Irgendwann legte ich meine Hand auf ihren Schenkel und wartete. Auf irgendetwas. Meine Mutter war nicht fähig, aufzustehen, etwas zu sagen, einen Entschluss zu fassen. So hatte ich sie noch nie zuvor gesehen.

Auch ich begann zu weinen. Nach einer Minute reichte sie mir ein Taschentuch.

»Ihr Kinder schlaft viel zu tief! Ich habe mir die Lungen aus dem Leib geschrien, aber niemand kam zu Hilfe!«

Entsetzt kniete ich neben ihr, überwältigt von Schuldgefühlen! Ich hatte ihr Weinen gehört, im Traum, aber ich wollte nicht aufwachen!

Ich hasste meinen Vater! Meine Mutter tastete nach meinen Händen, und ich rückte sofort zu ihr heran und ergriff sie. Plötzlich glaubte ich, wieder Schreie zu hören. Träumte ich immer noch? Aber meine Mutter saß ganz still vor mir. »Lass uns ausziehen, Mummy, gehen wir zu Großmutter!«

»Adesuwa«, flüsterte sie sanft, »wer wird für euch sorgen? Großmutter hat selbst kaum genug zum Leben!«

Nun begriff ich ihren Zwiespalt. Sie wollte Daddy nicht verlassen, ohne uns mitzunehmen. Aber wie sollte sie uns allein ernähren? Auf keinen Fall würden wir unseren Lebensstandard halten können!

»Tante Clara ist kein guter Mensch. Sie hat deinen Vater zu einem Juju-Priester gebracht, der ihm sagte, ich wäre eine Hexe. Er behauptete, ich hätte ihn bereits verhext. Falls ich es nicht zugeben sollte, müsse er mich schlagen, bis ich gestehen würde.« Mummy schluchzte leise.

»Gib es doch einfach zu«, meinte ich naiv, »dann lässt dich Daddy in Ruhe!«

»Nein, Adesuwa!«, rief sie entschieden, »er würde mich zu diesem Priester bringen. Dort müsste ich meine Zauberkräfte zur Schau stellen und deinen Vater wirklich reich machen!«

Zuerst dachte ich, das alles wäre ein böser Scherz, es könne doch nicht wahr sein! Stumm und hilflos saßen wir zusammen. Und dann ging die Tür auf. Mein Vater trat ein. In diesem Moment dachte ich: Hätte ich doch die Macht, das Dach des Hauses genau über ihm einstürzen zu lassen, um ihn unter den Ziegeln zu begraben! Gleichzeitig wich alle Kraft aus meinem Körper. Auch meine Mutter begann zu zittern, als sie ihn sah. Er wollte uns einschüchtern, und das gelang ihm auch. Ich konnte ihm nicht in die Augen sehen, solche Angst hatte ich vor ihm.

»Joyce, komm zurück ins Bett, oder ich werde dir die Lippen so zerschlagen, dass du nichts mehr erzählen kannst!«

Ich wollte ihn wirklich umbringen! Gleichzeitig hoffte ich, dass meine Mutter gehorchen würde. Er stand in der offenen Tür, stützte seinen Arm gegen den Rahmen und verlangte von meiner Mutter, dass sie unter ihm durchkroch. Mummy erhob sich und ging zu ihm. »Gute Nacht, Ade«, sagte sie. Da explodierte ich. »Wenn du sie noch einmal schlägst, Daddy, zeige ich dich an!«, schrie ich.

Überrascht und verängstigt zugleich wunderte ich mich, woher ich diesen Mut nahm. Ich machte mich auf eine Tracht Prügel gefasst, doch er hatte offenbar keine Lust, mich zu schlagen. »Geh ins Bett, sofort, sonst ergeht es dir noch schlimmer als ihr!«

Damit verschwand er.

Ich sah mich im Zimmer um, suchte nach etwas, das hart genug war, um ihm den Schädel einzuschlagen. Es gab nichts. Plötzlich fühlte ich mich entsetzlich allein. Wut stieg in mir auf, extreme Gefühle zwischen Hass, Ohnmacht und dem Wunsch nach Rache. Nun wollte ich jede Sekunde lernen, um das Examen zu bestehen, die Aufnahmeprüfung für eine Universität! Und dann würde ich dieses Haus verlassen, um niemals wieder Zeuge solcher Erniedrigungen zu werden!

Der Zusammenbruch

Mummy zog nicht mit uns aus. Mein Vater schlug sie immer wieder. Und auch mich.

Mein Bett wurde regelmäßig nass. Ich zog in der Nacht das Laken von der Matratze und wusch es am nächsten Morgen, bevor irgendjemand erwachte. Mein Vater kam immer seltener nach Hause. Wenn er nicht vor dem Fernseher lag, fühlten wir uns glücklich und frei. Ich schätzte diesen Frieden sehr. Viel zu oft brach Krieg zwischen meinen Eltern aus, besonders in den Nächten, wenn er doch spät nachts in sein Bett kroch. Dann stritten meine Eltern oft sehr heftig. Ich lag wach im Bett und hoffte, dass bald die Sonne aufgehen würde, denn dann müsste mein Vater zur Arbeit gehen! Als ob die Sonne Frieden bringen könnte!

Ein Jahr später war mein Vater bankrott. Die Geschäfte liefen schlecht, er verlor nach und nach seine Partner. Um seine Firma zu retten, verkaufte er nacheinander drei Grundstücke, die wir außerhalb der Stadt besaßen. Als auch das nichts nützte, veräußerte er zwei Öltanker. Am schlimmsten war der Tag, an dem er seine letzte Tankstelle verkaufen musste.

Mein Vater wurde immer aggressiver und sprach ständig

davon, er werde sich eine andere Frau nehmen, die ihm »neue Kinder« schenken würde. Mit ihr wolle er eine »neue Rasse« züchten. Meine Mutter spielte seine Anfälle herunter und versuchte uns einzureden, dass Daddy nur Witze machte. Ich war alt genug zu erkennen, dass mein Vater am Ende war. Er kaufte Schlüssel für das Wohnzimmer, das Schlafzimmer und auch das Bad. Uns wurde verboten, diese Zimmer zu betreten. Zeitweise durfte auch Mummy nicht mehr in diese Räume. Wenn sie in der Arbeit war, brachte mein Vater andere Frauen nach Hause. Da das Geld immer knapper wurde, musste meine Mutter einige Monate später bei der Schule finanzielle Unterstützung für uns beantragen. Also bekamen wir jede zweite Woche etwas Geld. Mein Vater wusste nichts davon. Ihren Wagen hatte meine Mutter schon vor längerer Zeit verkauft.

Plötzlich waren wir Bittsteller! Es war unerträglich. Die Schule kostete für ein Kind so viel, wie ein durchschnittlicher Nigerianer in einem Jahr verdient. Kein Wunder also, dass es mit uns finanziell so schnell bergab ging.

An Weihnachten weigerte sich Daddy, uns zur Kirche zu fahren, obwohl wir sonst immer gemeinsam dort gewesen waren. Meine Mutter stand den ganzen Tag in der Küche und frittierte Tomaten. Weil es billiger wäre, sagte sie. Wir hatten keine Ahnung, wie wir an diesem Tag in die Christmette kommen sollten, denn mein Vater änderte seine Meinung nie. So verbrachten wir diesen Weihnachtstag wie Gefangene in unseren Zimmern, in denen der Geruch des Öls von den frittierten Tomaten hing. Eine weitere Demütigung und Erniedrigung! Dann fuhr mein Vater plötzlich doch mit seinem Auto vor das Haus und rief, er würde uns nun zu Kirche bringen! Wie gnädig! Aber er selbst wollte nicht zur Christmette gehen. Also stiegen wir in das Auto. Uns war klar, dass wir wahrscheinlich zwanzig Minuten zu spät kommen würden, doch wir waren erleichtert darüber, dass wieder eine gewisse Normalität herrschte. Bei der ersten Kreuzung wunderten wir uns, warum Daddy die längere Route wählte, den Weg über die Airport Road. Beim Zoro-Supermarkt hielt er plötzlich an, und wir begriffen, dass er uns nur mitgenommen hatte, um uns wieder wehzutun. Er erklärte, er müsse noch schnell etwas besorgen und würde gleich wieder zurück sein, aber eine Viertelstunde später war er immer noch nicht da. Meine Mutter hupte ärgerlich. Zornig kam mein Vater mit einer Flasche Bailey's aus dem Laden. Er setzte seine dunkle Sonnenbrille auf und schlenderte zurück zum Auto.

Ich verachtete ihn.

»Femi, wir sind schon sehr spät dran für die Messe, darum habe ich gehupt!«

Wieder Krieg. Mein Vater fuhr zurück nach Hause, warf meine Mutter aus dem Auto und schlug sie.

Ich wusste nicht mehr, wie ich Mummy helfen sollte. Mittlerweile wusste ich, dass meine Mutter zu schwach war, um ihren Mann zu verlassen. Sie erklärte, eine Scheidung würde gegen christliche Gebote verstoßen. Erst später begriff ich, dass sie sich nicht vorstellen konnte, auf eigenen Beinen zu stehen. Ihr Leben selbst in die Hand zu nehmen. Eine selbstständige Frau zu werden.

Ich sagte, sie solle ausziehen, doch sie erwiderte, sie wolle uns nicht im Stich lassen. Wir seien ihr ein und alles. Daher werde sie durchhalten, damit wir eine gute Ausbildung bekommen konnten. Ihr Herz war gebrochen. Ihr Blutdruck stieg an. Immer wieder hatte sie Schmerzen in der Brust und oft entsetzliches Kopfweh. Häufig klagte sie, sie wäre nicht mehr in der Lage, sich um sich selbst zu kümmern, geschweige denn um uns.

Ich bestand die Prüfung, die mir die Zulassung zum Studium ermöglichte. Es gelang mir sogar, eine Klasse zu überspringen und den Abschluss ein Jahr früher zu machen. Nun hatte ich zwei Möglichkeiten: Ich konnte in Benin City Elektromechanik studieren oder in Auchi Polymertechnologie. Für ein Mädchen wie mich, das den Tanz liebte und Schauspielerin werden wollte, war das eine Katastrophe. Aber die Situation in meinem Elternhaus wurde immer unerträglicher. Ich entschied mich für Auchi, weil es hundertfünfzig Kilometer von Benin City entfernt war. Nur fort von zu Hause, dachte ich. Auchi besaß einen guten Ruf, die Studienabgänger hatten alle hervorragende Berufsaussichten. Das einzige Problem war, dass ich noch ein paar Monate auf das Gymnasium gehen musste. Meine Mutter bestand darauf! Ich begriff es nicht, da ich doch meine Prüfungen abgeschlossen hatte! Sie wollte, dass ich zwischen Mai und September eine ordentlichen Schule besuchte, wo ich einen festgelegten Tagesablauf hatte. Das bedeutete, dass ich auch die Nachmittage in der Schule verbringen würde. Dort konnte ich mich auf die ersten Examen an der Universität vorbereiten. Der Vorteil war, dass ich erst gegen Abend nach Hause kam und meinen Vater selten traf.

Eines Abends stritten meine Eltern im Garten neben dem großen Tor. »Du musst mich schon umbringen, eher wirst du keinen Frieden haben«, hörte ich meine Mutter rufen. Dann rannte sie zurück auf die Terrasse. Mein Vater stürmte ihr nach. Mummy versuchte, ihm zu entkommen und schrie, ohne sich um die Nachbarn zu kümmern. Diese standen natürlich schon auf der Straße und glotzten zu uns herüber. Ich war gerade nach Hause gekommen und wollte wie immer in mein Zimmer, da ich ohnehin nichts tun konnte. Doch als meine Mutter mich sah, rief sie, ich solle ihren Cousin Ronald holen! Mein Vater erwischte sie und schlug sie so hart, dass sie zu Boden fiel. Ich werde diesen Anblick nie vergessen. Schlag um Schlag, einer nach dem anderen. Meine Mutter wehrte sich nicht mehr.

»Alle Juju-Priester versichern mir, dass du und die Kinder besessen sind. Du verlässt mein Haus! Und die Kinder auch!« Ohne Pause drosch er auf sie ein.

Als die Nachbarn das hörten, stöhnten sie auf. Einige Männer verließen ihre Plätze und kehrten in die Häuser zurück. Auf dem Weg dorthin erklärten sie ihren Kindern, warum diese Frau geschlagen wurde. Daraufhin rannten diese auf der Straße herum und erzählten es jedem, den sie trafen: »Hexenzauber, Hexenzauber … und die Mädchen sind Wassergöttinnen.« Dann stellten sie sich gaffend vor unser Tor, als wäre unser Garten ein Freilichtkino.

Fred, Richard und Itohan standen neben mir. Mein großer Bruder scheuchte die Kinder vom Gitter weg. Richard starrte geistesabwesend auf einen großen Stein. Er konnte nicht mitansehen, wie sein Vater Mummy schlug. Vielleicht dachte er daran, den Stein seinem Vater an den Kopf zu schleudern, ich weiß es nicht. Itohan weinte wie immer und stammelte, dass sie weggehen werde, egal wohin. Das sagte sie bereits seit einem Jahr. Sie würde verschwinden oder sich umbringen.

An diesem Tag hatte ich wirklich genug von allem. Wenn niemand etwas tut, dann kümmere ich mich darum, dachte ich. »Lass sie los«, schrie ich plötzlich meinem Vater zu, »oder willst du sie wirklich umbringen?« Darauf setzten wir uns alle in Bewegung und rannten zu meinen Eltern. Itohan packte meinen Vater an den Beinen, Fred und ich sprangen ihn von der Seite her an, Richard näherte sich ihm von hinten. Fred ergriff einen Stock und drosch auf Daddys Kopf ein. Da schrie Mummy: »Lasst ihn los, er ist euer Vater, zurück, zurück …«

Meine Mutter kauerte weinend am Boden. Schweigend ließen wir unseren gewalttätigen Vater los und gingen zurück zum Tor. Plötzlich stand tatsächlich Onkel Ronald auf der Straße. »Hat er sie wieder geschlagen?«

Mein Vater zupfte an seiner Kleidung und ging mit erhobenem Haupt ins Haus. Onkel Ronald versuchte, Mummy zu trösten. Sie schluchzte herzzerreißend.

Itohan lief zu Mummy und weinte mit ihr. Damals war sie fast zwölf Jahre alt. Meine kleine Schwester, mit der ich auch heute noch in Kontakt bin, hat nichts von all diesen Szenen vergessen und erinnert sich wie ich an sämtliche Einzelheiten, jedes Wort und jede Gewalttätigkeit. Während der Arbeit an diesem Buch habe ich sie hin und wieder angerufen und ihr erzählt, worüber ich gerade schreibe. Sie bestätigte mir jedes Detail. Es wundert mich sehr, wie viel sie von all dem mitbekommen hat und wie genau sie es sich merken konnte. Als ob sich diese Erfahrungen in ihr Gedächtnis und ihre Seele eingebrannt hätten.

Meine Mutter kam in mein Zimmer und fragte, ob ich sie zu Großmutter begleiten könnte. Wir nannten unsere Großmutter Schwester. Ihr Haus lag etwa fünfzehn Minuten von unserem entfernt, in der Nähe des Gefängnisses, wo sie arbeitete. Hier hatte die Regierung eine Siedlung für die Gefängniswärter errichtet. Zwischen den billigen Baracken zogen sich schnurgerade Straßen hin. Großmutter hatte zwar eine leitende Position inne, aber ihr Gehalt reichte gerade, um sich selbst durchzubringen. Der Boden in dieser Gegend war feucht und schlammig. Hier roch es auch anders, wir mochten dieses Viertel nicht.

Itohan begleitete uns. Wortlos wanderten wir die Straße entlang. Dann brach meine kleine Schwester das Schweigen und fragte, warum wir nicht endlich ausziehen würden. Ich bemitleidete meine Mutter, als ich ihre Erklärungsversuche hörte. Sie sagte, sie habe nicht genügend Geld, um uns zu versorgen. »Und ich bin Christin, Itohan, eine überzeugte Christin. Scheidung ist etwas sehr Böses.«

Auch unsere Tradition erlaubte es Frauen nicht, sich von ihren Männern scheiden zu lassen, egal aus welchem Grund. Daher gaben wir ihr recht, denn auch unser Denken war von den überkommenen Wertvorstellungen und Bräuchen dieser Region Nigerias geprägt.

Im Weitergehen überlegte ich, ob ich mich ebenso verhalten würde wie meine Mutter. Würde auch ich bei einem Mann bleiben, der mich schlug? Ich fand keine Antwort auf diese Frage.

Das Einzige, was ich damals begriff, war, dass solche Regeln lediglich für Frauen galten. Männer durften tun und lassen, was sie wollten. Daddy durfte meine Mutter schlagen, sich scheiden lassen, wenn er wollte, und sich sogar eine andere Frau nehmen!

Ich sagte mir, dass ich an ihrer Stelle nach irgendeinem Ausweg suchen würde, denn ich würde das nicht ertragen!

Wie wir damals zu dritt zu meiner Großmutter gingen, Hand in Hand, schluchzend, auf dieser staubigen Straße … ich kann es nicht vergessen.

Und plötzlich begann meine Mutter zu singen:

A brighter day is coming
I am not left alone
It is definitely well with me
I will know no war but believe peace
'cos it brings that bright day I am waiting for
A brighter day is coming

Meine Großmutter und ein Nachbar redeten auf Mummy ein, sie solle meinen Vater verlassen. Mit Überstunden könne sie mehr Geld verdienen, denn in der Schule schätzte man ihre Arbeit als Lehrerin. »Lass uns weggehen, Mummy«, rief ich. »Ja, heute Nacht noch, bleiben wir einfach bei Großmutter!«, flehte Itohan. Doch meine Mutter traf eine entsetzliche Entscheidung. »Ich werde euren Vater nicht verlassen, die Tradition verbietet es. Ich liebe ihn.«

»Scheiß-Tradition! Die Liebe, gibt es sie überhaupt?«, fluchte ich innerlich. Ich glaube, mein Gesicht wurde knallrot vor Erbitterung.

Im September ging ich von zu Hause fort und wohnte ein paar Monate bei meiner Tante Uyi in Auchi, ganz in der

Nähe der Universität. Mein Bruder Fred bekam einen Studienplatz in Ekpoma, dreißig Minuten von meinem Campus entfernt. Tante Uyis Mann lebte in Holland und wollte sie in einigen Monaten zusammen mit ihrer Tochter nach Europa holen. Ich wusste, dass ich nicht lange bei ihr bleiben würde, und freute mich darauf, endlich eine eigene Wohnung zu bekommen.

Zu dieser Zeit hatte mein Vater eine Tankstelle in Lokoja gemietet – zwei Stunden von Auchi entfernt. Er suchte Kontakt zu mir oder zu meiner Tante, jedenfalls besuchte er uns gelegentlich. Offensichtlich wollte er mit mir ein paar Worte wechseln und sich vor allem über meine Mutter beschweren. Tante Uyi mochte ihn nicht und gab oft vor, sie sei nicht zu Hause.

Meine Mutter half mir bei der Suche nach einer Schlafgelegenheit auf dem Campus. Aber das erwies sich als sehr schwierig, wir waren spät dran, und die Mieten waren dort sehr hoch. Schließlich entschieden wir uns für ein Zimmer in der Nähe des Campus.

Die Universität bestand aus einigen mehrstöckigen Gebäuden, die auf einem großen Gelände verstreut lagen. Man betrat das Gelände durch ein großes Tor, auf dem in großen Buchstaben »Willkommen in Auchi« geschrieben stand. Die einzelnen Fakultäten lagen weit auseinander, lange Wege führten von einem Gebäude zum anderen, daher konnte man hier ausgedehnte Spaziergänge machen und sich zwischendurch unter den »Sleeping Beauties«, wunderschönen großen Bäumen, niederlassen. In Auchi war der Boden immer trocken, wegen der Sandwinde aus der Sahara. Man konnte sich hier sehr gut erholen.

In den ersten drei Monaten versuchte ich Kontakte zu knüpfen, aber es gelang mir nicht, in die Cliquen hineinzukommen. Außerdem interessierte ich mich wirklich sehr wenig für Latex und Chemie, was die Sache noch schwieriger machte. Mir lag nicht viel daran, Kommilitonen nach Unterlagen oder Büchern zu fragen und mich mit ihnen auf Prüfungen vorzubereiten. Nur ein Mädchen namens Bola war etwas zugänglicher, und als ich sie fragte, ob sie mit mir zusammenziehen wolle, willigte sie ein. Sie war nicht besonders groß und hinkte ein wenig. Wir mieteten uns ein Zimmer mit einem großen Fenster und richteten uns dort häuslich ein. Zwei Matratzen am Boden, ein Schreibtisch, ein Kerosinkocher, den ich von daheim mitgebracht hatte.

Nach ein paar Monaten wurde mir klar, dass die Gangs hier, Mädchen wie Jungen, geheimen Kulten anhingen. Die Polizei und die Universitätsleitung durften nichts davon wissen, sonst drohten Verhaftungen. Doch die Gruppen hatten enormen Einfluss.

Die Jungen-Gangs raubten immer wieder Mädchen. Sie wurden irgendwo festgehalten, ich weiß nicht, was man mit ihnen anstellte. Die Mädchen-Gangs wurden gegründet, um sich gegen die Jungen zu wehren. Aber auch unter den Jungen-Gangs auf dem Campus kam es zu heftigen Konflikten. Es gab Raubzüge, Razzien, Überfälle.

Eines Tages entdeckte ich, dass auch Bola einer Gang angehörte. Doch ich hielt es für besser, sie nicht darauf anzusprechen. Nach einer Weile begriff ich, was ablief: Wenn eine neue Studentin auf den Campus kam und die jungen Männer sie haben wollten, erfuhren das die Mädchen über geheime Verbindungen. Dann boten sie der Studentin ihren Schutz an – gegen Geld. Wenn sie die hohe Summe nicht zahlen konnte, musste sie sich dem Kult der Mädchen anschließen, und diese suchten aus ihrer schwarzen Liste den Namen einer anderen jungen Frau heraus, die an ihrer Stelle den Männern ausgeliefert wurde.

In dieser Zeit erhielt ich immer wieder Botschaften von Jungen, die offensichtlich Mitglieder der Gangs waren. Einige von ihnen wollten, dass ich mit ihnen ging. Die ersten fünf Monate waren die Hölle für mich. Jeden Tag musste ich einen Mann davon überzeugen, dass er mich in Ruhe lassen solle, ohne ihn wütend zu machen. Ein Mädchen, das den Zorn der Jungen erregt hatte, wurde von ihnen verprügelt.

Ein paar wenige junge Männer auf dem Campus gehörten keiner Gang an. Sie lasen täglich die Bibel, wollten keine Mädchen, keine Schwierigkeiten und schon gar keinen Kult.

Von der Universitätsleitung war keine Hilfe zu erwarten, jede Studentin musste selbst sehen, wie sie sich durchschlug.

Zurück nach Hause wollte ich nicht. Meine Eltern würden sich früher oder später trennen. In diesem Fall landeten die Mädchen dann bei ihren Müttern, die sie nicht ernähren konnten, oder auf der Straße, als Prostituierte. Nur an dieser Uni würde ich die Chance haben, eine Ausbildung zu absolvieren. Also musste ich die Herausforderung annehmen, daran wachsen und sie bewältigen.

Auf dem Campus studierten etwa tausend junge Menschen aus unterschiedlichen Gesellschaftsschichten. Ich begann ein paar Mädchen zu beraten, wie sie sich ihr Haar einfach, aber hübsch frisieren konnten. Meine Vorschläge gefielen ihnen, und so kamen sie zu mir, wenn sie »ihre Freunde« erwarteten. Meine Haarkunst wurde beliebt bei den Studentinnen, und es sprach sich schnell herum, dass ich Stil hatte. Eines Tages kam auch die Anführerin einer Mädchen-Gang zu mir, und ich machte sie bereitwillig schön, so wie alle anderen auch. Ich wusste, dass sie öfter mit Bola, meiner Mitbewohnerin, zusammen war und vermutete daher, dass die beiden demselben Kult anhingen. Ohne viele Worte zu machen, kümmerte ich mich um ihre Frisur, und sie ließ mich in Ruhe, obwohl sie wusste, dass ich keiner Gruppe angehörte, was nicht gerne gesehen wurde.

An einem warmen Frühlingstag saß ich mit ihr im Park und fixierte die letzten Strähnen Kunsthaar an ihrem Kopf, weil sie einen »neuen Freund« erwartete. Vier, fünf andere Mädchen umringten uns, weil auch sie den Liebhaber kennenlernen wollten. Einen reichen Mann mit einem teuren Auto, der bereits vielen Mädchen an der Uni Geschenke gemacht hatte. Doch sie hatte er als Freundin auserwählt! Ich ließ sie von diesem reichen Schönling schwärmen und dachte mir meinen Teil. Kurze Zeit später rollte ein Mercedes die Straße herauf, langsam und elegant bewegte sich der frisch gewaschene Wagen vorwärts. Mir schien, dass es derselbe Wagen war, den auch mein Vater fuhr. Das Mädchen erhob sich von der Bank, auf der wir an ihrem Haar gearbeitet hatten, und rief, dass er da sei. Ich schlüpfte hinter einen Busch, um nicht von diesem Mann gesehen zu werden – ich fürchtete, es könne tatsächlich mein Vater sein!

Und er war es auch!

Er umarmte das junge Mädchen, strich mit der Hand an ihrem Körper entlang und überreichte ihr ein Geschenk. Dann teilte er ein paar Naira an die übrigen Mädchen aus. Schließlich schlenderte die Anführerin der Mädchen-Gang mit ihm die Straße hinunter, und mein Vater warf ihr anerkennende Blicke zu und benahm sich wie ein Gentleman. Alle Mädchen tuschelten, kicherten und gluckten und wünschten sich auch so einen Liebhaber!

Ich sank hinter dem Busch zusammen. Scham. Schock. Verlassenheit. Betrug. Wieder einmal hatte mich mein Vater mitten ins Herz getroffen.

In ging zurück in mein Zimmer. Dort fand ich Bola, die in meinen Sachen stöberte. »Was tust du hier?«, rief ich.

Ängstlich antwortete sie: »Ich suche ein Foto von deinem Vater. Mir scheint, der Mann, den meine Freundin trifft, ist mit dir verwandt!«

»Er ist mein Vater«, bestätigte ich. Bola hörte auf herumzukramen, sie setzte sich auf das Bett und wurde ernst.

»Das darfst du niemandem erzählen«, sagte sie, »wenn die Mädchen der Gang das erfahren, werden sie dir wehtun. Sie wird dir wehtun!«

Damit meinte sie die Anführerin. Ich wusste, dass sie darüber nicht erfreut wäre, doch natürlich war mir klar, dass sie es ohnehin herausfinden würde. Also ging ich zu diesem Mädchen und brachte ihr alles schonend bei.

Als ich ein paar Tage später zu meinem Zimmer kam, sah ich, dass die Tür aufgebrochen war. Vorsichtig schlich ich hinein. Es war dunkel, und ich erschrak furchtbar, weil Bola reglos wie eine Tote auf dem Bett lag. Als ich sie zur Seite drehte, musterte sie mich mit starrem Blick, ihr Gesicht war aschgrau. Dann bewegte sie die Lippen, und erklärte schluchzend, ich müsse die Anführerin in Ruhe lassen. Damit stand sie auf, packte ihre Sachen zusammen und zog aus.

Ich hatte die Anführerin in Ruhe gelassen! Unser Gespräch war doch völlig normal verlaufen, dachte ich. Still setzte ich mich auf mein Bett und starrte an die Wand gegenüber. Aus dem kleinen Radio drang leise Musik. Ich schaltete das Gerät ab. Gleich darauf klopfte es an der Tür. Ich dachte, Bola hätte etwas vergessen, und öffnete. Ein großer, fetter Mann mit einer Kappe auf dem Kopf kam herein. In seinem Gesicht lag Kälte. Ohne etwas zu sagen, stellte er sich breit vor mich hin, die Hände in den Hosentaschen. Erschrocken wich ich zurück, bis zum Fenster. Die Tür ging erneut auf. Ein zweiter Mann trat ein. Auch in seiner Miene gab es kein Anzeichen von Freundlichkeit. Im Gegenteil. Diese Männer waren gewohnt zu befehlen.

Ich begriff, dass ich ihnen schutzlos ausgeliefert war. Schnell drehte ich mich um und wollte aus dem Fenster springen. Aber auch dort stand schon einer. Wie er das gemacht hatte, war mir ein Rätsel.

»Was wollt ihr von mir?«, rief ich.

»Halts Maul! Leg dich mit dem Rücken auf das Bett. Ogbanje, Wassergöttin! Du hast uns hintergegangen, und jetzt wirst du sterben.«

Ich saß auf meiner Matratze. Die Tür öffnete sich abermals, und ein vierter Mann kam herein. Es war dunkel im Zimmer, ich sah nur ihre Umrisse. Der erste Eindringling nahm seine Hände aus den Taschen. In der Rechten hielt er eine Pistole, die er auf mich richtete. Mir blieb die Luft weg.

Mein Schließmuskel funktionierte nicht mehr, und auf der Matratze wurde es warm.

»Öffne deinen Mund!«

Ich gehorchte.

Er steckte die Pistole hinein.

»Zieh dich aus!«

Ich erstarrte zu Eis.

Er schrie es noch einmal.

Hastig versuchte ich meine Knöpfe aufzumachen, aber meine Hände zitterten vor Angst. Der Mann mit der Pistole starrte mich irritiert an. Endlich hatte ich den ersten Knopf offen. Tränen rannen über meine Wangen.

»Ich gebe euch Geld«, brachte ich mit Mühe hervor. Die Pistole im Mund drückte auf meine Zunge.

»So haben wir das nicht geplant«, rief der Mann am Fenster. Seine Stimme kam mir bekannt vor.

»Erschieß sie«, sagte einer.

»Geht nicht«, antwortete der Dritte, der an der Tür stand, »da draußen sind Leute.«

»Dann nehmen wir eben das Geld!«

Der Mann mit der Pistole hantierte an seinem Hosenschlitz herum und versuchte, seinen Penis herauszuholen, aber die Waffe behinderte ihn dabei. Also zog er den Lauf aus meinem Mund und öffnete endlich seine Jeans. Er stürzte sich auf mich, aber zwei andere rissen ihn sofort zurück. Sie begannen zu streiten. »Gott sei Dank«, betete ich im Stillen. Doch als ich begriff, worüber sie stritten, wurde mir übel: Sie debattierten darüber, wer als Erster dürfe. Der eine wollte von hinten, der andere von vorne.

Geistesgegenwärtig begriff ich, dass dieser Streit die letzte

Gelegenheit war, zu fliehen. Ich weiß nicht, wie ich es geschafft habe, aber plötzlich stand ich draußen vor der Tür. Nur der Mann am Fenster hatte es bemerkt, aber geschwiegen, die anderen fuhren herum, als ich die Tür zuschlug. Ein Schuss fiel. Sie feuerten gegen die Tür. Sofort stürzten einige Leute aus ihren Zimmern, andere verriegelten ihre Türen. Die Männer kamen aus meinem Zimmer und brüllten: »Tötet die Hexe!« Schreie der anderen Studenten vermischten sich mit ihren Flüchen. Aber wahrscheinlich hinderte ihre Erregung sie daran, hinter mir herzulaufen.

Nur der Mann, der am Fenster gestanden hatte, verfolgte mich. Ich rannte, so schnell ich konnte, wahrscheinlich schrie ich auch dabei. Vor dem Studentenheim, im Dunkeln, holte er mich ein und drückte mich gegen die Mauer. Der raue Putz kratzte furchtbar an meinem Rücken. Er hielt eine Pistole in der Hand. Wieder stockte mir der Atem.

»Beruhige dich«, sagte er, »ich beobachte dich schon lange, du gefällst mir. Du hast keine Ahnung, was auf diesem Campus wirklich los ist. Es ist die Hölle. Die ganzen Rituale! Ade, ich mag dich. Ich will dich beschützen, aber bitte sei nett zu mir, okay?« Ich war sprachlos. Der Mann fuhr fort: »Alle wissen, dass du diese magischen Kräfte hast. Dein Vater hat es uns verraten.«

Die Stimme kam mir bekannt vor, doch ich wusste nicht, wo mir der Mann begegnet war. Ich hatte so entsetzliche Angst wie nie zuvor in meinem Leben!

Er beugte sich zu mir herunter, küsste mich auf den Nacken und wiederholte: »Ich mag dich wirklich sehr! Vergib mir, ich muss mit den anderen mitmachen, du verstehst das nicht. Sonst schließen sie mich aus der Gang aus. Du weißt, was das bedeutet! Sie bringen mich um.« Er wollte, dass ich Verständnis für ihn aufbrachte, während er mich mit einer Pistole bedrohte!

Ich sank auf den Boden. Mein Gehirn funktionierte plötzlich nicht mehr. Ich konnte nicht mehr denken. Langsam glitt ich in den roten Sand, meine Finger begannen ein Loch zu graben, ich weiß nicht warum. Ich war nackt und wollte mich eingraben, verstecken. Sie hatten mir im Zimmer die Bluse vom Leib gerissen. Nackt war ich den ganzen Weg ins Freie gelaufen. Ich lag mit entblößten Brüsten auf dem Boden und starrte in den Himmel. »Du musst mir vertrauen, mach die Beine breit, hör auf zu zittern …« Direkt vor meinen Augen sah ich den Pistolenlauf. Ich wünschte mir, dass es schnell gehen würde. Warum schoss er nicht?

Zwei Stunden lang lag ich wie bewusstlos auf dem Boden und scharrte Löcher in den Sand. Ich spürte nichts mehr. Plötzlich hörte ich die Nachtwächter, sie begannen ihre Patrouillen um Mitternacht. Irgendwie half mir das, ich konnte mich ein wenig aufrichten. Der Mann war nicht mehr da, ich weiß nicht, wann er verschwunden war. Ich stand auf, taumelte die Mauer entlang zur Eingangstür. Schwache Lichter erhellten den leeren Gang, zitternd öffnete ich meine Zimmertür, ich fiel hinein. Ich weiß nicht, ob ich ein paar Sekunden oder länger dagelegen habe, ich hatte kein Zeitgefühl mehr. Irgendwann stand ich auf, suchte meine Sachen zusammen und ging zurück ins Freie. Dort holte ich einen Kübel Wasser und ging damit in das Freiluftbad. Ich scharrte mit bloßen Händen feinen Sand zusammen und streute ihn in das Wasser. Mit dieser Brühe wusch ich mich, ich rieb mir die Männer vom Leib. Meine

Kleider wickelte ich zusammen und trug sie auf den Friedhof, der an das Campusgelände grenzte. Dort sollten sie verrotten. Dann verließ ich diesen Ort.

Meine Beine trugen mich zum Haus meiner Tante. Verschlafen öffnete sie mir, und ich log, ich hätte meine Schlüssel verloren. Meine Tante legte eine Matratze auf den Wohnzimmerboden und ging wieder zu Bett. Ich sank auf den Schaumstoff und konnte nicht denken. Mein Gehirn funktionierte nicht mehr. Ich schlief ein, ohne irgendetwas in mir ordnen zu können. Auch vergessen war nicht möglich. Vielleicht würde ich nie wieder denken können.

Am nächsten Tag fuhr ich nach Hause. Ich wollte es meiner Mutter erzählen, aber als ich sie sah, schwieg ich. Sie war völlig mit ihren eigenen Problemen beschäftigt. Es gelang ihr nicht, sich aus dem Gefängnis ihrer Ehe zu befreien. Ich hatte keine Kraft mehr, ihr Verständnis entgegenzubringen.

Als mein Vater mich sah, rief er: »Ich habe kein Geld! Verstehst du? Verschwinde, in diesem Haus gibt es kein Geld!«

Ich nahm den nächsten Bus und fuhr zurück zum Campus. An der Haltestelle blieb ich stehen. Völlig ratlos. Wo sollte ich hin? Zurück in mein Zimmer? Das konnte ich nicht. Langsam schleppte ich mich vorwärts, in der Hand meine schwere Tasche. Alle, denen ich begegnete, starrten mich an und schüttelten den Kopf. Sie wussten es.

Dann traf ich eine junge Studentin namens Osaruwe, die nicht auf dem Campus wohnte, sondern eine Viertelstunde davon entfernt im Hügelgebiet lebte. Ich fragte sie, ob ich eine Weile bei ihr wohnen könne. Sie blieb stehen. Sie sah mich an. Dann nahm sie meine Tasche und nickte.

Ich blieb eine Woche dort. An der Uni sprach ich mit niemandem. Meine Tante versuchte mehrmals, mich zu erreichen, aber ich wollte niemanden sehen. Sie teilte meiner Mutter mit, dass ich nicht mehr auf dem Campus leben würde und niemand wüsste, wo ich wäre.

Meine Mutter kam nach Auchi. In Panik flüchtete ich wieder zu Osaruwe, denn ich wollte ihr auf keinen Fall begegnen. Dort schloss ich mich für zwei Tage ein. Osaruwe beschützte mich, sie ließ niemanden zu mir. Auch meine Mutter nicht. Mummy stand vor der Haustür und schrie Osaruwe an. Schließlich kam ich doch aus dem Zimmer, um mit ihr zu sprechen. Sie behauptete, ich wäre eine Verlorene und hätte schlechten Umgang.

Ich ließ sie reden. Erst als ich versprach, dass ich am Wochenende nach Hause kommen würde, ging sie.

Von Bola borgte ich mir Unterlagen, die ich abschrieb, weil ich viel auf der Uni versäumt hatte. Aber ich sprach fast kein Wort mit ihr, da ich vermutete, dass sie in das Komplott gegen mich verwickelt gewesen war, auch wenn sie es leugnete.

Auf dem Weg zur Uni fiel ich in eine Pfütze, vorher hatte ich meine Hosen beim Bügeln verbrannt und meine frittierten Eier auf dem Kerosin-Kocher vergessen. Außerdem quälten mich entsetzliche Träume von meiner Mutter. Mir war klar, was das bedeutete: Obwohl sich alles in mir sträubte, musste ich zurück nach Benin City!

Um sechs Uhr abends kam ich zu Hause an. Mein Vater stand oben am Balkon. Als er mich sah, zupfte er seine Kleidung zurecht. Ich begriff, das er vor Wut kochte. Wieder standen diese Idioten von Nachbarn am Zaun. Meinen

Vater störte es keineswegs, Zuschauer zu haben, ganz im Gegenteil.

»Was willst du hier?«, fragte er mich mit unterdrücktem Zorn.

Ich war völlig am Ende.

»Guten Abend, Daddy«, stammelte ich.

Keine Heimat. Angst vor dem Campus, Angst vor den Männern. Alles, was ich wollte, war, meiner Mutter mein Herz auszuschütten.

»Bleib, wo du bist«, befahl mein Vater.

Ich gehorchte.

Vor dem Zaun, ein paar Meter entfernt von meinem Elternhaus, wartete ich darauf, dass irgendetwas geschah. Ich hoffte, Mummy würde herauskommen, sich zu mir auf die Straße setzen, und dann würde ich ihr die ganze Nacht lang erzählen.

Niemand kam.

Offensichtlich war sie nicht mehr zu Hause. Wenn ich ihr doch letztes Wochenende mein Herz ausgeschüttet hätte! Es kam mir vor, als würde es diese Möglichkeit nie mehr geben.

Mein Vater schrie wieder, seine Worte schnitten mir wie Messer in die Brust. Tränen strömten mir aus den Augen. Immer wieder brüllte er die Namen von Itohan und mir, auch den meiner Mutter. Jede von uns nannte er »Hexe, Wassergöttin, Ogbanje«. Wir wären verantwortlich für seinen finanziellen Misserfolg. Er wollte, dass es die Nachbarn hörten, denn natürlich hatten auch sie vor bösen Geistern Angst. »Wassergöttin, Meerjungfrau« – bald würde es ganz Benin City wissen.

Mein Vater befahl meinem Bruder, meine Sachen zu packen. Fred tat es. Nun war alles vorbei. Ich musste gehen. Itohan lief herunter und umarmte mich. »Ich will mitkommen!«

»Ich weiß nicht, wo ich hingehen werde, vielleicht zu Großmutter. Ich habe kein Geld, bleib lieber hier!«

»Nein«, schrie sie, »lieber sterbe ich! Du wirst es schaffen, du wirst dich um mich kümmern!«

Ein Reissack mit meinen Sachen fiel vom Balkon, direkt vor unsere Füße. »Verlasst dieses Haus! Eure Mutter ist eine Hexe, ihr beide aber stammt aus dem Wasser, geht zurück, wo ihr hergekommen seid. Auch du, Itohan. Verschwindet, bevor ich das Gewehr hole und euch erschieße!«

Ich wich zum Tor zurück. Itohan folgte mir. Plötzlich begannen wir zu laufen, wir rannten, wir stolperten, so schnell wir konnten, immer weiter, immer schneller, fort.

Alles, was ich wollte, war Mummy sehen. Ging es ihr gut? Wir schlugen den Weg zu Großmutter ein, aber ich wusste, dass wir dort nicht lange bleiben konnten. Sie war alt und gebrechlich, um ihre Gesundheit stand es schlecht. Wir durften sie nicht belasten. Ihre Wohnung bestand nur aus zwei Zimmern, und auch wenn uns ein Platz für eine Matratze genügen würde, wussten wir, dass es dort keine Zukunft für uns gab.

Ich hasste die Armut! Jeder hasst sie. Viele arme Mädchen mussten durch die Hölle der Prostitution, um am Leben bleiben zu können. Oder sie mussten den erstbesten Mann heiraten.

Auf der schlammigen Straße, die zum Haus meiner Großmutter führte, zwischen all den Baracken, wünschte ich mir zum ersten Mal in meinem Leben, dass ich tatsächlich die übernatürlichen Kräfte einer Wassergöttin besitzen würde! Ich würde den Balkon herunterreißen, auf dem mein Vater thronte, und dann den Nachbarn den Verstand verwirren!

Aber ich hatte keine übernatürlichen Kräfte.

In völliger Dunkelheit erreichten wir das Haus meiner Großmutter.

Jetzt, da ich dieses Buch schreibe, weine ich. Weil ich Gott danke, dass er mir die Kraft verliehen hat, das alles zu ertragen. In all diesen Jahren habe ich einiges durchgestanden, obwohl ich mir viel zu oft gesagt habe, dass ich es nicht mehr schaffen könne. Ich habe Enttäuschungen erlitten, die sich viel später als Segen erwiesen haben. Und es muss einen Grund geben, warum ich das alles überlebt habe. Eines habe ich von meiner Mutter gelernt und stets beherzigt, auch wenn ich sonst vieles, was sie mich lehrte, verworfen habe: »Schlimme Erfahrungen machen dich stärker für alles, was noch kommen mag.« Und daran glaube ich immer noch.

Als wir an die Tür meiner Großmutter klopften, ließ sie uns sofort herein. Fassungslos starrte sie uns an, ich muss entsetzlich ausgesehen haben. Völlig erschöpft. Eilig half sie uns, unsere Habseligkeiten ins Haus zu schleppen. Ihr Wohnzimmer maß nicht mehr als fünfzehn Quadratmeter. Außerdem gab es noch einen zweiten Raum von etwa derselben Größe, eine kleine Küche, eine Toilette und eine Dusche. Wir trugen unsere Sachen in das Nebenzimmer und sahen dort jemanden auf dem Boden liegen. War es meine Mutter? Leise wollte ich mich wieder aus dem Zimmer schleichen, um diese offenbar sehr kranke Person nicht zu wecken. Plötzlich murmelte sie etwas. Meine Großmutter antwortete: »Mach dir keine Sorgen, es sind nur deine Kinder!«

Meine Mutter richtete sich auf und stürzte auf uns zu. »Adesuwa, Itohan!« Sie umarmte uns. »Wo sind Richard und Fred?«

Sie klatschte mehrmals in die Hände, als könne sie damit ihre Söhne herbeischaffen.

»Ihr müsst zurückgehen, sofort. Ich bin nur eine kleine Lehrerin und kann euch nicht ernähren.«

»Lass sie eine Weile hierbleiben«, sagte meine Großmutter und legte ruhig die Hände auf die Schultern ihrer Tochter. »Wir werden sehen, was wir machen können«, fügte sie leise hinzu.

Wir schliefen alle am Boden. Es war eng und unbequem, aber wir hatten Frieden, Geborgenheit und fühlten uns sogar ein wenig glücklich.

Am nächsten Tag ging ich zu meinem Elternhaus zurück, um eine Matratze zu holen. Ich fühlte mich besser, hatte ordentlich gegessen und konnte wieder klar denken. Es war schon Abend, doch ich hoffte, mein Vater wäre noch in der Arbeit. Normalerweise kam er nicht vor neun Uhr nach Hause. Als ich um die Ecke bog, sah ich seinen Wagen. Gleich darauf hörte ich Stimmen vom Garten her. Vorsichtig näherte ich mich der Mauer, woher die Stimmen kamen. Als ich den Kaschubaum erreichte, erblickte ich meine Tante Clara, Daddy und eine sehr seltsam gekleidete Frau; zusammen gingen sie mit kleinen Schritten in unserem Garten umher und verspritzten dabei eine weiße Flüssigkeit. Tante Clara hielt eine Lampe in der Hand, deren Licht so schwach war, dass nur ihre unmittelbare Umgebung davon erhellt wurde. Ein Stück Stoff wurde zerrissen und fiel direkt neben der Lampe auf den Boden. Neugierig schlich ich näher heran. Die seltsam gekleidete Frau beugte sich vor, und der Lichtschein der Lampe fiel auf sie. Ihr Gesicht war weiß bemalt. Sie zog eine lebende Taube aus ihrem Sack und drückte sie mehrere Male auf Daddys Hand. Ich rätselte, was das bedeuten mochte. Heute weiß ich, dass die Taube ein Symbol für Wohlstand ist. Sie hob das flatternde Tier zu Vaters Stirn empor und sprach ein paar unverständliche Sätze.

Meine Tante füllte ihre Hände mit Sand, ließ ihn zu Boden rieseln und formte kniend einen Haufen daraus. Ich musste an den roten Hügel im Busch denken. Nun holte sie einen Stock hervor und vergrub ihn in dem Haufen. Die weiße Frau riss der Taube Federn aus und stopfte sie ebenfalls in Tante Claras Hügel. Dann schritt sie siebenmal um meinen Vater herum. Das Gleiche tat sie bei meiner Tante. Als sie damit fertig war, nahm sie den Kopf meines Vaters zwischen ihre Hände und drehte ihn im Uhrzeigersinn herum. Beinahe hätte ich aufgeschrien! Wollte sie ihm das Genick brechen? Ich schaffte es gerade noch, mir meine Hände auf den Mund zu pressen. Nein, ich wollte mich nicht verraten. Alle drei wirkten wie in Trance.

Ich sank zu Boden. Dann sah ich, dass Daddys Kopf heil geblieben war, die Wirbelsäule auch. Mein Vater stand gebeugt im Garten und sah den Frauen zu, die nach hinten ins Dunkel gingen. Nach einigen Minuten hatte ich mich wieder gefasst. Rasch schlüpfte ich ins Haus, holte meine Matratze und noch ein paar Sachen und schlich so leise wie ich gekommen war wieder nach draußen.

Itohan hatte bei den Nachbarn einen Schubkarren organisiert. Sie wartete eine Ecke weiter auf mich, und wir fuhren zurück zu meiner Großmutter.

Ich beschloss, niemandem etwas über das Treiben in unserem Garten zu erzählen.

Nach einer Woche bei meiner Großmutter, wo regelmäßig gekocht und gebetet wurde, fand ich zu mir selbst zurück. Nun war ich imstande, über meine Situation nachzudenken und einen Entschluss zu fassen. Ich ging zurück in mein altes Gymnasium und holte die Klasse nach, die ich übersprungen hatte, weil ich bereits zuvor die Abschlussprüfung geschafft hatte. Zu diesem Zeitpunkt hatten wir kein Geld. Unsere Lage war schwieriger, als ich erwartet hatte. Mummy lieh sich überall Geld, meine Großmutter nahm einen Kredit auf. Wir lebten von ihrem kleinen Einkommen, das aber nur zehn Tage im Monat für uns alle ausreichte. Meine Mutter wiederholte ständig, das alles sei zu viel für sie. Sie müsse fortgehen, irgendwohin, wo sie mehr Geld verdienen konnte. Dann wurde sie krank. Ihr Blutdruck stieg immer mehr, doch wir konnten uns keinen Arzt leisten.

Die jungen Männer in der ganzen Stadt begannen über mich zu tuscheln und zu lachen. Sie hatten erfahren, was am Campus in Auchi mit mir geschehen war, und höhnten, ich wäre nun keine Jungfrau mehr. Auch sie nannten mich Ogbanje, Wassergöttin.

Mathew, einer der Anführer der Jungen-Gang des Viertels, stellte sich mir in den Weg und verspottete mich. Doch ich hatte ein Messer bei mir, denn seit der Geschichte am Campus trug ich stets eine Waffe. Ich zog es heraus und stach ihm in die Seite. Er fiel zu Boden und schrie. Drei seiner Kumpane erschienen und starrten ihn an. Er blutete. Ich drohte den Männern mit meinem Messer, worauf sie davonrannten und brüllten, ich hätte Mathew getötet.

Als ich Mathew Jahre später in Nigeria wiedersah, entschuldigte er sich bei mir. Er hatte in der Zwischenzeit geheiratet. Zwei Jahre vor unserem Treffen war seine Frau entführt und vergewaltigt worden.

Zwar fühlte ich mich nun selbstbewusst und stark, doch es gab keine Zukunft für mich in Benin City. Niemand in Nigeria, weder ein alter noch ein junger Mann, weder ein Christ noch ein Anhänger traditioneller Kulte, würde eine Hexe heiraten, oder eine sogenannte »Wassergöttin«, die sich weigerte, sich zu ihrer Gabe zu bekennen und ihrer Familie Glück und Reichtum zu bescheren. Ich musste weg. Aber wohin?

Einige Wochen später versammelten wir uns auf Mummys Geheiß im Wohnzimmer meiner Großmutter. Auch Fred und Richard saßen auf der Couch. Nachdem meine Mutter draußen ein paar Worte mit ihrer Cousine Vera gewechselt hatte, kam sie zu uns und setzte sich feierlich.

Sie wollte uns etwas Wichtiges mitteilen.

»Ich werde von hier weggehen. Vera kann mir dabei helfen.«

»Wohin denn?«, rief mein Bruder Fred.

»Erinnert ihr euch an meine Freundin Mama Ehi? Sie ist jetzt in Frankreich und schickt regelmäßig Geld nach Hause.«

»Was willst du in Frankreich? Im Fernsehen habe ich gesehen, dass die Frauen dort nur als Prostituierte durchkommen!«

Meine Großmutter wurde streng.

»Was glaubst du, wer deine Mutter ist? Glaubst du, dass sie so etwas tun würde?«

Mein Bruder verstummte.

»Meine Cousine und ich haben das gleiche Blut« erklärte Mummy. »Ich vertraue ihr, sie weiß, was sie tut. Sagt eurem Vater kein Wort darüber!«

Ich wunderte mich, dass sie sich auch nach der Trennung immer noch um die Meinung meines Vaters kümmerte.

Meine Mutter wollte mit einer Gruppe Nigerianer über den Landweg bis nach Nordafrika und von dort aus mit dem Flugzeug nach Europa.

Ich bekam Angst. Das Fliegen schien mir kein Problem, aber die lange Autofahrt durch die Sahara bis nach Nordafrika! Wie sollte das gehen?

Am nächsten Morgen schon weckte mich meine Mutter in aller Frühe. Ich starrte lange in ihre Augen. Sie drückte mir Geld in die Hand.

»Versprich mir, dass du die Uni abschließt. Kümmere dich um Itohan. Du bist stark geworden, Adesuwa. Behalte Fred im Auge. Und pass auf Großmutter auf!«

Damit wandte sie sich zum Gehen.

»Wenn irgendetwas schiefläuft«, rief ich ihr nach, »dann komm sofort zurück zu uns!«

Als meine Mutter verschwunden war, setzte sich meine

Großmutter zu mir und umarmte mich. Ich ließ es zu. Bis zu diesem Zeitpunkt hatte ich mich nicht von ihr berühren lassen.
Plötzlich fiel eine Last von mir ab. Wenige Stunden nachdem meine Mutter gegangen war, fühlte ich mich frei! Ich weiß nicht, warum, meine Mutter hatte mich verlassen, und ich empfand eine große Leere, aber trotzdem lebte ich auf.

»Versprich mir, dass du die Uni abschließt«, hatte sie zum Abschied gesagt, und diese Worte blieben mir im Ohr. Ja, dachte ich entschlossen, das werde ich tun. Nach dem Weggang meiner Mutter fühlte ich mich unabhängig und spürte neue Kräfte in mir. Ich konnte mir nun vorstellen, wieder an die Universität zurückzukehren. Ich würde es schaffen, ich hatte ja mein Messer! Ja, so würde es weitergehen. Ich wollte meine Ausbildung in Auchi abschließen.

Ich zog wieder zu Osaruwe und wohnte später auch bei anderen Freundinnen, aber niemals direkt auf dem Campus. Geld hatte ich keines. Mittags ging ich zu Bekannten, die mir immer etwas zu essen gaben. So schlug ich mich eine Weile durch, doch ich wusste, dass sich etwas drastisch ändern musste.

Bei einer Friseurin bekam ich einen kleinen Job. Ich arbeitete in ihrem Geschäft, sooft ich konnte. Dort lernte ich eine junge Frau kennen, die mir irgendwie ähnlich war. Wir mochten und vertrauten einander. Sie hieß Ann und studierte in Abraka. Eines Tages lud sie mich ein, sie dorthin zu begleiten.

Abraka war groß und hell. Man sah dort viel mehr Menschen auf den Straßen als in Auchi, auch Weiße. Vor allem Männer. Ich besuchte Ann immer wieder und fühlte mich wohl. Dort konnte ich mich gut auf den Lernstoff konzentrieren. Einmal lud mich Ann auch zum Schwimmen ein, und obwohl ich das nicht konnte, hatten wir einen Riesenspaß!

Etwas in mir sträubte sich gegen das Wasser, weil Daddy einmal gesagt hatte, dass mich der Fluss eines Tages holen würde, damit ich in die Welt der Wassergeister aufgenommen werden könnte.

Beim nächsten Mal begleitete uns eine weitere Freundin von Ann, sie hieß Betty.

Dank der Begegnung mit diesen neuen Freundinnen konnte ich das Erlebnis am Campus schließlich vergessen. Es verdrängen, tief in mir vergraben. Das Leben ging plötzlich wieder weiter.

Mit Betty hatte ich noch mehr gemeinsam als mit Ann. Sie hatte mehr Kraft, und wir beide waren entschlossen, unsere Situation grundlegend zu verändern. Wir wollten unser Leben in die Hand nehmen und nach Lagos gehen, eine Wohnung mieten, uns eine Arbeit suchen und eine Ausbildung machen – kurz gesagt auf eigenen Beinen stehen. Mit Betty traute ich mir das zu. Und Betty dachte, mit Ade würde sie es wagen.

Wir hatten die gleiche Kraft und Zielstrebigkeit. Denselben Mut und Lebenshunger.

Mittlerweile hatte ich einen anderen Job gefunden: Ich arbeitete in einem Hotel nahe dem Campus als Putzfrau.

So konnte ich mir ein wenig Geld auf die Seite legen, aber

um mir meine Träume zu erfüllen, brauchte ich natürlich viel mehr.

In den Ferien wollte ich nach Lagos fahren und für zwei, drei Monate dort wohnen. Betty schloss sich mir an, obwohl ich nicht genau begriff, weshalb, denn sie kam aus einer guten Familie. Da ihr verstorbener Vater mehrere Frauen gehabt hatte, gab es viele Geschwister, von denen einige in Deutschland lebten, aber als jüngstes Kind der Familie war sie sehr gut versorgt. Und Lagos war ein äußerst gefährliches Pflaster für zwei junge Frauen wie Betty und mich.

Lagos

An einem Freitagmorgen traf ich mich mit meiner Freundin am Busbahnhof. Wir fühlten uns gut und stark. In meiner Tasche steckten zweihundert Naira, aber die Fahrt nach Lagos kostete dreihundertfünfzig pro Person. Wir konnten also nur den Fahrer bitten, uns für zweihundert mitzunehmen. Als wir ihn darauf ansprachen, meinte er, wir sollten unser Gepäck in eine Kantine hinter dem Busbahnhof bringen und dann dort auf ihn warten. Wir taten wie geheißen.

In der Kantine nahmen zwei Männern unsere Taschen an sich und forderten uns auf, uns wieder in den Bus zu setzen. Der zweite Teil der Abmachung würde später erledigt werden.

Nach dreißig Minuten Fahrt hatte der Bus in Oluku, einem Vorort von Benin City, eine Panne. Die Passagiere regten sich fürchterlich auf. Einige verlangten ihr Geld zurück, doch der Fahrer konnte es ihnen nicht geben, da er es für Treibstoff ausgegeben hatte. Es kam zu einem Riesentumult.

Betty und ich saßen ratlos auf unseren Bänken, denn ohne unser Gepäck konnten wir nichts unternehmen. Immerhin hatten wir auch kein Fahrgeld bezahlt und daher keinen Grund, uns zu beschweren. Wir starrten aus dem

Fenster, und zum ersten Mal sah ich eine Menge Menschen aus dem Stamm der Yoruba. Sie hatten lange, tiefe Schnitte im Gesicht, die zu dunklen Narben verwachsen waren und den Gesichtern einen unheimlichen Ausdruck verliehen. Drei bis vier Schnitte zierten wie Schnurrbarthaare die Wangen. Die Männer trugen Kappen und Kaftane. Sie schienen Moslems zu sein, wenngleich einige wie Christen gekleidet waren. Sie sprachen Yoruba, und Betty und ich begriffen, dass wir kein Wort mit ihnen wechseln konnten.

Die Mittagssonne brannte auf das Dach des Busses, und der Fahrer hatte den Motor immer noch nicht zum Laufen gebracht. Nun verlangten alle ihr Geld zurück, und einige Passagiere wurden handgreiflich. Eine regelrechte Schlägerei begann.

Schnell begriffen die Fahrgäste, dass es ratsamer war, sich das Gepäck zu schnappen und zu verschwinden, als sich blutige Köpfe zu holen. Also öffneten sie die Gepäckräume und suchten ihre Taschen heraus.

Darauf verließen auch Betty und ich den Bus, in der Hoffnung, unsere Taschen zu finden. Und tatsächlich, dem Himmel sei Dank, sie lagen zwischen dem Gepäck der anderen! Wir packten sie, lachten uns glücklich an und wollten schnell davonlaufen. Wir fühlten uns stark und unabhängig. Aber der Fahrer schrie: »Ihr zwei müsst unsere Abmachung einhalten!« Wütend wandte ich mich ihm zu und sagte leise, aber deutlich: Falls er es wagen sollte, uns anzufassen, würde ich schreien, dass er ein Dieb sei. Darauf ließ er von uns ab, und wir rannten weg. In dieser Gegend wurden Diebe von den Umstehenden sofort festgehalten und hatten Schlimmes zu erwarten.

Auf der Straße fühlten wir uns frei und sicher, aber gleichzeitig bekamen wir Hunger. Also beschlossen wir, Autos anzuhalten, uns die Fahrer sehr genau anzusehen und nur dann einzusteigen, wenn wir sie beide okay fanden. Wir hatten uns eine Liste für Lagos angefertigt, mit selbst gewählten Vorschriften, an die wir uns strikt halten wollten, egal was kommen würde.

»Wo wollen wir denn in Lagos genau hin, Ade?«, fragte mich Betty, als der erste Wagen bremste.

»Sag Lagos, Surulere.«

Der Cousin meiner Mutter, den wir Onkel nannten, hatte in Surulere ein Büro, er arbeitete als Filmproduzent und Regisseur. Im ersten Auto, das anhielt, saßen vier Männer. Sie grinsten uns an, doch wir fragten uns, wie sie uns mitnehmen wollten. Hupend fuhren sie weiter, und wir streckten wieder die Arme aus. In den nächsten Wagen saßen Betrunkene oder heruntergekommene Vagabunden. Wir warteten geduldig auf Mr. Right, und er kam.

Betty und ich konnten es nicht fassen! Ein Lexus fuhr langsam an den Straßenrand und blinkte. Wir rannten auf den Wagen zu und sahen uns vor dem Einsteigen strahlend an. Dieser sündteure Schlitten würde uns nach Lagos bringen!

Der Fahrer, ein elegant gekleideter Gentleman, sprach kaum ein Wort mit uns. Er telefonierte viel auf Yoruba, seine Stimme klang freundlich und vertrauenerweckend. Sein schwarzer Anzug ließ darauf schließen, dass er reich war. Wir unterhielten uns gedämpft miteinander und hofften, dass er bald irgendwo anhalten würde, weil wir enormen Hunger hatten. Schon nach zwei Stunden erreichten wir

Lagos und wollten sofort nach Surulere. Doch plötzlich steckten wir im Stau, und der Mann meinte, es würde noch lange dauern, bis wir dort wären. Daher wolle er vorher etwas mit uns essen.

Wieder lachten wir einander glücklich an und fanden, dass alles hervorragend lief. Betty meinte, wir hätten einen Volltreffer gelandet! Also brachte uns der schweigsame Gentleman zu einem Chicken Restaurant in Ikeja. Wir aßen uns satt, aber nicht zu gierig, damit er nicht merkte, dass wir total ausgehungert waren und offenbar kein Geld hatten! Nach dem Essen baten wir ihn, uns gleich nach Surulere zu bringen, da es bereits sechs Uhr abends war. Aber der Mann, er hieß Nnamdi, antwortete, es wäre auch für ihn spät geworden, und er müsse vorher noch bei sich zu Hause vorbeischauen.

Meine Freundin und ich starrten uns an. Mit jemandem nach Hause fahren stand ganz oben auf unserer »Nein-Liste«. Doch Betty wippte aufgeregt mit dem Bein hin und her, und ich begriff, dass sie das Risiko eingehen wollte.

Er wohnte in Victoria Island, einem sehr schönen Viertel. Nur die Reichen und die Weißen konnten sich die Mieten hier leisten. Vor seinem vollautomatischen, sündteuren Tor drückte er auf einen Knopf, worauf es sich langsam und geräuschlos öffnete. Wir befanden uns auf einem riesigen Gelände. Erst nach weiteren drei Kilometern erreichten wir seine Garage!

Der Mann ging auf sein Haus zu. Wir standen auf dem Vorplatz und sahen uns um. Solchen Reichtum hatten wir noch nie gesehen. Am Eingang drehte sich der Gentleman um, zögerte kurz und meinte schließlich, wir könnten uns in seinem Haus etwas erfrischen, bevor wir weiterfuhren. Betty quietschte vor Aufregung, also betraten wir ehrfurchtsvoll das Gebäude. In der Halle führten viele Türen und eine Treppe in mehrere weitere Gänge. Nach einigem Suchen fanden wir die Küche. Alles war peinlich sauber und sehr zweckmäßig eingerichtet. Es wirkte extrem steril und leblos. In der Küche befanden sich vier Kühlschränke. Als ich einen von ihnen öffnete, traute ich meinen Augen kaum: Der ganze Schrank war voll mit den besten Obstsäften. Unzählige Flaschen! Betty und ich holten uns einen Fruchtsaft heraus und öffneten ihn vorsichtig, um keinen Tropfen zu verschütten und nichts zu beschmutzen. Mit dem Getränk in der Hand sahen wir uns weiter im Haus um. Ganz vorsichtig bewegten wir uns vorwärts, um nichts falsch zu machen. Hinter einer weißen Tür entdeckten wir eine weitere Garage. Dort standen ein Jeep Cherokee, ein Mercedes, ein Porsche und ein Peugeot 504.

»Was wollen wir hier?«, fragte ich mich laut.

»Wir haben es geschafft, Ade«, antwortete meine Freundin fröhlich, »dieser Mann ist enorm reich, er hat bestimmt Arbeit für uns!«

Betty musste auf die Toilette und verschwand in einem Gang. Ich hatte Zeit, mich allein umzusehen, und begriff, dass wir diese Villa auf der Stelle verlassen mussten. Als meine Freundin nach zehn Minuten immer noch nicht zurück war, schlich ich den Gang hinunter und suchte die Klotür.

»Betty, alles klar?«, rief ich.

»Nein, komm rein, ich brauche deine Hilfe«, erwiderte sie leise.

Betty saß am Klo und deutete auf den Papierspender. Sie

brauchte dringend Papier, wusste aber nicht, wie man das Ding öffnete. Die Situation war filmreif, und ich musste mich beherrschen, um nicht schallend zu lachen. Ich nahm diesen hochmodernen Klopapierspender unter die Lupe, kam aber auch nicht mit dem Ding zurande. Wie um alles in der Welt wischten sich diese Leute hier den Hintern ab? Wir drückten ein paar Knöpfe neben dem Gerät, brachten es aber nicht dazu, Papier auszuspucken. Neben der Muschel, auf der Betty saß, stand eine weitere, und ich setzte mich kichernd darauf. Da brach Betty in lautes Gelächter aus, weil ich auf einem Pissoir saß, dieses aber nicht erkannt hatte. Nun mussten wir beide so lachen, dass wir völlig vergaßen, wo wir uns befanden, und einander noch viele weitere peinliche Situationen erzählten, in die wir während unseres kurzen Lebens geraten waren.

Der Papierspender blieb verschlossen, aber Betty und ich kannten uns nun von der intimsten Seite und waren glücklich. Wir lachten über alle Knöpfe, die wir im Badezimmer fanden, und nannten den reichen Gentleman von nun an Mr. Button-Freak. Betty wusch sich schließlich ihren Po mit Wasser aus einem edlen Zahnputzglas, das ich ihr reichte. Plötzlich hörten wir die Stimmen von zwei Männern, die unsere Namen riefen. Rasch wuschen wir uns die Hände und verließen das Badezimmer.

Neben Mr. Button-Freak stand ein hochgewachsener Mann, dunkel und sehr hübsch. »Mein Freund Martin«, sagte der Gentleman und deutete elegant auf seinen Begleiter. Dieser reichte uns seine Hand, wir schüttelten sie schweigend. Nnamdi fasste Betty schmeichelnd bei der Hand und zog sie mit sich, er bot an, ihr das Haus zu zeigen. Als ich ihr folgen wollte, versperrte Martin mir den Weg und meinte, mein langes Haar wäre sehr hübsch.

»Betty, wir müssen gehen«, rief ich ihr nach. »Ich habe versprochen, vor neun Uhr bei meinem Onkel zu sein«, fügte ich mit bemühter Höflichkeit hinzu. Ich wusste genau, woher der Wind wehte. Im Geiste führte ich einen Dialog mit meiner Freundin: »Du weißt doch, wie das endet! Männer wollen immer nur das eine: Sex. Wir müssen gehen, bevor es zu spät ist.«

»Nein«, glaubte ich ihre Antwort zu hören, »ich will eine Nacht hier verbringen! Wir können auch morgen zu deinem Onkel gehen. Hier gibt es bestimmt Gästezimmer!«

Da riss ich mich von Martin los und rannte, als ginge es um mein Leben. Dabei schrie ich Bettys Namen. Endlich begriff sie die Situation und folgte mir. Martin rief nach uns, doch wir drehten uns nicht um, sondern suchten den Ausgang. Rasch hatten wir ihn gefunden und liefen ohne Unterbrechung die drei Kilometer bis zum Tor hinunter. Es war fest verschlossen, und wir wussten nicht, wie man es öffnete. Wieder sahen wir überall nur Knöpfe, aber obwohl wir sie alle drückten, bewegte sich das Tor nicht! Am Gitter emporklettern war unmöglich, es ragte glatt wie ein Fisch in den Himmel. Ein paar Minuten später sahen wir das Licht eines Wagens auf uns zukommen. Das Auto hielt neben uns an, darin saßen zwei unbekannte Männer. Der eine ließ das Fenster herunter und meinte, wir sollten einsteigen, sie würden uns in die Stadt bringen. Betty zitterte, ihre märchenhaften Vorstellungen vom reichen Mann hatten sich völlig ins Gegenteil verkehrt. Noch vor einer Viertelstunde schien sie zu allem bereit, doch nun schlotterten ihr die Knie.

Wir stiegen in das Auto, und die beiden Männer brachten uns zurück in die Stadt. Unter dem Sitz vor mir lag eine Pistole. Betty sah sie nicht, ich schob sie mit dem Fuß ganz unter den Sitz, damit sie nicht noch hysterischer würde. Sie wiederholte ständig »Surulere«, aber die Männer antworteten mit keiner Silbe. An einer Kreuzung erklärte uns der Beifahrer: »Wenn ihr mitmacht, wird euch nichts geschehen, ansonsten schlagen wir euch.«

Neben mir auf der Rückbank lagen ein paar Tickets, ich wusste nicht genau, was es war, interessierte mich aber dafür und schob sie vorsichtig in meine Tasche.

Betty griff nach meiner Hand. Das Auto fuhr durch zäh fließenden Verkehr den Markt entlang in Richtung Ojota, genau die entgegengesetzte Richtung von Surulere. Plötzlich drückte Betty meine Hand, und ich sah zu ihr. Wir verständigten uns ohne Worte. Wenn sie meine Hand noch einmal drückte, würde sie aus dem Wagen springen, und ich sollte auf meiner Seite dasselbe tun. Ich nickte und starrte wieder nach vorne. Wir mussten warten, bis der Verkehr dicht genug war, aber auch genügend Fußgänger die Straße bevölkerten, damit die beiden Männer uns nicht verfolgen würden. Unsere Hände waren so verschwitzt, dass ich fürchtete, ich könnte Bettys Signal nicht wahrnehmen. Doch dann spürte ich deutlich den Druck ihrer Hand, und gleich darauf sprang sie aus dem Auto. Auch ich öffnete die Tür, die glücklicherweise nicht verriegelt war. Ich schlug hart auf der Straße auf, war aber sofort wieder auf den Beinen, hielt meine Tasche fest umklammert und rannte um mein Leben. Betty umrundete das Auto und stürmte mir nach. Rasch tauchten wir in der Masse unter und verschwanden in den Seitenstraßen.

»Womöglich wollten sie uns zu irgendeinem Ritual verschleppen«, sagte ich zu Betty.

Es war halb neun. Aus allen Gassen drang Musik zu uns. Rauch hing in der Luft. Suya-Männer verkauften ihr scharf gewürztes Fleisch, junge Mädchen und Frauen schlugen auf Kübel, die sie zwischen den Beinen eingeklemmt hatten. Unzählige Menschen schlenderten über den Markt, keiner kümmerte sich um uns. An einer Ecke verkaufte eine junge Frau Obst. Erschöpft ließen wir uns auf den Randstein vor ihr fallen und warteten, ich weiß nicht, worauf. Irgendwann fragte die junge Frau, was wir kaufen wollten. In kurzen Worten erklärten wir ihr unsere Situation, und sie sagte, wir könnten heute Nacht bei ihr schlafen.

Als ob Gott uns wieder gerettet hätte! Wir freuten uns, dass wir für diese Nacht eine Unterkunft hatten. Natürlich war uns klar, dass es sich um kein Fünf-Sterne-Hotel handeln würde.

Trotzdem traute ich meinen Augen nicht, als ich unsere Bleibe erblickte. Die junge Frau schlief in einem Abbruchhaus, ohne Dach über dem Kopf! Ihr Zimmer war schön aufgeräumt, am Boden lagen ein paar Pappkartons, an der Wand klebten fein säuberlich einige Zeitungen. Allerdings roch man den Schmutz der Nachbarn. Und wenn man nachts die Augen öffnete, sah man die Sterne über sich.

Das Haus »gehöre« ein paar Abgerus, das sind Straßenjungen, die gegen Bezahlung parkende Autos bewachen und vor Dieben schützen. Die junge Frau zeigte uns unseren »Raum«: eine Kammer, die nicht größer als vier Quadratmeter war. Ich musste lachen, weil ich mich schon bei meiner Großmutter darüber gegrämt hatte, nicht mehr

Platz zum Schlafen zu haben. Nun stand ich vor einem Loch, einem Rattennest und war auch noch froh darüber!

Die Frau reichte uns ein paar Zeitungen. Sie dienten als eine Art Teppich, auf dem wir es mehr oder weniger warm haben sollten. Betty und ich breiteten die Blätter auseinander, kuschelten uns eng aneinander und hatten endlich Ruhe! Hier würde uns niemand suchen, geschweige denn belästigen. Wir fühlten uns sicher und schliefen auf der Stelle ein.

Eine Ratte weckte mich auf, sie krabbelte direkt über mein Gesicht, dann über das von Betty. Meine Freundin schrie auf. Sofort erschien unsere junge »Wirtin« in unserem »Zimmer« und herrschte uns an, wir sollten die Klappe halten, weil die Jungs nicht wissen durften, dass wir hier schliefen.

Um sechs Uhr früh wachten wir auf. Die junge Frau, sie hieß Founke, ließ uns eine Woche bei sich wohnen. Betty und ich halfen ihr an ihrem Obststand und dachten uns ein paar Tricks aus, um mehr zu verkaufen als die anderen Händler. Wir teilten das Obst auf und machten drei separate Stände. Der erste bot die Ware zu einem überhöhten Preis an, der zweite ein wenig billiger, der dritte zum regulären Preis. Natürlich kauften alle beim letzten Stand und gingen nicht weiter in den Markt hinein. Wenn die Ware dort verkauft war, holten wir Nachschub von den teureren Ständen. Das Geschäft lief ausgezeichnet.

Eines Abends gingen wir zufrieden zu unserem Haus zurück, aber fanden es nicht mehr. Es war im Laufe des Tages eingestürzt und lag in Schutt, wie so viele Häuser in diesem Viertel. Die junge Frau zeigte uns ein anderes Haus, aber es war völlig überfüllt, und außerdem stank es dort entsetzlich.

In den letzten Tagen hatten uns die Straßenjungen jede Nacht geweckt und Gebühren für den Schlafplatz erhoben. Daher hatten wir genug von dieser Art Unterkunft und rannten fort. Es war bereits mitten in der Nacht, und wir wussten nicht, wohin. Unter einer Brücke kauften wir von einem Jungen ein paar Zeitungen und legten uns zu den anderen Obdachlosen der Stadt.

Am nächsten Morgen machten wir uns auf den Weg nach Surulere.

Die Fassaden dort waren gepflastert mit Werbe- und Ankündigungsplakaten. Eine eigene Welt. Auf einer Brücke hielten die Molue, Lastwagen mit großer Ladefläche, die hier die Busse ersetzten. Ich fürchtete mich vor diesen Molue. Die Fahrer waren alle etwas verrückt, sie hielten nur unter der Brücke und beim Park. Wenn man woanders aussteigen wollte, musste man abspringen, ohne sich die Knie aufzuschlagen. Die Leute hier wirkten alle eigenartig. Die Mädchen kleideten sich wie Prostituierte, andere sehr modern, mit Jeans und einfachen Shirts. Hier gab es mehr Büros als Wohnungen. Eines der Häuser weckte meine Aufmerksamkeit, denn es besaß eine Glasfront. Sofort erinnerte ich mich daran, dass mein Onkel einmal erwähnt hatte, er würde in einem solchen Gebäude arbeiten. Ich zog Betty in das Haus und eilte mit ihr die Treppe hinauf. An der Wand klebte ein einfaches Schild mit der Aufschrift »Casting«.

In dem Raum dahinter lief gerade ein Auswahltreffen für

eine Modeschau. Hier wollte ich nach meinem Onkel fragen.

»Wir sind hier für dieses Casting«, sagte ich am Empfang.

Nach einer Stunde durften wir eintreten. Der Agent erklärte uns, das Casting wäre vorbei und er hätte bereits seine Wahl getroffen, würde uns aber in seine Kartei aufnehmen. Wir verließen sein Büro, und ich fragte am Empfang nach meinem Onkel. In der Zwischenzeit war eine andere Frau gekommen, die ebenfalls auf den Agenten wartete. Ich musterte sie kurz und erkannte sie: eine Schauspielerin. Ihr Gesicht hatte bereits oft die Titelblätter von Magazinen und Zeitschriften geschmückt. Als sie hörte, wie wir über meinen Onkel sprachen, kam sie zu uns herüber. Die attraktive Schauspielerin kannte ihn und gab mir seine Nummer. Zurück auf der Straße suchten wir nach einer Telefonzelle, doch keine einzige im Umkreis von fünfhundert Metern funktionierte.

Betty und ich wussten nicht, wohin. In meiner Tasche steckten immer noch die seltsamen Tickets aus dem Wagen des reichen Mannes. Wir zogen sie heraus, der Text war in Französisch verfasst. Nach längerem Studieren erkannten wir, dass es sich um Eintrittskarten für einen Beachclub handelte, in einem Viertel am Meer. Also machten wir uns zu Fuß auf den Weg in diese Gegend, um den Abend am Strand zu verbringen, mit gestohlenen Karten aus einer anderen Welt.

»Vielleicht bekommen wir in diesem Club sogar Arbeit!«, meinte ich zu Betty, weil ich wusste, dass auch sie gut tanzen konnte. Natürlich hätten wir auch als Bedienungen gearbeitet.

Schließlich erreichten wir Apapa, das Stadtviertel an der Küste, und stellten uns in eine Schlange am Eingang des Clubs.

Es gab zwei Schlangen, eine für Weiße aus dem Libanon, Kanada und Deutschland und eine für Afrikaner, in der es wesentlich langsamer voranging. Als wir unsere Tickets vorweisen sollten, fragten uns die Männer am Einlass nach unseren Namen. Wir sagten, diese Tickets hier müssten genügen, wir wollten unsere Identität nicht preisgeben. Darauf verschwanden die Männer mit den Karten in einer Art Büro, und wir mussten draußen warten. Uns wurde immer mulmiger zumute, denn wir fürchteten, sie könnten entdecken, dass die Tickets gestohlen waren. Nach zehn Minuten kamen die Männer zurück und sagten, wir sollten verschwinden!

Okay, dachte ich, dann versuchen wir es eben anders! »Wir suchen Arbeit hier!«, rief ich so laut, dass alle es hören konnten. Die Leute in der Schlange wurden ungeduldig, weil sie schon lange genug gewartet hatten, und begannen zu schimpfen. Die Türhüter zogen uns auf die Seite und drohten uns, doch ich ließ nicht locker.

Nach einer Weile kam ein großer weißer Mann aus einem Büro und fragte, was los wäre.

»Diese beiden Mädchen hier suchen Arbeit und wollen nicht gehen!«, antwortete der Türsteher.

Der Weiße sprach perfektes Englisch, kam also entweder aus Amerika oder England. Er hörte uns zu, und ich gab mein Bestes. »Sie haben doch bestimmt Arbeit für zwei intelligente Mädchen wie uns!« Plötzlich gab er mir seine Karte und sagte, ich solle ihn in der nächsten Woche anrufen. Ich dachte, er wolle uns nur abwimmeln, und rief: »Warum nicht morgen?« Er antwortete: »Weil ich eine Menge zu tun habe, deshalb!«

»Das Problem ist«, fuhr ich fort, »dass wir nicht wissen, wo wir diese Woche bleiben sollen!«

Der Mann blieb stehen: »Und wo werdet ihr wohnen, wenn ich euch Arbeit gebe?«

»Wir können uns eine billige Wohnung mieten!«, erklärte ich überzeugt.

»Wie heißt du?«, wollte er wissen

»Adesuwa. Und wie ist Ihr Name, Sir, wenn ich fragen darf?«

»Michael. Gut, Adesuwa, ruf mich morgen an!«

Ich sagte zu Betty: »Los, wir nehmen uns heute ein Zimmer in einem Hotel! Und morgen rufe ich diesen Michael an, dann bekommen wir Arbeit!«

Wir liefen zurück in die überfüllten Straßen. Vor dem nächsten Hotel richteten wir uns unsere Blusen, zupften unser Haar zurecht und traten ein. Hier gab es eine große Auswahl an Zimmern, und das billigste kostete dreitausend Naira. Wir prusteten los und rannten wieder auf die Straße zurück. Dreitausend Naira! Das hörte sich großartig an!

Gut aufgelegt durchstreiften wir kreuz und quer die Stadt, bis wir schließlich bei unserer Brücke ankamen. Dort schliefen wir zufrieden ein.

Am nächsten Morgen rief ich Michael an, aber er war nicht da. Man sagte mir, ich solle es um zehn Uhr noch einmal probieren, und das tat ich. Michael hob tatsächlich ab und sagte, er ginge zum Abendessen ins Eko Meridian Hotel, ich könne ihn dort treffen.

Wow!

Den ganzen Tag verbrachten wir damit, uns schön zu machen. Wir gingen zu Mr. Biggs, eine Art McDonalds. Im Klo wuschen wir uns, putzen unsere Zähne und richteten uns gegenseitig das Haar. Mit dem wenigen Geld, das wir noch hatten, suchte ich mir in einem billigen Laden ein schönes Top, damit man mich in dieses Hotel überhaupt hereinließ. Als ich Betty verließ, machten wir aus, dass wir uns in der Nacht unter der Brücke treffen würden. Der Platz dort war sauber, und wir hatten eine sehr schöne Aussicht auf das Meer. Man konnte auf der Klippe sitzen und in die Brandung herabblicken. Wären nicht ständig die Autos über die Brücke gedonnert, hätte man meinen können, wir säßen auf der Aussichtsterrasse einer teuren Freizeitanlage. Wir mochten diesen Ort.

Das Eko Meridian Hotel strahlte in vollem Glanz. Mir zitterten ein wenig die Knie, als ich eintrat, aber während dieser Zeit in Lagos hatte ich Kraft und Mut und ging sehr zielstrebig vor. Im Hotel benutzte ich zum ersten Mal in meinem Leben einen Lift. Ich hatte an der Rezeption gefragt, wo ich »Michael« treffen könne, und man erklärte mir höflich, er wäre im Restaurant, das im neunten Stock lag.

Ich war ungeheuer aufgeregt! Offenbar war dieser Mann hier gut bekannt!

Schließlich hielt der Fahrstuhl. Auf der oberen Konsole leuchtete die Ziffer neun. Langsam öffnete sich die Tür, und ich glaubte, ich wäre in einem Film! Ich würde nun hier hinausgehen und einen Mann treffen, der mir vielleicht Arbeit geben würde. In einem Hotel, in dem ein Zimmer umgerechnet bestimmt dreihundertfünfzig Euro kostete. Ich wollte den Lift graziös verlassen, doch dabei verfing sich mein Schuh im Spalt zwischen Boden und Liftschacht, und ich fiel hin. Mitten auf den teuren Teppich im neunten Stock. Schnell richtete ich mich wieder auf, damit niemand mich hier so sah und den Eindruck bekam, dass ich zum ersten Mal in meinem Leben einen Fahrstuhl benutzte!

Ich war zwanzig Minuten zu früh dran. Wo wartete man in einem Restaurant? Unsicher suchte ich die Türen ab, fand ein Klo und schloss mich in einer Kabine ein. Dort holte ich eine Zeitung aus meiner Tasche, in der ich tagsüber nach anderen Jobs gesucht hatte. Wenn es heute nicht klappte, dann bestimmt morgen. »Wir werden es schaffen, Betty!«

Zurück im Restaurant führte mich ein Kellner direkt zu Michaels Tisch. Der weiße Mann stand auf und bot mir einen Stuhl an. Fassungslos blickte ich ihn an und dachte sofort an meinen Vater. So aufmerksam war er gegenüber meiner Mutter nie gewesen! Das kannte ich nur aus Filmen. Michael rückte den Stuhl unter dem Tisch hervor und wies mit der Hand auf die Sitzfläche. Ich setzte mich möglichst korrekt nieder und legte die Hände auf den Tisch. Der Kellner fragte, was er mit zu trinken bringen dürfe, und ich antwortete, dass ich nichts wollte, denn ich nahm an, ich könne mir in diesem Laden nicht einmal ein Glas Wasser leisten. Michael begriff sofort und sagte: »Wein bitte, du bist heute mein Gast.«

Was nur geschah hier mit mir? Warum behandelte mich

dieser Mann so zuvorkommend? Er kannte mich doch nicht einmal! Aber ich hatte ein sehr gutes Gefühl, was ihn betraf, und fühlte mich von Anfang an wohl. Natürlich blieb ich trotzdem wachsam und zurückhaltend.

Michael wollte wissen, warum ich nach Lagos gekommen war. Ich antwortete ihm so ehrlich wie möglich, erwähnte aber nichts von der Brücke und all den Scheußlichkeiten, denen Betty und ich bereits begegnet waren. Der reiche Mann in seiner Prunkvilla. Die Straßenjungen und ihre »Übernachtungsgebühren«. Zeitungspapier als Matratzenersatz.

Michael hörte aufmerksam zu, und ich versuchte, mich korrekt zu benehmen. Am Ende bot mir dieser Mann tatsächlich einen Job an!

Danach stand er auf und wollte mich mit seinem Auto nach Hause bringen. Was sollte ich nun sagen? Ich lehnte ab, weil ich ja kein Zuhause hatte!

»Wo wohnst du?«, wiederholte Michael seine Frage.

»In der Nähe der Island Bridge«, antwortete ich mit fester Stimme. Michael ließ es sich nicht nehmen, mich dorthin zu fahren. Im Auto erzählte mir der weiße Mann viele Dinge, auf die ich mich kaum konzentrieren konnte. Ich hatte solche Angst, dass aus meinen Job nichts werden würde, wenn er erfuhr, wo ich tatsächlich schlief.

Michael kam aus Kanada, ihm gehörte eine Exportfirma, die mit allen möglichen Arten von Ausrüstungen und Material für Rohölbohrungen handelte. Sein Unternehmen hatte Anteile am Beachclub und vermittelte Kontakte zwischen Afrika und Europa.

Je länger wir unterwegs waren, desto elender fühlte ich

mich. Am liebsten hätte ich ihm gestanden, dass ich unter der Brücke wohnte und wir gerade an meinem Bett vorbeigefahren waren. An der Mauer, neben der wir schliefen, saß Betty auf ihren Zeitungen, aß Akara und Brot, starrte auf das Meer und wartete auf mich.

Ich sagte Michael, er solle anhalten.

»Wo wohnst du genau, Adesuwa? Lass mich dich bitte nach Hause bringen, ich will dich nicht irgendwo aussteigen lassen in dieser Gegend!«

»Es ist ganz in der Nähe«, antwortete ich rasch, »ich gehe gern noch ein Stück zu Fuß.«

»Nein, Adesuwa, sag mir genau, wo du wohnst. Als dein neuer Arbeitgeber werde ich es ohnehin bald erfahren!«

Ich wusste nicht, was ich sagen sollte, und starrte auf meine Knie. In diesem Augenblick sah Michael Betty und rief: »Hey, ist das nicht deine Freundin, mit der du gestern am Strand warst?«

»Wow, ja, das ist sie, du erinnerst dich an sie? Lass mich aussteigen, wir werden gemeinsam nach Hause gehen.«

Michael stieg aus dem Wagen und rief nach Betty. Nun wollte er uns beide zu unserer Unterkunft bringen.

»Nein, danke!«, rief ich und reichte ihm die Hand zum Gruß.

Betty hatte uns bereits gesehen und kam auf mich zu. In ihrer Hand hielt sie die Schüssel mit Akara und das Brot.

Ich schämte mich und dachte: Nun weiß er, wo wir schlafen. Wer hier Akara mit Brot isst, wohnt auch hier. Also beschloss ich, ihm die Wahrheit zu sagen.

»Sir, wir wohnen hier! Seit ungefähr zwei Tagen.«

Der weiße Mann starrte mich mit seinen blauen Augen

an und grinste dann. Er glaubte, dass wir ihn nur loswerden wollten.

»Okay, ihr habt gewonnen. Aber geht gleich nach Hause, hier ist es am Abend zu gefährlich.« Er streckte uns Geld entgegen. »Nehmt ein Taxi!«

Da brach ich in Tränen aus. Vor Scham und Angst, ich könne den frisch gewonnenen Job verlieren.

»Nein, hören Sie, wir leben unter dieser Brücke. Als wir aus Benin City hierherkamen, luden uns zwei Männer in ihre Villa ein, aber wir wollten den Preis nicht bezahlen. Dann schliefen wir in einem Abbruchhaus in der Nähe des Ojota-Marktes, aber die Straßenjungen weckten uns jede Nacht, das Haus krachte zusammen, und wir landeten hier. Ihr Reichen könnt euch nicht vorstellen, dass eine Brücke für uns kein Straßenbauwerk ist, sondern ein Zuhause. Wir sehen jeden Abend in den Sternenhimmel, hören das Meer, und die ersten Sonnenstrahlen wecken uns auf.« Dann begann ich zu schreien: »Ihr benutzt diese Brücke, um darüberzufahren, warum dürfen wir sie nicht benutzen, wie wir wollen?«

»Wovon zum Teufel redest du?«, rief er zurück.

»Du benutzt sie oben, wir unten! Ist das so schwer zu verstehen?«

Er starrte mich an, versuchte zu begreifen, was ich ihm mitteilen wollte, und konnte es nicht fassen. Betty hatte aufgehört zu kauen. Michael schwieg eine Weile. Dann bückte er sich, sammelte unsere Habseligkeiten auf, öffnete den Kofferraum und warf alles hinein. Er öffnete die Türen seines Wagens und forderte uns auf, einzusteigen.

Ich hatte Angst, denn ich wusste ja, wie diese Dinge endeten! Lieber in Ruhe unter der Brücke schlafen, als sich die ganze Nacht lang gegen einen Mann wehren.

Betty ging zum Auto.

»Wohin bringst du uns?«

»Zu mir.«

»Nein. Wir tun so etwas nicht. Du bist ein Weißer, und ich habe keine Ahnung von eurer Kultur, aber eines weiß ich: Du bist ein Mann, und wir sind Frauen!«

»Beruhige dich, Adesuwa«, erwiderte er freundlich und sanft.

Das war der falsche Ton und die falsche Antwort. Ich konnte mich nicht beruhigen! Nicht in so einer Situation! Und auch diesem Ton konnte ich nicht mehr vertrauen. Um nicht unhöflich zu werden, entfernte ich mich einige Schritte und setzte mich unter die Brücke. Michael unterhielt sich mit Betty. Ich hörte, wie meine Freundin ihn bat, noch ein bisschen zu warten. Ich müsse mich beruhigen. Dann kam sie zu mir. Ich weinte vor Erschöpfung. Natürlich wollte ich lieber in einem Haus übernachten als unter dieser Brücke.

»Komm, Ade«, sagte Betty ruhig. »Wir müssen es tun.«

Im Auto fragte sie mich, warum ich immer so extrem reagieren würde in solchen Situationen. Ich konnte ihr nicht sagen, was auf dem Campus mit mir passiert war. In gebrochenem Englisch – wir sprachen englisch, um Michael nicht vor den Kopf zu stoßen – erklärte ich leise, dass wir diesen Mann nicht kannten, nicht in sein Inneres sehen konnten. Ich hatte bereits viel über die Leute in Lagos gehört, aber niemand hatte mich auf die Weißen hier vorbereitet.

Wir fuhren zurück auf die Insel, in Richtung Ikoyi. Dort lebten viele Weiße, alles war ruhig und sauber, Straßenlaternen erhellten die Gehwege, Bäume wuchsen entlang der Straßen. Wir fuhren an wunderschönen Häusern vorbei, die alle etwas Besonderes waren. Das Haus meines künftigen Chefs hatte eine cremefarbene Fassade. Hinter dem Eisentor schlug ein Wachhund an, als er die Hupe des Wagens hörte.

Michael brachte uns nach oben in ein Gästezimmer. Der Raum war hell, freundlich und geschmackvoll eingerichtet. Ein völlig anderer Stil, aber ich fühlte mich wohl. Eine Verandatür führte auf einen Balkon. Betty war überglücklich. Sie schlenderte in das Badezimmer und kam freudestrahlend zurück. »Ich weiß, wie man das Klopapier hier herausbekommt!«, lachte sie.

Wir duschten ausgiebig. Das war auch dringend notwendig nach den vielen Nächten unter der Brücke. Mit einem Handtuch bekleidet ging ich auf den Balkon hinaus und betrachtete das nahe Meer. Die Aussicht war das Allerschönste, was ich je gesehen habe. Ich musste wieder weinen. Dabei überkam mich das dringende Bedürfnis, zu schreiben. Immer wenn mich starke Gefühle erfüllten, wollte ich sie zu Papier bringen, Gutes wie Schlechtes. Vielleicht half mir das, meine Gedanken zu ordnen.

Im Zimmer fand ich schönes Papier und einen Kugelschreiber aus Kanada. Ich setzte mich auf den Balkon und schrieb alles nieder, was mich bewegte. Die Botschaften adressierte ich in Gedanken an meine Großmutter, meine Mutter und Itohan. Währenddessen verstand ich besser, warum meine Mutter sich seit ihrer Abreise nach Frankreich nicht gemeldet hatte. Die Dinge überwältigen einen, man braucht all seine Kraft und Konzentration dafür, damit klarzukommen. Fuß zu fassen. Während ich schrieb, verzieh ich Mummy.

Irgendwann sah ich Michael auf dem Balkon nebenan, der mit einer schmiedeeisernen Gittertür von meinem getrennt war. Er lehnte sich auf die Absperrung und hatte mir wohl schon eine Weile zugesehen.

»Wie geht es dir?«

»Gut, danke!«

Er legte die Hände auf den Bolzen, den er nur zurückschieben musste, um zu mir herüberzukommen. Ich begriff, was er meinte.

»Es ist dein Haus, du kannst Türen öffnen, wie du willst«, sagte ich möglichst ruhig.

Als ich das metallische Klicken des Bolzens hörte, wickelte ich mich fest in mein Handtuch und wartete ab, was weiter passieren würde. Je näher er herankam, desto angstvoller klopfte mein Herz.

»Rühr mich nicht an«, brach es plötzlich aus mir heraus, »sonst schreie ich!« Erst dann begriff ich, dass ich bereits schrie!

Bestimmt hielt er mich für eine hysterische Angehörige eines primitiven Stammes, doch er ging mit keinem Wort auf meinen Anfall ein und blieb vor mir stehen.

»Der Lichtschalter«, meinte er lächelnd, »er ist hinter dir. Ich wollte dir nur helfen, da du sicher noch länger schreiben möchtest.«

Er beugte sich über mich und drückte auf einen Schalter

hinter meinen Schultern. Licht. Nun konnte er mich bestens sehen und ich ihn. Wieder fielen mir sofort seine azurblauen Augen auf. Viel zu blau! Ich wusste nicht, warum sie mich so verwirrten, und brachte keinen Ton heraus. Auch der weiße Mann wusste es nicht. Die Wellen des Meeres rollten an den Strand, und wir konnten dem Rhythmus lauschen. Eine besondere »Musik«, fast wie eine sanfte Berührung. Ich würde sie meiner Schwester Itohan vorsingen$und dazu klatschen, wenn ich wigder in Benin City war! Bei diesem Gedanken überfiel mich ein Gefühl von Heimatlosigkeit, und mir wurde schmerzlich bewusst, dass ich mich in einer völlig fremden Stadt befand.

»Wann wirst du morgen zu arbeiten anfangen?«, fragte mich der Mann plötzlich.

Ein Woge der Dankbarkeit stieg in mir hoch, ganz plötzlich, ohne dass ich sie kontrollieren konnte. Dieser Mann wollte mir tatsächlich Arbeit geben! Morgen! Er würde mich nicht zurückstoßen, nur weil ich keine Wohnung hatte.

Ich fiel ihm um den Hals. Aus einer spontanen Reaktion heraus! Aber als ich begriff, was ich tat und dass ich halbnackt in einem Handtuch vor ihm stand, schämte ich mich und wich sofort zurück. Michael lachte überrascht auf. Ich sah ihn plötzlich mit anderen Augen und begriff, dass er ein ganz gewöhnlicher Mann war wie alle anderen auch, nur dass seine Haut eben weiß war und sein Haar lang. Er war vierundzwanzig Jahre alt und etwa einen Meter neunzig groß.

Am nächsten Morgen frühstückten wir gemeinsam und fuhren mit seinem Auto zu der Firma. Im Büro stellte er mich seinen Mitarbeitern vor. Ich begriff rasch, worum es bei seiner Arbeit ging, zeigte enormen Eifer und entwickelte bald eigene Ideen, die dann gemeinsam umgesetzt wurden. Da mich die Kollegen sofort akzeptiert hatten, gab es keinen Konkurrenzkampf und keine Hierarchieprobleme. Für die vielen Events, die wir planten, um die Kunden zu weiteren Investitionen zu bewegen, schlug ich vor, regelmäßige Clubbings anzuberaumen. Also veranstalteten wir jeden Freitag ein Clubbing am Strand und jeden Sonntag ein Cocktaildinner im nahen Restaurant. Diese Idee griff sofort, und die Kunden gewöhnten sich daran. Michael begriff schnell, was er an mir hatte, und ich war glücklich, mir selbst und den anderen beweisen zu können, dass eine Menge in mir steckte. Michaels Arbeit bestand darin, ausländische Investoren in das Land zu bringen und ihnen Kontakte mit der Regierung zu vermitteln. Der Staat bestellte Geräte bei diesen Unternehmen, und Michaels Firma erhielt eine Provision.

Michael übertrug mir die Verantwortung für die Freizeitaktivitäten dieser Investoren. Ich wusste, dass sich diese ausländischen Geschäftsleute in Lagos noch weniger auskannten als ich, und wollte ihnen den »Einstieg« erleichtern. Sie sollten sich hier in der fremden Stadt sofort sicher und aufgehoben fühlen! Also ließ ich jeden von zwei jungen Leuten am Flughafen abholen. Sie wurden freundlich willkommen geheißen, die Mitarbeiter erzählten ihnen Wissenswertes über diese Stadt, brachten sie in ein gutes Hotel und zeigten ihnen unser Firmengästehaus, das sie jederzeit aufsuchen konnten, um auszuspannen, fernzusehen oder Informationen einzuholen. Ich organisierte kleine Sightseeing-

Touren mit freundlichen jungen Menschen und setzte alles daran, dass sich die Fremden bei uns wohlfühlten und stets wussten, an wen sie sich bei Problemen wenden konnten. Es war eine schöne, anstrengende Arbeit, die mir viel Konzentration und Engagement abverlangte, allein – ich liebte sie und erhielt sehr viel positives Feedback. Besonders freute es mich, wenn Investoren fragten, ob ich nicht bei ihnen arbeiten wolle! Michael hörte das gar nicht gerne, doch ich sagte es ihm immer wieder, bis er schließlich mein Gehalt verdoppelte! Nun hatte ich genug Geld, um mein nächstes Jahr auf der Uni finanzieren zu können.

Ich war glücklich.

Betty und ich wohnten bis zum Monatsende bei Michael und mieteten uns dann mit dem ersten Gehalt eine kleine Wohnung. Michael brachte mich jeden Tag nach Hause und benahm sich immer zuvorkommend und nett.

In unserer einfachen Zwei-Zimmer-Wohnung wurde mir eines Morgens klar, dass ich dieses Leben irgendwann aufgeben musste, um weiterstudieren zu können. Ich hatte noch ein Jahr, dann konnte ich meinen Abschluss machen. Doch Michael wollte mich nicht gehen lassen. Das schmeichelte mir sehr, und ich überlegte oft ernsthaft, die Idee mit dem Diplomabschluss tatsächlich aufzugeben, weil ich im Grunde gefunden hatte, wonach ich gesucht hatte. Und mehr noch: Es war besser, als ich es mir je erträumt hatte!

Aber tief in meinem Inneren wusste ich genau, wo ich meine Wurzeln hatte und dass ich einen afrikanischen Universitätsabschluss wollte und brauchte. Ich sprach mit Michael offen darüber, und er erbot sich, mir eine Wohnung nahe dem Campus in Lagos zu mieten, damit ich dort meinen Abschluss machen konnte. Doch ich sagte, es sei besser, wenn ich zurück nach Auchi ging, da ich mich dort bereits auskannte und nicht wieder von vorne anfangen wollte. Darauf versprach Michael, mir jeden Freitag den Flug von Benin nach Lagos zu bezahlen, damit wir uns am Wochenende sehen konnten.

Was für ein Angebot!

Ich begriff in dieser Zeit gar nicht, welche Welt sich mir aufgetan hatte! Auch Betty war sehr zufrieden. Michael hatte ihr eine Stelle als Sekretärin bei einer anderen Handelsgesellschaft besorgt. Uns ging es sehr gut in dieser Zeit, ich schickte meiner Großmutter regelmäßig Geld und leistete mir selbst vier knallrote, moderne Stühle, die ich in einem Schaufenster gesehen hatte.

Michael

Nach den zwei Sommermonaten in Lagos studierten Betty und ich wieder an der Uni, und ich flog regelmäßig nach Lagos. An einem Freitagabend kam mir Michael mit einem Strauß Blumen auf dem Flughafen entgegen. In der anderen Hand hielt er eine Flasche mit dem Fruchtsaft, den ich so gern mochte. Ich war sehr bewegt, wollte mir aber meine Gefühle nicht anmerken lassen.

»Hi«, sagte ich wie immer mit forscher Stimme. »Diese Art der Begrüßung kenne ich eigentlich nur aus Filmen, aber ihr Jungs macht das offenbar wirklich so!« Das war dumm, doch ich wollte irgendwie meine Gefühle überspielen.

»Ja«, erwiderte er ruhig, »auf diese Art zeigt man jemandem seine Liebe!«

Ich erstarrte.

Michael bot mir den Saft an. Ich öffnete die Flasche und trank. Er nahm mir die Flasche aus der Hand und trank ebenfalls. Dann küsste er mich. Vor allen Leuten. Einige begannen zu lachen, manche schimpften, andere schüttelten die Köpfe. Es kümmerte uns nicht.

Wir waren verliebt.

Glückselig, ohne zu wissen, was eigentlich passiert war,

ohne an Konsequenzen zu denken, an eine mögliche oder unmögliche Zukunft, schlenderten wir zu seinem Auto, und er brachte mich zu seinem Haus. Als der Hund anschlug, weil er die Hupe seines Herrn gehört hatte, empfand ich nach langer, langer Zeit wieder so etwas wie »Heimat«. Dies war das Zuhause meines Freundes Michael, und er war im Begriff, mich hier einzulassen. Nicht mehr als Gast. Sondern als jemanden, der sich hier daheim fühlen konnte. Ich war angekommen.

Wir führten eine zauberhafte Wochenendbeziehung. Jeden Freitag fuhr ich mit einem Mietwagen vom Campus in Auchi nach Benin City und nahm dort die Maschine nach Lagos. Ich leistete mir süße, jugendliche Kleider und begann diese auch auf dem Campus in Auchi zu verkaufen. Eine ganz kleine Boutique entstand wie von selbst. Ich studierte, ernährte mich selbst, las viel, bestand Prüfungen und freute mich jede Woche auf den Freitag, wenn ich wieder nach Lagos zu meinem Freund Michael fliegen konnte! Mein Leben verlief wirklich glücklich in dieser Zeit, und ich genoss es einfach, ohne viel nachzugrübeln oder mir Gedanken über unsere Zukunft zu machen.

Eines Morgens, ich schlenderte gerade in Richtung Uni, rief Michael an und teilte mir mit, dass er dringend nach Amerika müsse. Seine Firma hätte Betriebsferien, und es gebe etwas Wichtiges zu erledigen. Also verbrachte ich seit Langem wieder einmal ein Wochenende in Benin City, im Haus meiner Großmutter, wo ich zu meinem Kummer erfahren musste, dass sich nichts, rein gar nichts verändert hatte! Meine Großmutter und Itohan erzählten mir, dass Daddy ihnen regelmäßig Schwierigkeiten machte. Mein fünfzehnjähriger Bruder Richard war nun ebenfalls von meinem Vater verstoßen worden: An diesem Wochenende klopfte er an die Tür meiner Großmutter. Seine Hände und Kleidung rochen nach Benzin. Daddy hatte gedroht, ihn zu verbrennen, falls er nicht umgehend das Haus verließ. Wir zogen Richard aus, badeten ihn und boten ihm eine Matratze im hinteren Zimmer an. Wie früher lagen wir dicht aneinandergedrängt, aber glücklich und erfüllt von innerem Frieden zusammen in diesem engen, verwohnten Raum. »Daddy behauptet, ich hätte auch Zauberkräfte!«, erzählte mein Bruder im Halbdunkel. Bedrückt schwiegen wir. Am nächsten Tag räumte ich Großmutters Garage aus, in der vorwiegend Gerümpel stand, und richtete mir dort ein eigenes Zimmer ein. Ich brauchte einen Raum ganz für mich allein.

Jeden Tag rief mich Michael aus Amerika an. Ich genoss diese Zeit mit ihm am Telefon und sagte mir, dass es dieser Mann wirklich ernst mit mir meinte. Diese Anrufe kosteten ein Vermögen! Aber nach zwei Wochen meldete er sich plötzlich nicht mehr. Schließlich rief ich seine Nummer in Amerika an, aber er hob nicht ab. Ich beschloss, am Wochenende nach Lagos zu fliegen und in der Firma nach ihm zu fragen.

Auf dem Weg vom Flughafen in Lagos zu seiner Firma überlief mich ein kalter Schauer. Irgendetwas stimmte nicht. Die Firma war immer noch geschlossen. Also machte ich mich auf den Weg zu seinem Haus. Vor dem Tor stand ein Wachmann, den ich nicht kannte. Der Mann starrte stur geradeaus und machte keine Anstalten, mich anzuschauen.

Plötzlich erschien eine weiße Frau auf den Balkon. »Wer ist das?«, rief sie verärgert herunter. Der Wächter bekam nun offenbar Angst, seinen Job zu verlieren, und scheuchte mich mit gebieterischen Bewegungen weg.

Ich fühlte mich elend. Vollkommen verlassen. Und es gab niemanden hier in Lagos, bei dem ich mich ausweinen konnte! Meine Sehnsucht nach Betty wurde riesengroß!

Betty erklärte mir ruhig und mit einer Lockerheit, um die ich sie manchmal beneidete, dass ich Michael einfach vergessen sollte, die Sache wäre vorbei. Der Fernseher lief in ihrem Zimmer, ständig unterbrachen laute Stimmen unser Gespräch.

Ich fühlte mich immer noch schlecht, beschloss aber als nächsten Schritt, mir eine neue Arbeit zu suchen. Meine Freundin versprach, ihren Boss zu fragen, ob er etwas für mich wüsste. Sie hatte ihren Job bei der Handelsfirma in der Zwischenzeit aufgegeben und arbeitete in einer Model-Agentur als Sekretärin. Nun erzählte sie mir, dass die Firma gerade ein Casting für die Miss Nigeria 2000 durchführte. Ich könnte mich doch dafür bewerben und von Benin aus antreten.

Ich versuchte Michael »zu vergessen«, aber das gelang mir nur sehr oberflächlich. Offenbar sind meine Gefühle stärker als bei anderen, und ich brauche mehr Zeit, um über etwas hinwegzukommen, dachte ich. Aber es gelang mir einfach nicht. Ich liebte Michael und spürte tief in meinem Innern, dass auch er mich liebte. Also musste etwas Schreckliches passiert sein.

An diesem Abend, bei Betty in der Wohnung, wurde mir

bewusst, dass ich Michael, den weißen Mann aus Kanada, von ganzem Herzen liebte. Aber mein Leben musste weitergehen!

Einige Wochen später ging ich tatsächlich zu dem Casting für die Miss Nigeria 2000. Hunderte Mädchen bewarben sich. Wer das erste Casting schaffte, ging nach Ibadan und dann zum Finale nach Lagos. Ich wartete geduldig, bis ich an der Reihe war, aber alle meine Gedanken waren bei Michael. Immer wieder hatte ich versucht, ihn zu erreichen, doch ohne Erfolg. Als ich die Casting-Agentur verließ, war mir klar, dass ich als Model keine Zukunft hatte – obwohl ich zu dieser Zeit sehr hübsch und schlank war und meine Beine immer schon länger waren als die meiner Freundinnen. Aber um sich auf dem Laufsteg in Nigeria durchzusetzen, brauchte ein Mädchen einflussreiche Freunde.

Ich nahm die Sache nicht ernst. Was ich wirklich wollte, war eine gute Arbeit, wie die in der Firma von Michael. Also rief ich doch endlich meinen Onkel in Surulere an.

Onkel Esosa nahm mich bei sich auf. Ich schlief in seiner Wohnung, verstand mich sehr gut mit seiner Freundin Lillian und begleitete ihn eine Woche lang auf Filmsets, die er gerade betreute. Als Kostümbildassistentin ging ich mit seinem Team nach Enugu im Osten Nigerias, wo sehr viele Filmproduzenten arbeiteten. Daraufhin bekam ich weitere Angebote als Assistentin, und schließlich fragte mich Don Pedro, ein bedeutender Produzent in Nollywood, ob ich nicht eine Rolle in einem Film übernehmen wolle, den sie in Benin drehen wollten.

Das alles ging sehr schnell, eins folgte dem anderen, und ich hatte immer viel zu tun, lernte ständig neue Leute kennen, auch Fremde, viele Europäer, und entwickelte Routine in diesen Dingen. Ich nahm die Rolle an. Wir wohnten in einem teuren Hotel meiner Heimatstadt Benin City, und ich fuhr das erste Mal in meinem Leben in ein Dorf, wo wir zwei Wochen lang die Hauptszenen drehen wollten. Damals war ich achtzehn. Der Film hieß »Der Prinz«. Was mich beunruhigte, war das Drehbuch: Ein Mann hatte zwei Frauen, und eine der beiden behexte die andere. Ich war überhaupt nicht glücklich darüber, schwieg aber.

Die nächste Rolle, die ich bekam, werde ich nie vergessen. Es war die Hauptrolle in »The Immortal«. Ich arbeitete mit Nollywood-Superstars wie Chinwe, Sam Dede und T. J. Tom West zusammen. Wir drehten wieder in Lagos.

Eines Tages bekam ich während der Dreharbeiten einen Anruf. Es war Michael. Er war wieder in Nigeria. Sogleich stiegen tiefe Gefühle in mir auf. Ich ärgerte mich, weil ich immer gleich so sentimental und romantisch wurde, wenn es um die Liebe ging. Dabei hatte ich mir doch solche Mühe gegeben, ihn zu vergessen! Er wollte mich unbedingt sehen. Mir ging es genauso, aber ich hatte Angst, dass er mit mir Schluss machen würde.

Noch am selben Abend besuchte ich ihn.

Er war nicht allein. Die weiße, junge Frau, die ich auf dem Balkon bemerkt hatte, öffnete die Tür. Als sie mich sah, veränderte sich ihr Blick, sie war sichtlich überrascht, mich hier anzutreffen. Michael wollte mich sofort umarmen, vor dieser Frau, aber ich entgegnete, wir müssten zuerst ein paar Dinge klären.

»Ich bin krank«, eröffnete er mir schlicht.

Ich blickte ihn verständnislos an.

»In meinem Herzen ist ein Loch, seit meiner Geburt. Ich habe bereits mehrere Operationen hinter mir. In Amerika bin ich jetzt wieder unter das Messer gekommen. Ein Wunder, dass ich es überlebt habe. Ich habe dir nichts gesagt, weil ich dich nicht belasten wollte!«

Ich spürte einen Kloß im Hals, während mir die Ernsthaftigkeit der Situation klar wurde. Er tat mir unendlich leid. Ich starrte die weiße Frau an. Also war sie keine Nebenbuhlerin.

»Meine Schwester«, stellte Michael sie vor, »sie hat sich um das Haus gekümmert, während ich operiert wurde.«

Nun wollte ich nur noch eines: ihn umarmen. Mich an diesen Körper drücken, den ich so sehr vermisst hatte. Seine Schwester verließ den Raum.

Michael erzählte mir, dass sie sich während des Aufenthalts hier in einen Schwarzen verliebt hatte. Ihre Mutter war hysterisch geworden – es schien ihr undenkbar, beide Kinder an Afrikaner zu »verlieren«! Michael schilderte mir seine ganze Geschichte. Offen und ehrlich. Als er fertig war, erzählte ich ihm die meine. Ebenso offen und ohne etwas auszulassen.

Noch nie hatte ich jemandem alles anvertraut. Ich erzählte ihm auch die Geschichte auf dem Campus. Immer wieder berührten wir einander dabei, fühlten den Körper des anderen und spürten, wie uns das half, all diese Erlebnisse zu verarbeiten, weil wir sie miteinander teilten. All die Sorgen und Ängste veränderten sich, ich konnte sie mit ihm gemeinsam aus einer anderen Perspektive betrachten.

Michael wollte meine Familie kennenlernen. Meinen Vater. Ich wusste nicht, ob das schon der richtige Zeitpunkt war. Wie würde Großmutter reagieren, wenn ich mit einem weißen Mann bei ihr auftauchte? So hielt ich Michael einige Wochen lang hin. Er hakte immer wieder nach, bestand sogar darauf, aber ich konnte mich einfach nicht dazu entschließen.

An einem Mittwoch holte mich seine Schwester Macy mit seinem Auto vom Set ab und sagte, es wäre dringend. Sie brachte mich zu einem Krankenhaus. Michael hatte wieder Schwierigkeiten mit seinem Herzen.

Seine Mutter saß neben ihm. Als sie mich sah, verließ sie den Raum, ohne ein Wort zu sagen.

Ich setzte mich zu ihm. Er war schwach und blass, aber auf seinen Wangen leuchteten rote Flecken, die mich erschreckten. Macy erklärte mir, bei der letzten Operation wären Probleme aufgetaucht, und er müsse sofort zurück nach Kanada. Dann ließ sie uns allein. Ich starrte ihn an.

»Adesuwa, bringst du mir bitte meinen Koffer? Ich möchte dir einen Scheck geben.«

»Was?«, brachte ich heraus.

»Einen Scheck, du wirst Geld brauchen. Bitte lass mich das für dich tun.«

»Michael«, sagte ich mit fester Stimme, »du wirst wieder gesund werden! Es ist dumm, jetzt von Geld zu sprechen.«

»Wir werden die Firma schließen. Ich bin ziemlich krank

und muss nach Kanada. Den Koffer, Adesuwa, bring ihn mir bitte!«

»Nein, Michael! Ich kann nicht.«

»Für ein Visum, ein Ticket nach Kanada, begreifst du denn nicht? Ich werde es dir später nicht mehr organisieren können!«

Ich wollte nur, dass er den Mund hielt. Damit ich ihn ansehen konnte. In Ruhe. Ich wollte ihm die Hand halten. Ihn fühlen. Michael rief erregt, ich solle endlich tun, was er wünschte, es wäre ihm sehr ernst. Dabei bekam er kaum noch Luft. Auch das tat mir weh, und ich war ratlos, wie ich mich verhalten sollte. Da kam eine Krankenschwester herein und bat mich, das Zimmer zu verlassen.

»Den Koffer, Adesuwa«, rief Michael wieder, bereits völlig geschwächt. Ich hatte Tränen in den Augen und einen Knoten im Hals. »Du wirst gesund werden, und dann werden wir alles regeln. Wenn du mich anrufst, werde ich kommen.«

Die Krankenschwester hob den Koffer für Michael herunter und reichte ihn mir. Lächelnd nahm ich ihn und schob ihn unter Michals Bett. Er konnte kaum mehr die Augen offen halten.

»Wir müssen ihn für den Flug vorbereiten«, sagte die Schwester und schob mich zur Tür hinaus. Er sagte nichts mehr, seine Augen waren geschlossen, seine Lippen weiß.

In der Lobby weinte ich mir die Augen aus. Seine Schwester saß neben mir und starrte zu Boden. Nach einer halben Stunde sagten sie uns, er wäre nun bereit für den Flug. Macy umarmte mich, und ich spürte, dass sie es ehrlich meinte.

Dann sah ich seine Mutter. Vor der Klinik luden sie Michael in einen Krankenwagen. Mir wurde klar, dass ich nie nach Kanada kommen würde. Ich konnte mir kein Visum leisten und hatte auch keine Kontakte, um mir eines zu organisieren. Plötzlich war alles wie Beton, undurchdringlich und hart. Ich wünschte mir, dass alle Menschen dieser Welt überall hinfliegen könnten, wann immer sie wollten!

Der Krankenwagen fuhr ab. Ich stand in der Eingangshalle und sah ihm nach. Das Warten begann. Immer wieder versuchte ich, ihn telefonisch zu erreichen. Vergebens. Ich schrieb Mails. Keine Antwort. Das Warten wurde mir zur zweiten Natur.

Nach ein paar Wochen erhielt ich die Mitteilung, dass ich tatsächlich für den Miss Nigeria 2000 Contest nominiert worden war. Nun brauchte ich einen Trainer, denn ich hatte einiges zu lernen, vor allem, wie man sich auf einem Laufsteg bewegt. Ein sehr erfolgreicher Coach nahm mich auf und lehrte mich bereits am ersten Tag die ersten Details des Catwalking. Nach einer Woche meinte er, dass ich Chancen hätte und mir einen Sponsor suchen sollte. Wieder ging alles sehr schnell: Ich lernte die Schönheitskönigin von 1994 kennen, die mir sofort ihre Unterstützung zusagte, nachdem sie mich angesehen hatte. Ich glaube, sie mochte mich wirklich. In ihrem Büro hing ein Foto, auf dem sie in graziöser Pose Nelson Mandela anlächelte. Ihr Bild war wiederholt auf den Titelblättern der Magazine erschienen, und auch später noch warben Firmen mit ihrem Gesicht.

Susan Hart, die Ex-Miss, wollte, dass ich gewann, doch ich machte mir keine großen Hoffnungen. Sie aber glaubte an mich, ebenso wie der Coach. All meine Gedanken, meine Gefühle und Wünsche waren bei Michael. Ich wollte nur, dass er wieder gesund wurde!

Man lehrte mich alles, was ein Model braucht: Gehen, Sitzen, Posieren, Maniküre, meine Haut abreiben, damit sie glatter wurde. Susan investierte umgerechnet über zweitausend Euro in mich, aber unmittelbar vor dem letzten Auswahl-Event – ich war unter den letzten sechs – erhielt ich einen Anruf von Macy. Die Verbindung wurde unterbrochen, also ging ich in der Pause in mein Hotelzimmer und rief zurück.

»Hallo?«

Michaels Mutter hob ab.

»Ich bin es, Adesuwa …«

»Ja, ich weiß«, unterbrach sie mich, »du kannst nicht mit Michael sprechen.«

Ich dachte, sie wolle mich abwimmeln, weil sie mich nicht mochte. Vorsichtig versuchte ich es noch einmal.

»Ich würde ihn nur kurz …«

»Michael ist tot.«

Mein Coach stand vor der Tür und wartete auf mich. Ich saß wie erstarrt da. Er begann zu schimpfen, ich konnte nicht antworten. Ich lief zur Minibar, holte mir ein Fläschchen Gin heraus und kippte es herunter. Dann öffnete ich die Tür. Der Mann packte mich beinahe brutal an der Hand und zog mich fort. »Du bist in zehn Minuten dran, Kleines, du bist gut und wirst es schaffen, mach jetzt nicht schlapp!« Wahrscheinlich roch er meine Fahne. Bereits im Freien spürte ich die Wirkung des Gins und war froh, dass dieser

Mann mich festhielt. In der Garderobe reichte er mir meinen Bikini, ich zog ihn an und taumelte mit Katzenschritten auf die Bühne. Ich fühlte nichts dabei. Ich wünschte mir, dass ich am nächsten Morgen aufwachen und alles vergessen haben würde. Diesen Traum, der nun zu Ende gegangen war.

Michael war tot.

Mein Auftritt war miserabel. Fast eine Katastrophe. Ich hatte meine Sponsorin und meinen Coach enttäuscht. Ich schämte mich, wollte niemanden sehen und nur noch alles vergessen.

Statt nach dem Auftritt mit meinen Betreuern ins Hotel zurückzukehren, lief ich zu der Brücke, unter der ich mit Betty meine Nächte verbracht hatte. Wo Michael uns überredet hatte, mit zu ihm nach Hause zu kommen. Ich weinte stundenlang.

Am nächsten Morgen machte ich mich auf den Weg zu meinem Onkel nach Surulere. Er arbeitete zu dieser Zeit in Jos, zwei Tagesreisen von Lagos entfernt.

In seiner Wohnung in Lagos traf ich niemanden an. Ein Nachbar sagte mir, seine Freundin würde am Wochenende kommen. Also verbrachte ich die nächsten drei Tage wieder unter »unserer« Brücke.

Ich dachte an Betty. Meine Freundin. Mit ihr hätte ich über alles reden können. Auch über meinen unfassbaren Schmerz. Doch sie war zu dieser Zeit in Südafrika. Ich hätte sie so sehr gebraucht.

Die erste Nacht war furchtbar. Ich war sehr aggressiv zu jedem, der mich ansprach. In der zweiten Nacht traf ich ein junges Mädchen, das ebenfalls auf der Straße wohnte und genauso unerfahren schien wie Betty und ich zu Beginn unserer Zeit in Lagos. Sie hieß Fatima.

»Hast du eine Matte für mich?«, fragte sie mich. Ich wollte von ihr nichts wissen und deutete stumm auf ein paar Zeitungen. Dann hörte ich ihren keuchenden Atem. Offensichtlich hatte sie große Angst. Unwillig stand ich auf und zeigte ihr, wie man die Zeitungen am besten auf dem Boden ausbreitete. Ich schärfte ihr ein, sie solle immer so tun, als ob sie schliefe, und ja keinen Lärm machen. Dann würden die Straßenjungen sie in Ruhe lassen – wenn sie sie bestehlen wollten, würden sie das ohnehin tun. Daraufhin konnte Fatima noch weniger einschlafen und schließlich stieß sie hervor: »Hasst du deine Familie auch so wie ich?«

Diese Frage hatte ich mir noch nie gestellt. Nein. Eigentlich liebte ich meine Familie. Auch meinen Vater! Fred, Richard und Itohan. Und natürlich meine liebe Mummy!

Fatima lag auf der Matte und hatte mir den Rücken zugewandt. Sie trug ein schulterfreies T-Shirt. An ihrem Rücken konnte ich sehen, wie schwer sie atmete, denn er bewegte sich heftig auf und ab. Dann sah ich es: Direkt neben der Wirbelsäule war eine sehr lange Wunde.

Nun begriff ich, warum sie ihre Familie hasste. Sie kam aus einer moslemischen Familie im Norden und hatte sich geweigert, den Mann zu heiraten, den ihre Eltern für sie ausgesucht hatten.

Plötzlich begann sie hemmungslos zu weinen. Ich herrschte sie an, endlich still zu sein, weil überall Straßenjungen waren. Aber da Fatima keine Ahnung vom Straßenleben hatte und ihr Selbstmitleid größer als ihre Angst vor Räubern war, stand kurz darauf eine Gang vor uns. Fatima schrie auf. Ich fiel sofort auf die Knie und flehte um Gnade. Ein Bursche drohte, Fatima zu erschießen, wenn sie nicht den Mund halten würde, doch das Mädchen brüllte immer weiter. Dabei keuchte sie so, dass ich um ihre Gesundheit fürchtete.

Das Geschrei lockte eine andere Gang an. Weil sich die jungen Männer der neuen Bande stärker fühlten, boten sie uns ihren Schutz an, wenn wir jedem von ihnen 50 000 Naira zahlen würden. Darauf kam es zu einem Gerangel zwischen den Banden, nichts Ernsthaftes, denn die Mitglieder der zweiten Gang waren tatsächlich überlegen. Plötzlich stießen sie uns an und sagten, wir sollten in ihren Peugeot-Kombi steigen. Weil das im Moment besser war, als weiter zu knien, ins Meer zu springen oder 50 000 Naira zu bezahlen, die wir nicht hatten, stimmten wir zu. Im Auto erklärten uns die Männer, dass sie einem Kult angehörten und uns beschützen könnten, bis wir die 50 000 Naira bezahlt hätten.

Ich hatte große Angst vor den Gangs. Es war so finster wie in meinem Zimmer auf dem Campus. Und ich hatte kein Messer bei mir. Mit Michael hatte ich so etwas nicht gebraucht.

Nach einer langen Fahrt durch die Vororte von Lagos erreichten wir schließlich ein heruntergekommenes Haus, umgeben von hohen Zäunen, die elektrisch geladen waren. Wir gingen mit den Männern hinein und sahen zwei gut gekleidete Mädchen auf einer Bank sitzen, neben ihnen ein paar Herren. Hinter uns fiel die Tür zu, einige Männer postierten sich am Eingang.

Unsere Begleiter ließen uns stehen und verschwanden in einem Nebenraum. Ein paar Minuten später näherte sich ein Mädchen und sagte uns, wir wären an einem schlechten Ort gelandet: Hier würden Frauen zur Prostitution gezwungen werden, und wenn ihre Körper verbraucht wären, würde man sie für rituelle Zwecke verkaufen.

Wir saßen also in einer tödlichen Falle.

Fatima wiederholte ständig wie eine Irre: »Ich werde den alten Mann heiraten, ich werde den alten Mann heiraten.« Das brachte ihr mehrere Ohrfeigen und Tritte ein. Dann führten uns die Männer in ein Zimmer und verriegelten die Tür. Ruhelos gingen wir auf und ab und fragten uns, wie es weitergehen würde. Fatima atmete so schwer, als hätte sie eine Lungenkrankheit. Ich wusste, ich würde hier keine einzige Nacht überstehen, und rief laut nach den Männern. Schließlich öffnete der Fahrer des Wagens die Tür und fragte ungeduldig, was ich wolle.

»Setz dich zu mir!«, forderte ich ihn selbstbewusst auf. Der Mann war so überrascht darüber, dass er ohne Widerspruch gehorchte. Ohne ihn anzusehen, behauptete ich, dass ich dem weiblichen Kult in Auchi angehören würde. Der Mann rückte etwas von mir weg und stellte mir Fragen zu einigen Mitgliedern dieses Kultes. Da ich diesen Mädchen immer die Haare gemacht hatte, kannte ich sie sehr genau. Betont mürrisch beantwortete ich seine Fragen. Am Ende erhob sich der Mann und schrie seinen Freunden draußen zu, dass ich »eine von denen« wäre. Dann sagte er, ich solle gehen. Die Männer öffneten die Tür und stießen mich hinaus.

Auf dem Parkplatz, vor dem Wagen, wollten sie mir ein

stinkendes Tuch um die Augen binden. Ich wehrte mich und schrie, ich wäre ohne Tuch hierhergekommen, also würde ich auch ohne Augenbinde wieder gehen. Da trat ein großer Mann mit einer hässlichen Narbe auf mich zu, band mir das Tuch vor die Augen und zischte: »Niemand hat diesen Ort bisher lebend wieder verlassen.« Ich wollte mich nicht einschüchtern lassen und entgegnete, dass ich nicht ohne Fatima fahren würde. Doch die Männer ließen sich nicht darauf ein und stießen mich in den Wagen. Es war ein großer Tumult, ich wollte wieder heraus und regte mich fürchterlich auf. Da hörte ich plötzlich ganz leise dieses entsetzliche Atmen. Es kam von Fatima, doch wo war sie? Ich hörte, aber sah sie nicht. Die Männer schlossen die Autotür, und wir fuhren los. Nach einer halben Stunde bewegte sich etwas hinter mir: Fatima kauerte hinter der Rückbank am Boden des Wagens im Kofferraum! Sie atmete keuchend, und ich begann ebenfalls schwer zu atmen, damit die Männer sie nicht bemerkten.

Wir waren in einem Ritualhaus gewesen. Hier entfernte man Frauen und Kindern Organe, um sie für rituelle Praktiken zu benutzen oder weiterzuverkaufen. Die Opfer starben dabei. Meist handelte es sich um verstoßene und verfolgte Frauen und Kinder, die der Hexerei beschuldigt wurden.

Unter unserer Brücke hielten die Männer an und stießen mich aus dem Wagen. Sie rissen mir die Augenbinde herunter, und ich konnte sie deutlich sehen. Große Männer, Mitte dreißig, der Kerl mit der Narbe stand direkt vor mir. Sie unterhielten sich auf Yoruba, und ich wartete geduldig, bis sie mich gehen lassen würden. Plötzlich sprang Fatima aus dem Kofferraum und schrie: »Schlange, Schlange!«

Die Männer stürzten zum hinteren Teil des Wagens und schlossen die Türen. Offensichtlich befand sich im Wagen eine Schlange, die bei Ritualen eingesetzt wurde. Ich musste an mich halten, um mich nicht zu übergeben. Fatima rannte los, auf das Meer zu. Ich lief ihr nach. Was hatte sie vor? Sie stürmte auf die Klippen zu und schrie: »Ich hätte den Mann heiraten sollen!« Ich dachte: »Der Fluch ihrer Eltern hat sie eingeholt.«

Dann sprang sie.

Vor meinen Augen sprang sie die Klippen hinunter. Nach drei Sekunden hörte ich einen harten Aufprall im Wasser. Die Männer sprangen in ihr Auto und rasten davon. Oben auf der Brücke rollte der Verkehr weiter, als wäre nichts geschehen.

Ich setzte mich auf den Felsen, wo Betty einmal auf mich gewartet hatte, und starrte auf das Meer hinaus. Unten schwamm ein Tuch im Wasser. Das Gewand von Fatima. Konnte man einen Sprung aus solcher Höhe überleben? Ich wusste es nicht. Lichter, die wie Kerzen aussahen, flackerten weit draußen auf dem Meer. Erst nach einiger Zeit begriff ich, dass es sich um ein Schiff handeln musste. Die »Kerzen« segelten weiter, ohne zu verlöschen. Die Sache mit Fatima berührte mich tief, obwohl ich sie erst vor wenigen Stunden kennengelernt hatte.

Die Nacht verstrich, ohne dass ich es wahrnahm. Die Sonne ging auf. Ich rührte mich nicht von der Stelle. Die Stadt erwachte. Leute kamen vorbei, starrten mich an und flüsterten, diese Frau dort wäre verrückt geworden. Auch hübsche Mädchen verloren in dieser Stadt den Verstand.

Vielleicht sei ich eine Verrückte, die von ihrer Familie verstoßen worden war. Ja, gewiss!

Eine Verrückte.

Bevor mein Vater sich diesen Ritualen zugewandt hatte, vor den Besuchen bei den Juju-Priestern, den Zeremonien mit meiner Tante Clara beim roten Hügel im Busch, war alles in Ordnung gewesen. Bilder aus meiner Kindheit zogen an mir vorüber. Meine Familie, unser Haus, mein Zimmer, mein geliebtes Bett. Mein vierzehnter Geburtstag, die Ausflüge im Auto meines Vaters, der Suya-Mann, die Lieder meiner Mutter. Erinnerungsblitze.

Ich hatte genug von dieser Stadt und ihrer Brutalität. Genug von dieser Metropole mit ihren Tragödien. Plötzlich sehnte ich mich nach dem Haus meiner Großmutter. Ich wollte zurück nach Benin City.

Am nächsten Tag rief ich Betty an, die immer noch in Südafrika war, und sagte ihr, dass ich zurückkehren würde. Doch sie wollte weiter in Lagos leben. Also ging ich allein.

Rückkehr nach Benin City

In der Nähe der Airport Road mietete ich einen kleinen Laden. Dort wollte ich eine Boutique eröffnen, um mir meinen Lebensunterhalt zu verdienen, während ich den ersten Teil meines Studiums abschloss. In meiner Familie hatte sich nichts geändert. Mein Vater verhielt sich immer noch so brutal wie früher. Er hatte eine neue Frau geheiratet, wohnte mit ihr in unserem Haus und weigerte sich, für meine Schwester Itohan und meinen kleinen Bruder Richard Schulgeld zu bezahlen. Großmutter kämpfte ums Überleben, weil sie sich meiner Geschwister angenommen hatte. Ich wohnte in Großmutters Garage und wollte möglichst bald mein Geschäft einrichten, musste aber noch alles renovieren. Itohan zeigte sich erleichtert, dass ich wieder da war, ebenso wie Richard, der zwischen dem Haus meines Vaters und meiner Großmutter hin- und herpendelte. Ich war an die Stelle ihrer Mutter getreten, aber ich fühlte mich dieser Verantwortung nicht gewachsen. Nach den bitteren Erfahrungen der letzten Zeit hatte sich eine Art Panzer um meine Seele gelegt, der mich die Dinge nicht mehr so intensiv wahrnehmen ließ. Die Welt hatte keine leuchtenden Farben mehr, es gab keine Hoffnung, keine Zukunft, keine Freude. Das gefiel mir gar nicht. Wonach ich mich im

Grunde meines Herzens sehnte, ohne es benennen zu können, war endlich wieder einmal Geborgenheit, Sicherheit, »Normalität« – obgleich mir durch meine Erlebnissen klar geworden war, dass Grausamkeiten in diesem Land normaler sind als Liebe.

Ich vermisste Mummy. Lagos hatte mich von diesem Verlust abgelenkt, aber ich wollte mich nicht länger ablenken lassen. Sie hatte sich seit ihrer Abreise nicht gemeldet. Wo mochte sie sein? War sie wirklich in Frankreich? Ich brauchte sie.

Eines Morgens, auf dem Weg zu meiner neuen Boutique nahe der Airport Road, überholte mich ein Wagen. Ein Mann stieg aus und schlenderte mit geschmeidigen Bewegungen geradewegs auf mich zu: »Ich habe dich im Fernsehen gesehen! Du findest dich zurecht, obwohl ich dich verstoßen habe. Ich habe keine Angst vor deinem Erfolg.«

Mein Vater.

Ich lief vor ihm weg, versprach aber, mit Itohan am nächsten Morgen zu ihm zurückzukommen. Denn ich wusste, dass meine Geschwister nur mit seinem Geld eine Chance hatten, die Schule abzuschließen und ein Studium zu beginnen. Und das war die einzige Möglichkeit, sich in diesem barbarischen Land eine Existenz aufzubauen und ein menschenwürdiges Leben zu führen. Ich konnte meinen Geschwistern nicht die Mutter ersetzen, denn ich war viel zu sehr mit meinen eigenen Problemen beschäftigt.

Ich vertraute meinem Vater, weil ich dringend Geborgenheit und Sicherheit brauchte. Ich wünschte mir, in eine Familie zurückzukehren, in der die Dinge nach einer gewissen Ordnung abliefen und ich mich geschützt fühlte. Vielleicht würde ich ja in dieser Familie einen Menschen finden, der mir zuhörte.

Die endgültige Enttäuschung folgte, als mein Vater Itohan und mich zu dieser fetten Sekten-Priesterin brachte, die uns unter Verwünschungen zwang, den giftigen Trank zu schlucken.

An diesem Tag starb der letzte Rest Nähe zu meinem Vater. Nach der Hölle der siebentägigen Gefangenschaft, wo wir uns jeden Morgen fragten, ob wir noch lebten oder nicht, kletterten Itohan und ich auf das Tor vor unserem Haus. Die Zweige des Kaschubaumes strichen über unsere Haut. Meine Kindheit zog vor meinem inneren Auge vorbei, so als ob ich sterben würde. Als ich vom Tor hinaus auf die Straße sprang, war dies der endgültige Abschied von meiner Kindheit, meinem Glauben an familiäre Geborgenheit, meinem VaÙer, den ich immer geliebt habe.

Zwei Wochen später bestellte ich italienische Designerkleidung für meine Boutique. Markenoutfit! Italienische Schuhe, Gürtel, Taschen, Jacken, Kleider. Einige Leute aus dem Filmbusiness hatten mir dazu geraten, und ich spürte, dass dieser Markt Zukunft hatte.

Das Leben ging weiter, ich telefonierte, knüpfte Kontakte, schloss lose Freundschaften, blätterte in Katalogen und legte mir einen Terminkalender zu. Mein Leben bekam eine gewisse Routine. Morgens stand ich zeitig auf, frühstückte mit meiner Großmutter und ging zu meinem Laden. Nach einer Weile stellte ich sogar eine Mitarbeiterin ein. In meiner Freizeit lernte ich für die Prüfungen.

An einem Freitagmorgen klopfte es an meiner Tür. Ich

wollte gerade etwas in der Stadt erledigen und mich anschließend mit meiner Freundin Toyin treffen. Der Besucher war ein flüchtiger Bekannter namens Tony, ein Freund des Mannes meiner Freundin Jane, mit der ich aufs Gymnasium gegangen war. Mittlerweile lebte Jane in Österreich, einem Land nördlich von Italien, wie sie mir erklärte. Obwohl ich ihr vertraute, wollte ich diesen »Freund« nicht hereinlassen, da ich die Jandons, die Nigerianer, die in Europa lebten, nicht mochte. Sie waren immer schick gekleidet (Tony trug ein weißes T-Shirt mit der Aufschrift D&G), gesellschaftlich angesehen, aber oft arrogant und primitiv. Meist glaubten diese Menschen, jeder müsse vor Ehrfurcht erstarren, nur weil sie in Europa erfolgreich Geschäfte machten. Weshalb kam er zu mir?

In der Hand hielt er ein kleines Paket, offenbar ein Geschenk, sein Mobiltelefon klemmte zwischen Ohr und Schulter. Meine Großmutter hatte mir erzählt, dass dieser Tony bereits mehrere Male bei ihr gewesen war, als ich noch in Lagos gearbeitet hatte. Offenbar wollte dieser Kerl irgendetwas von mir. Ich hatte überhaupt keine Lust, Leute kennenzulernen, und schon gar nicht diesen Mann. Ich dachte: »Ich bin eine Wassergöttin, weißt du das nicht? Kein guter Umgang. Außerdem habe ich zu tun.«

»Hi, Adesuwa!«, sagte er, »das hier schickt dir Jane aus Österreich.«

Während ich das Paket auspackte, fragte ich ihn: »Wie geht es Jane? Und wie ist Österreich? Lebst du immer noch dort?«

Tony setzte sich. Als er an mir vorbeiging, bemerkte ich sein Parfum. Viel zu aufdringlich.

»Mist«, sagte er, »ich habe Janes Brief vergessen.«

Ich mochte seine Art nicht. Doch er wollte sich unbedingt noch einmal mit mir treffen, in dem Hotel im Stadtzentrum, wo er wohnte. Dort würde er mich zu einem Drink einladen und mir den Brief von Jane geben. Er meinte, er könne mich um sechs Uhr von meinem Geschäft abholen. Okay, dachte ich, warum nicht?

Tony fuhr einen roten Fiat. Sehr ungewöhnlich für einen Jandon. Viel zu billig. Also war er vielleicht doch nicht so arrogant wie die anderen. Er brachte mich zum Elegance Hotel, in dem ich gewohnt hatte, als wir »Der Prinz« gedreht hatten. Ein gutes Hotel mit dreißig Zimmern. In der Lounge begegneten uns zwei Frauen, in Gold gekleidet, Designermode aus Italien.

In seinem Zimmer empfing uns eine große, stämmige Schwarze. Tony nannte sie Mama Uwi, sie war seine Schwägerin. Ihr Grinsen verursachte mir Kopfschmerzen, doch ich grüßte sie höflich. Sie hieß mich auf einer Couch Platz nehmen, von der sie zuvor noch ein paar Brösel entfernte, und setzte sich zu mir. Tony verschwand im Badezimmer.

Nach einer Minute kam ein anderer Mann aus dem Badezimmer, Tonys Bruder, den ich auch flüchtig kannte. Er lachte, als er mich sah. »Abeg«, rief Tony aus dem Bad, »bestelle ihr einen Drink!«

Er verbrachte eine halbe Stunde im Bad, während ich mit dieser Frau eine langweilige Sendung im Fernsehen ansah. Als er nur mit einem Handtuch bekleidet herauskam, verließen sein Bruder und die Frau das Zimmer. Ich war allein mit diesem halb nackten Kerl und sagte, dass er mir nun endlich den Brief geben solle. Unten an der Ecke würde ein Freund auf mich warten.

»Hast du Angst vor mir?«, fragte er grinsend.

»Nein, ich weiß, dass Jane nicht mit Gangstern verkehrt. Aber ich muss jetzt gehen, okay?«

Jemand klopfte an die Tür.

Ich erschrak und wich ein paar Schritte zurück. Aber es war nur der Zimmerkellner, der eine Cola brachte. Tony nahm sie in Empfang und reichte sie mir.

»Für dich.«

Ich stand auf. »Ich habe nichts bestellt!«

»Mein Bruder hat es getan, ich habe ihn darum gebeten.«

Der Kellner verschwand. Tony hantierte an seinem Handtuch herum und drehte sich plötzlich zu mir. Er legte die Hand auf meine Schulter, und sein Blick wurde weich.

»Ich habe einen Film mit dir gesehen. Bei Jane in Österreich. Ich möchte mit dir reden. Setz dich, nachher bringe ich dich überall hin, wo du willst.«

Wie ein Roboter nahm ich wieder auf der Couch Platz und trank die Cola aus, ließ ihn aber keine Sekunde aus den Augen. Nach ein paar Minuten stand er auf, warf einen Koffer auf das Bett und öffnete ihn behutsam. Ich fragte mich, welchen Schatz er wohl darin aufbewahrte. In dem Koffer lagen ein paar Jeans, T-Shirts, Seife und eine Flasche Whiskey. »Hier, der Brief«, er reichte mir ein verschlossenes Kuvert. »Macht es dir etwas aus, noch einen Moment zu warten? Ich bin gleich angezogen.« Er wandte mir den Rücken zu, ließ aber plötzlich das Handtuch fallen, stand splitternackt vor mir und schlüpfte betont lässig in seine Jeans. Er liebte seinen Körper und fand sich unwiderstehlich. Dann ergriff er meine Hand und zog mich zur Tür hinaus. »Fahren wir. Wohin willst du?«

Tony brachte mich zu meiner Freundin Toyin. Auf dem Weg dorthin gab ich ihm meine Telefonnummer, auf die er es abgesehen hatte. Als ich ausstieg, verabschiedete er sich höchst zuvorkommend und elegant, wohl um mir zu zeigen, dass er sich zu benehmen wusste.

Eine Woche später rief er mich in meinem Geschäft an. An diesem Tag strich ich das letzte Eck und war glücklich, es endlich geschafft zu haben. Er wollte mich zum Essen einladen und fragte, ob ich diesen Abend noch frei wäre. Ich sagte zu.

Es war mein erstes Rendezvous seit dem Tod von Michael. Er führte mich in ein gutes Restaurant, und wir speisten sehr vornehm. Wir sprachen fast nur über Jane und Österreich, und Tony versprach, mir für meine Boutique gute Ware aus Europa zu bringen. Es war ein sehr netter Abend. Anschließend brachte er mich mit dem Auto zurück zu meiner Großmutter.

Als wir zwischen den alten Gefängnisbaracken hielten, fragte ich, welcher Art von Geschäften er nachging.

»Ich habe ein Reisebüro.«

Sofort dachte ich an Kanada. Ich wollte Michaels Grab besuchen.

»Ist es schwierig für eine Nigerianerin, nach Kanada zu reisen?«, fragte ich. Tony reagierte natürlich überrascht und wollte wissen, was ich denn in Kanada wolle. Ich wusste nicht, was ich sagen sollte, und behauptete schließlich, dass meine Mutter dort leben würde.

Tony faselte etwas über das Prozedere mit dem Visum und fragte dann, ob ich eine Beziehung mit ihm wolle. Ich schwieg und starrte aus dem Fenster. Es war stockdunkel. In weiter Ferne sah ich die Lichter des Gefängnisturmes. Schließlich sagte ich: »Danke für den Abend!« und verabschiedete mich. Tony stieg extra aus, um mir die Tür aufzuhalten.

»See you«, sagte er. Langsam ging ich zum Haus meiner Großmutter und dachte dabei an Michael. Es war schon spät, und alles lag still und ruhig vor mir. Nirgendwo brannte Licht. In Gedanken malte ich mir aus, wie ich Blumen auf Michaels Grab legen würde. Plötzlich stand jemand hinter mir und drehte mich an der Taille herum. Es war Tony. Er küsste mich.

Ich war verrückt nach ihm. Blind. Wahrscheinlich auch verliebt. Alle meine Gefühle konzentrierten sich plötzlich auf ihn. Diesen Jandon! Meine Gedanken gehörten meinem Geschäft, das sehr gut anlief. Hin und wieder ging ich noch zur Uni. Ich arbeitete sehr viel in dieser Zeit, aber emotional lebte ich nur noch von einem Rendezvous zum nächsten. Tony zog mich magisch an, und ich gab mich ihm hin, wie ich es nie zuvor getan hatte. Unterwürfig. Dienend. Zuvorkommend. Ganz der Tradition gemäß! Genauso wie ich es daheim bei meinem Vater gelernt hatte. Ich hinterfragte es nicht. Tat es. Und fühlte mich nicht mehr einsam.

Tony kam jeden Monat nach Benin City. Den Rest der Zeit verbrachte er irgendwo in Europa, mit Kunden, die er auf den anderen Kontinent gebracht hatte. Anfangs wohnte er noch im Hotel, zog aber dann in ein Haus im Regierungsviertel. Immer wenn ich ihn dort besuchte, hatte er Gäste. Hübsche Mädchen, attraktive Burschen, alle gut gekleidet. Junge, moderne Menschen. Viele von diesen Leuten arbeiteten für ihn. Was genau, wusste ich nicht, ich fragte auch nicht viel. Für mich war es nur wichtig, bei ihm zu sein.

Ich versuchte, eine Gefährtin für ihn zu sein, seine »Frau.« Mich anständig zu benehmen und seine Wünsche zu erfüllen, wie es meine Mutter gegenüber meinem Vater getan hatte. Dennoch beschwerten sich seine Freunde bei ihm, ich wäre viel zu modern. Ich fühlte mich bei ihm aufgehoben und dachte, dass ich ihn bald noch mehr lieben würde, wenn ich Michael erst einmal richtig vergessen hätte.

An einem Wochenende war ich wie immer mit ihm in seiner Wohnung verabredet, doch zu meinem Erstaunen platzte ich mitten in eine Party. Sieben Mädchen tanzten, tranken und amüsierten sich mit zwei jungen Männern. Die Fete war voll im Gange. »Auntie, our girls don enter«, rief mir einer der Burschen in gebrochenem Englisch zu. Ich verstand nicht, was das sollte, und suchte Tony. Als er mich sah, verfinsterte sich seine Miene, und er sagte: »Nicht jetzt!«

»Wann dann?«, fragte ich ungeduldig.

Er packte mich grob an der Hand und zog mich in ein Nebenzimmer. Dort warf er mich auf ein Bett und schrie: »Wenn ich sage später, dann meine ich später. Stell nicht so viele Fragen!«

Ich konnte nicht glauben, was eben geschehen war. Tony begriff, dass er so nicht mit mir umspringen konnte, und wurde weich. Er legte sich zu mir und schmiegte sich an mich: »Verzeih mir, ich habe wohl zu viel getrunken, es tut mir leid. Das sind Leute, denen ich Visa besorgen muss, wir leihen ihnen Geld und geben ihnen die nötigen Informationen. Zwei aus dieser Gruppe konnten wir schon erfolgreich nach Wien bringen.«

Ich kannte zwei der Mädchen auf der Party, sie stammten aus guten Verhältnissen. Die übrigen fünf kamen bestimmt vom Land, das sah man gleich. Plötzlich empfand ich Bewunderung für Tony. Er war in der Lage, diese Leute nach Europa zu bringen! Und diese Leute standen sogar Schlange bei ihm.

Trotz allem Respekt vor diesem Jandon stellte ich klar, dass ich mir solche Grobheiten nicht bieten lassen würde.

Darauf führte er mich zu den anderen zurück und bot mir Schnäpse an. An diesem Abend betrank ich mich zum zweiten Mal in meinem Leben.

Diese Partys wiederholten sich. Ich erlebte vier davon, innerhalb von sechs Monaten.

Eine innere Stimme warnte mich, aber ich wollte nicht darauf hören. Ich traf immer mehr Mädchen bei ihm. Auch seine Reisen häuften sich. Er kam nun alle drei Wochen zurück nach Nigeria und hatte immer mehr Geheimnisse vor mir. Manchmal ließen mich seine Burschen nicht in seine Wohnung, und ich musste wieder nach Hause fahren. Dann rief er mich an und sagte, er brauche zwei Tage für sich allein. Einmal hörte ich ihn und seine Freunde im Garten miteinander tuscheln, sie hatten sich aus der Wohnung geschlichen. Ich sprach ihn darauf an, fragte, ob er Probleme mit der Firma hätte, vielleicht konnte ich ihm ja helfen. Doch er weigerte sich, mit mir über seine Geschäfte zu reden.

Weil Tony nur alle drei Wochen in der Stadt war, hatte ich viel Zeit für meine eigenen Angelegenheiten und arbeitete sehr konzentriert und zielstrebig. Die Erfahrungen in Michaels Firma kamen mir sehr zugute. Meine kleine Boutique mit der Designermode florierte. Es machte mir großen Spaß, Modeschauen zu veranstalten. Ich konnte sehr zufrieden mit mir sein, aber ich spürte in dieser Zeit fast nichts. Ich hatte meine Prüfungen an der Uni bestanden und sollte nun ein Praktikum in einem Industriebetrieb machen. Doch ich zog es vor, mich auf meine Boutique zu konzentrieren, weil ich Geld brauchte.

Ab und zu sah ich Daddy, wenn er wieder einmal mit dem Auto in der Stadt herumfuhr, doch ich suchte nie Kontakt zu ihm. Von meiner Mutter hatten wir schon lange nichts mehr gehört. Mein Vater verbreitete das Gerücht – vielleicht war es ja auch die Wahrheit –, dass Mummy in Italien wäre.

Eines Morgens klopfte es bei mir an der Tür. Ich hatte wenige Freunde zu dieser Zeit. Seit ich aus meinem Elternhaus geflohen war, also öffentlich mit meiner Familie gebrochen hatte, meldeten sich nur wenige Freundinnen von früher bei mir. Aber an diesem Morgen stand Vicky vor der Tür und fragte, ob sie hereinkommen dürfe, sie müsste mir etwas Wichtiges sagen. Erfreut und überrascht zugleich ließ ich sie ein, sie setzte sich und kam gleich zur Sache.

»Bist du eine Wassergöttin?«

Mein Gott, dachte ich, diese Geschichte also!

»Nein, ich habe keine übernatürlichen Kräfte. Wer behauptet das?«

»Wir haben deinen Film im Fernsehen gesehen und waren gestern bei deinem Vater. Er sagte uns, du würdest nicht mehr hier wohnen. Er könne das nicht dulden, weil du dich weigern würdest, deine Kräfte für das Gute einzusetzen.«

Ich starrte sie entsetzt an.

»Und ihr glaubt das?«

Vicky schien völlig überzeugt davon.

»Wir denken, du solltest in die Kirche der Erlösung gehen und dich dort behandeln lassen. Niemand wird dich heiraten, wenn du eine Wassergöttin bist!«

Der Schutzpanzer, den ich mir zugelegt hatte, um mich gegen die Grausamkeiten dieser Welt zu wappnen, funktionierte auch in dieser Situation. Ich verabschiedete mich von dieser Freundin und spürte nicht, was dieser Besuch tatsächlich bedeutete. Nur meine verrückte Sehnsucht nach Tony wurde noch stärker. Ich wusste, wenn er mir einen Heiratsantrag machte, würde ich sofort Ja sagen, obwohl ich ahnte, dass in seinem Umfeld nicht alles mit rechten Dingen zuging.

Als ich gerade meiner Großmutter erzählte, dass die ganze Stadt mich für eine Wassergöttin hielte, stürmte eine Nachbarin herein. Sie hatte Neuigkeiten über meine Mutter! Zu diesem Zeitpunkt waren bereits drei Jahre seit Mummys Abreise vergangen. Seither hatten wir einen einzigen Brief von ihr erhalten, in dem sie nur schrieb, wie leid ihr alles täte und dass sie uns um Verzeihung bitten würde.

»Meine Tochter lebt«, rief Großmutter. Offenbar ahnte sie bereits, dass die Nachbarin ihr eine schlechte Nachricht bringen würde. »Gott kann mir nicht mein einziges Kind nehmen!« Bei diesen Worten begann sie heftig zu weinen.

Itohan rannte in das andere Zimmer und warf sich schluchzend auf ihre Matratze.

Dann kamen zwei andere Frauen und fragten, was passiert wäre.

Die Nachbarin erklärte: »Gestern bin ich bei ihr zu Hause gewesen, und ihr Mann sagte mir, er habe durch das italienische Fernsehen von ihrem Tod erfahren.«

Als ich das hörte, stand ich auf, schlug ein paar Eier auf und briet sie in einer Pfanne. Dann öffnete ich eine Flasche Palmwein, die ich aus Lagos mitgenommen hatte, und deckte den Tisch. Die anderen Frauen begriffen nicht, was es zu feiern gäbe, und sahen sich verwundert an. »Diese Nachricht kommt von meinem Vater«, erklärte ich, »aber es ist eine Lüge. Er versucht alles, um sie für tot erklären zu lassen, aber das wird ihm nicht gelingen. Der Brief, den wir von ihr erhalten haben, kam aus Mali.«

Sie war durch die Hölle gegangen. Eine Reise durch die Wüste bedeutete extreme Strapazen. Dann war sie in diesem Wüstenstaat hängen geblieben.

Stumm verließen die Nachbarinnen das Haus meiner Großmutter.

Bei meinem nächsten Flug nach Lagos – ich arbeitete immer noch gelegentlich für meinen Onkel – saß eine Frau neben mir, die mir dauernd auf die Füße trat. Zuerst dachte ich, sie wäre einfach ein wenig verrückt oder es passiere aus Versehen, aber dann begriff ich, dass sie es wirklich auf mich abgesehen hatte! Als ich mir diese Belästigungen verbat, flüsterte sie mit grimmigem Blick: »Fisch. Hexe. Hure. Komme nicht, um uns zu töten!« Ich zog die Beine an und fragte mich, wie viele in diesem Flugzeug es schon wussten. Ogbanje. Wassergöttin. Die Frau in der fünften Reihe am Gang!

Warum steinigten sie mich nicht sofort, zogen nicht an meinen Haaren, zerrten mich nicht in eine Kirche, um mich zu schlagen? Schräg vor mir saß der Sohn dieser Frau. Ein junger Mann mit einer Kette aus Kaurisschnecken um den Hals. Ich starrte ihn an, und plötzlich drehte er sich zu mir um und erklärte: »Ich habe Angst vor dem Fliegen. Diese Schnecken schützen mich.« Falls das Flugzeug abstürzte, wollte er die Schnur abreißen, und die fliegenden Schneckenhäuser würden ihn vor dem Tod bewahren.

Ich wollte zu Tony. Bei ihm wurde ich nie mit diesen Gerüchten und Anschuldigungen konfrontiert. In seiner Gesellschaft war ich vor diesen furchtbaren Stimmen und Blicken sicher. Und als Tony mich eines Abends tatsächlich fragte, ob ich ihn heiraten wolle, willigte ich sofort ein. »Ja, ich will. Ich werde zu deiner Familie gehören, mit dir nach Österreich fliegen, deine Frau werden. Ich werde eine neue Identität haben.« Hätte er mich nicht gefragt, ich wäre davongelaufen, in irgendein fernes Land, ich weiß nicht wohin, nur fort aus dieser verwünschten Stadt!

Die Hochzeit

Tony flog häufig zwischen Österreich und Nigeria hin und her. Wir telefonierten regelmäßig und hatten eine ganz normale Beziehung, nichts Außergewöhnliches. Nur die wachsende Zahl an Besuchern, die in seine Wohnung pilgerten, sobald er wieder in Afrika weilte, verwunderte mich. Diese Leute mochten, respektierten und bewunderten ihn.

Wenn er verreiste, besuchte ich immer öfter seine Familie, und so lernte ich allmählich seine Geschwister, Tanten und Cousins kennen. Er hatte viele Halbgeschwister, aber er war das einzige Kind, das seine Eltern gemeinsam gezeugt hatten.

Tony stand seiner Mutter sehr nahe. Sie musste schon fast siebzig Jahre alt sein, während Tony Anfang dreißig war. Alle behandelten mich sehr nett, und ich fühlte mich von ihnen akzeptiert. Ab und zu besuchte ich auch das Geschäft der Frau seines Bruders in Sakponbar in Benin City und beriet mich mit ihr über geschäftliche Angelegenheiten. Auch mit Tonys Schwestern verstand ich mich gut. Also sagte ich mir, dass es wohl eine gute Entscheidung gewesen war, seinen Antrag anzunehmen. Obwohl einige seiner Halbgeschwister älter waren als er, unterstützte er sie finanziell, und so benahmen sich auch alle zuvorkommend ihm gegenüber und gaben sich alle Mühe, ihn nicht zu verärgern.

Ich wartete auf die Hochzeit.

In meinem kleinen Geschäft hatte ich viel zu tun und verdiente recht gut. Die Abende verbrachte ich oft mit Toyin und anderen Freunden. Auch Betty besuchte mich öfter in Benin City und kehrte anschließend wieder nach Lagos zurück. Beide Freundinnen hatten sich ebenfalls entschieden zu heiraten: Toyin war mit einem nigerianischen Multimillionär namens Shola verlobt, Betty mit einem Nigerianer, der zeitweise in Holland lebte, aber über zwanzig Jahre älter war als sie.

Tony schickte mir Geld. Hundert Dollar im Monat. Er hatte mir ein Auto gekauft, das aber ständig repariert werden musste. Und weil der Benzinpreis in diesen Monaten drastisch anstieg – auch auf dem schwarzen Markt –, verschlang dieses Auto Monat für Monat die hundert Dollar. Also lebte ich von meiner Boutique und nahm immer wieder Jobs im Showbusiness an. Als Ausstatterin und Veranstalterin. Es ging mir gut. Aber ich hatte Angst um meine Brüder Fred und Richard. Sie sollten nicht auf der Straße enden, wie viele junge Männer in Nigeria, die sich mit Schmuggel oder Schwarzhandel durchschlagen müssen. Immer noch hingen sie sehr an meinem Vater, der sich aber nicht wie ein Vater benahm, wenngleich er meinem großen Bruder regelmäßig Geld für »sein Studium« gab. Aber Fred verwendete dieses Geld für Partys, was Daddy wahrscheinlich wusste. Ich gab mir Mühe, eine zweite Mutter für meine Brüder zu sein, obwohl ich jünger war als Fred. Aber ich konnte ihnen nicht helfen. Mein großer Bruder, der intelligenteste von uns, studierte nicht so zielstrebig, wie ich es getan hatte, und verkehrte in sehr schlechter Gesellschaft. Diese jungen Männer hätten einen Vater gebraucht, der sie in bessere Kreise einführte und ihnen womöglich einen sicheren Job verschaffte. Aber diesen Beschützer gab es nicht, im Gegenteil, mein Vater war bankrott und kümmerte sich nicht um seine Kinder. Er behandelte sie wie Bauern ihre Ziegen. Ein harter Vergleich, der aber leider zutrifft. Wenn Fleisch gebraucht wird, schlachtet man die Tiere, wenn nicht, lässt man sie laufen – sollen sie doch selbst sehen, wo sie ihr Futter herbekommen.

Das Problem war, dass ich heiraten wollte und deshalb zu meinem Vater gehen musste. Das verlangte die Tradition. Tony wusste wenig über meinen Vater, ich hatte kaum über dieses traurige Kapitel gesprochen, vielleicht weil ich fürchtete, es könne abschreckend wirken. Tonys Familie legte viel Wert auf Traditionen, sie erwartete, dass der Vater die Braut ihrem Sohn offiziell »übergeben« würde. Und dazu mussten sich die Familien treffen.

Meine Großmutter riet mir, auf dieses »Treffen« zu verzichten und die Hochzeit ohne Daddy durchzuziehen. Aber mein Bruder Fred erschien eines Tages und richtete mir aus, dass mein Vater mich sehen wolle.

Ich wusste, warum. Er roch den Braten und wollte auch ein Stück davon abhaben.

Ich beschloss, Daddy dieses letzte Vorrecht, »mich offiziell an meinen Bräutigam zu übergeben«, nicht vorzuenthalten. Also begleitete ich meinen Bruder auf dem staubigen Weg von meiner Großmutter zu meinem Elternhaus.

Ich hatte Bauchweh. Nicht von den frittierten Eiern, auch nicht, weil ich meinen Vater wiedersehen würde, sondern weil ich im Begriff war, mich tatsächlich für Tony zu entscheiden. Einen Mann zu heiraten, den ich mochte, vielleicht sogar liebte, der aber nie in meinen Träumen auftauchte und gefühlsmäßig auf einer völlig anderen Wellenlänge war. Aber Tony wollte mit mir Nigeria verlassen, was bedeutete, dass ich all diesen traditionellen magischen Kulten den Rücken kehren konnte. Er bot an, mich bereits vor der Hochzeit nach Österreich mitzunehmen, aber ich zog es vor, als seine Frau dorthin zu reisen.

Vor dem Haus meines Vaters bekam ich dann doch weiche Knie, obwohl ich mir mittlerweile ein dickes Fell zugelegt hatte. Und dann hörte ich wieder die Stimme meiner Mutter, die in dieser Zeit häufig zu mir sprach: nachts in meinen Träumen, aber auch immer häufiger am Tag. »Er ist es nicht wert, nicht dieser Mann, tu dir das nicht an. Sage die Hochzeit ab und gehe nicht zu deinem Vater!«

Auf dem Balkon stand Nancy, Vaters neue Frau, mit einem Baby im Arm. Jetzt hatte sie also doch ein Kind bekommen! Ich sah, wie sie es sanft hin- und herwiegte. Hatte ich, die Hexe, ihren Leib in der Zwischenzeit freigegeben? Ich konnte mich nicht daran erinnern. War es möglich geworden, weil ich dieses Gift geschluckt hatte? Weil mich die fette Priesterin gesalbt hatte? Weil mein Vater sich entschlossen hatte, an ein Ritual zu glauben und die »Vergiftung« seiner Kinder zu billigen? Ich wusste immer noch nicht, was Itohan und ich in dieser Kirche geschluckt hatten. Verwirrt stand ich vor dem Tor und sehnte mich nach meiner Mutter.

Liebe Mutter, ich weiß nicht, warum du uns so lange allein lässt. Falls du noch am Leben bist, komm zurück. Auch wenn du nicht erfolgreich warst und uns immer noch nicht ernähren kannst, brauchen wir dich hier! Ich habe einen Mann getroffen und möchte ihn heiraten. Sein Name ist Tony. Doch wenn du gegen diese Hochzeit bist, lass es mich wissen, dann werde ich sie absagen. Bitte lass mich nicht länger warten! In Liebe, Adesuwa (dein Baby).

Ich hatte meiner Mutter diesen Brief geschrieben. Bereits vor Monaten. Auf einen braunen Umschlag schrieb ich den Namen meiner Mutter. Als Adresse wählte ich eine Straße in London, die auf jedem Monopoly-Spielbrett steht. Kein Absender.

»Daddy, guten Morgen, ich bin es«, rief ich. Er befahl mir, zu ihm nach oben zu kommen. Seine Frau würdigte mich keines Blickes. Sie ergriff ihr Kind, hob es hoch und verließ eilig den Raum. Wahrscheinlich fürchtete sie immer noch meinen Zauber, womöglich konnte ich ihr Kind ja allein durch meine Gegenwart behexen!

»Du hast dich also entschieden zu heiraten!«, begann mein Vater feierlich. Ich nickte. Er markierte das Familienoberhaupt und fragte mich genauestens über die Familie meines Mannes aus. Ich wollte nicht mitspielen und machte ihm klar, dass ich ohne ihn heiraten würde, falls er Schwierigkeiten machte.

»Du kannst gehen«, ordnete er plötzlich an, »ich werde darüber nachdenken.« Er liebte solche Machtdemonstrationen. Ich schritt die Treppe hinunter und fragte mich, warum ich überhaupt gekommen war und was um alles in der Welt ich hier noch suchte. Da schrie er mir nach: »Vielleicht kann dir dein Tony helfen, das Grab deiner Mutter zu finden.«

»Er lebt in Österreich!«, rief ich zurück.

»Wer weiß, vielleicht hat er ja Beziehungen nach Italien. Jedenfalls wirst du deine Mutter allein begraben müssen!«

Nun hatte ich endgültig genug und ging. Unterwegs setzte ich mich auf einen Stein und weinte. Wo mochte meine Mutter sein? War sie wirklich tot?

Ein paar Wochen später sollte dann das Treffen zwischen der Familie meines zukünftigen Mannes und meinem Vater stattfinden. Die Übergabe der Braut! Vorher musste ich mit Daddy zu seinen älteren Verwandten gehen, die meine Eltern einst gemieden hatten, weil sie traditionellen Kulten anhingen. Ich tat es. Nach diesem Besuch musste ich ihm ein Mobiltelefon kaufen. Ich tat es. Dann sollte ich die Fassade seines Haus anstreichen, weil dort das Treffen mit Tonys Verwandten stattfinden sollte. Nun aber reichte es mir, und ich weigerte mich entschieden.

Seit meine Mutter nicht mehr hinter ihm herräumte und auch die Fehler ausbügelte, die er bei seinen Geschäften machte, wurde mein Vater immer infantiler und pubertärer. Gleichzeitig besaß er immer noch einen überaus schönen, männlichen Körper und einen starken Sexappeal. Nancy, seine neue Frau, war meinem Vater nicht gewachsen. Sie kümmerte sich, wie es sich gehörte, um das Essen und das Kind. Ihre restlichen Interessen beschränkten sich auf die Pflege ihrer Fingernägel. Buchstäblich. Diese glänzten zu jeder Tages- und Nachtzeit rot, orange oder lila. Ich weiß nicht, wie sie das anstellte, bei all der Arbeit im Haus.

Schließlich war der große Tag gekommen: Tony traf mit seiner älteren Schwester und seinem Vater in meinem Elternhaus ein. Nancy fing plötzlich an, sich um mich zu kümmern und mit mir zu sprechen, doch ich machte ihr unmissverständlich klar, dass ich kein Interesse an ihrer Fürsorge hatte. Mein Verlobter und seine Verwandten blieben zwei Stunden, und alle bemühten sich, den anderen zu imponieren. Es war wie bei einer Schlacht. Ich musste draußen warten. Was für eine Show!

Die ganze Zeit über fragte ich mich, ob ich diesen Mann tatsächlich heiraten sollte und was hier eigentlich ablief. Ich fand keine Antwort.

Plötzlich riefen sie mich. Jetzt musste ich vor diese Kommission treten. Ich wollte es nur noch hinter mich bringen.

»Adesuwa«, rief mein Vater stolz, als würde er mich allen vorstellen. Ein alter Mann aus Daddys Familie, den ich nie zuvor gesehen hatte, blickte mir von einem Sofa entgegen. Ende siebzig, hager, blutunterlaufene Augen. »Kennst du diesen Mann?«, krächzte er mit Mühe und deutete auf Tony.

»Ja«, antwortete ich und begriff, dass ich mich hier einfach auf einem Filmset befand. Allerdings kam nur mir diese Erkenntnis, die anderen hielten das alles für Realität.

»Er sagt, du willst ihn heiraten.«

»Ja.«

»Willst du ihn heiraten?«

Ich wusste, wenn ich nun Nein sagen würde, würden sie mich lynchen. Doch genau in diesem Augenblick wurde mir klar, dass ich diesen Mann um nichts in der Welt heiraten wollte! »Ja«, rief ich viel zu hastig, weil ich Angst hatte, einen riesigen Fehler zu begehen. Was ich in diesem Moment auch tat, aber keinesfalls wahrhaben wollte.

»Du darfst gehen!«, sagte der Greis.

Ein perfektes Quiz. Ich dachte, die Sache wäre nun erledigt, doch sie sagten, ich müsse nun wieder draußen warten. Nach einer Stunde rief mein Vater erneut »Adesuwa!« In noch feierlicherem Ton.

»Ja, Vater«, antwortete ich vorschriftsmäßig und erkannte meine eigene Stimme nicht wieder.

»Ich habe mit Tony über die Anforderungen gesprochen, die er erfüllen muss, bevor er dich heiraten kann. Bist du bereit, mit diesen Mann an dem vorgesehenen Tag den Bund der Ehe zu schließen?«

»Ja«, antwortete ich. Diesmal musste ich nicht stehen, ich saß neben Tony, meinem zukünftigen Mann, und starrte auf die Bodenfliesen.

»Wo ist ihre Mutter?«, fragte Tonys ältere Schwester plötzlich meinen Vater. Ich erstarrte zu Eis. Innerlich begann ich zu zählen, wie bei einem Countdown. Was würde er sagen?

»Sie ist in Italien«, antwortete der alte Mann.

»Wird sie bei der Hochzeit anwesend sein?«

»Ja!«, rief ich dazwischen.

Der Blick meines Vaters gefror. In seinem Gesicht lag nun derselbe Ausdruck wie an dem Tag, als ich über das Tor gesprungen war. Blankes Erstaunen über den Hochverrat!

Aber damit war diese Hölle vorbei. Tonys Familie verabschiedete sich. Ein paar Tage später reiste mein zukünftiger Mann wieder nach Österreich.

Ich fuhr nach Lagos, um Betty zu besuchen. Ich wollte mich von ihr verabschieden, genauso wie von vielen anderen Freunden auch. Gleich nach der Heirat würde ich mit Tony nach Österreich gehen. Zumindest für eine Weile, bis Benin City mich vergessen hatte.

Bettys Wohnung erinnerte mich an das Haus von Michael. Sie bereitete sich ebenfalls auf ihre Hochzeit vor und hatte sich bereits mit ihrem zukünftigen Mann eingerichtet. Ihr Freund hieß Nowa, er war viel zu alt für sie, aber ich mischte mich da nicht ein. An diesem Abend fuhren wir nach Ikoyi, wo sie mich zum Essen einladen wollte. In diesem Viertel hatte auch Michael gewohnt. Als wir die Island Bridge überquerten, unter der Betty und ich geschlafen hatten, stieg eine große Traurigkeit in mir auf, doch ich schwieg.

Im Restaurant unterhielten wir uns fast wie in alten Zeiten. Als wir nach dem Essen zum Strand hinunterschlenderten, erhielt Betty einen Anruf. Ich entschuldigte mich und sagte, ich wolle allein zum Meer hinuntergehen.

Ich starrte auf das Wasser. Sanft schwappten die Wellen an den Strand, und das Glucksen weckte Erinnerungen. Ich hatte Lust, ein Bad zu nehmen, obwohl ich nicht schwimmen konnte.

Dann sah ich etwas Glänzendes im Sand liegen. Ich hob es auf: Es war eine große rote Haarnadel, wie jene, die Fatima getragen hatte.

Ich setzte mich in den nassen Sand und dachte an die Personen in meinem Leben, von denen ich nicht wusste, ob sie tot waren oder nicht. Hatte Fatima den Sprung von den Klippen überlebt? War Michael wirklich gestorben? Ich konnte es immer noch nicht richtig glauben. Ihm hatte ich mich so viel näher gefühlt als Tony. Und was war mit meiner Mutter, die mir so sehr fehlte?

An diesem Abend konnte ich so klar denken wie noch nie zuvor. Gleichzeitig durchströmten mich die unterschiedlichsten Empfindungen, ohne dass ich sie bewerten wollte oder konnte. Erst Jahre später, als ich dieses Buch schrieb, wurde mir klar, dass ich mich an diesem Abend gleichzeitig verlassen und frei gefühlt habe. Trauer, Verzweiflung, Hoffnung, Hilflosigkeit vermischten sich mit einem Gefühl ungebrochener Lebenskraft, und so erreichte ich einen Zustand, den ich als vollkommene »Klarheit« empfand. Durch diese Läuterung sah ich plötzlich meine Erinnerungen in einem anderen Licht, und auch meine Gefühle veränderten sich.

A brighter day is coming! So fühlte es sich an. Nun begriff ich den Inhalt der Texte, die ich in der Kirche gesungen hatte. Ein neuer Tag bricht an!

Die Luft am Horizont zitterte, als die Sonne in strahlendem Flimmern ins Meer sank. Da durchzuckte mich die Angst, dass all die Leute, die ich vermisste, mit ihr untergingen. Der Gedanke, diese Menschen für immer zu verlieren, war unerträglich. Die Sehnsucht nach meiner Mutter und nach Michael, dem ich mich so verbunden gefühlt hatte, wurde so stark, dass ich erneut in Tränen ausbrach. Dazu kam auch die Erschütterung über die Ereignisse der letzten Nacht.

Doch plötzlich fühlte ich neue Kraft. Ich sprang auf, lief zur Straße zurück und hielt ein Taxi an. Dann fuhr ich zu Michaels Haus.

Mein letzter Besuch hier lag zwei Jahre zurück. Vielleicht würde wieder seine Schwester das Haus hüten, womöglich war Michael selbst da. Was war, wenn sie mir die ganze Geschichte nur vorgespielt hatten, um mich loszuwerden? Wirre, schlimme Gedanken rasten durch meinen Kopf.

Das Taxi hielt direkt vor dem Tor. Kein Hund bellte. Ich bat den Fahrer, an die Tür zu klopfen. Eine Frau kam heraus. Eine Weiße, die jedoch keinerlei Ähnlichkeit mit Michael hatte. Sie schien aus einem arabischen Land zu stammen. Ich stieg aus dem Auto und ging auf sie zu.

»Ist Michael hier?«

Die Frau musterte mich misstrauisch und abweisend.

»Was ist mit den Leuten, die hier vorher gewohnt haben?«

»Gegangen«, antwortete sie in gebrochenem Englisch. »Du gehst auch. Nicht wiederkommen. Wir gekauft das Haus. Okay?«

»Von wem?«

»Was?«

»Wem haben Sie das Haus abgekauft?«

»Mein Mann, gekauft von Firma.«

Mit diesem Satz schloss sie die Tür.

Also hatte Michaels Firma das Haus verkauft. Ich stieg wieder in das Taxi. »Nach Apapa«, sagte ich zu dem Fahrer. Nun wollte ich in das Viertel, wo wir gemeinsam gearbeitet hatten. Auf dem Weg zu Michaels ehemaliger Firma rief mich Betty an und schimpfte, ich solle sofort zurückkommen und nicht immer solche Sachen machen.

Ich legte auf und gab dem Fahrer Anweisungen, wie er auf schnellstem Wege mein Ziel erreichen würde. Vor dem Firmengebäude stieg ich aus, bat den Taxifahrer, auf mich zu warten, und ging auf den Portier zu. Dieser erzählte mir, die Firma, die ich suchte, wäre nach Ibadan umgezogen. Ich bedankte mich für die Auskunft und fuhr zurück zu Betty, die mich mit Vorwürfen überschüttete.

Am nächsten Morgen fuhr ich in aller Frühe nach Ibadan. Eine Grenzstadt, etwa zwei Stunden von Lagos entfernt. Der Bus hielt direkt neben einem Park an, und ich stieg sofort in ein Taxi um, das mich zu der Firma brachte.

Tatsächlich! Ein stattliches Schild mit dem vertrauten Namen prangte über dem Eingang, und ich empfand einen gewissen Stolz bei dem Gedanken, dass ich einmal für diese Firma gearbeitet hatte. Erfolgreich! Aber gleich darauf spürte ich ein flaues Gefühl im Magen. Was war, wenn Michael noch lebte und nun mit seiner neuen Frau aus dieser Tür treten würde? Oder würde ich heute die endgültige Gewissheit erhalten, dass er wirklich gestorben war?

Genau in diesem Augenblick läutete mein Telefon. Es war Tony.

»Wie geht es dir?«, fragte er, »wo bist du?«

»Ich bin mit Betty in Lagos«, antwortete ich. Dann durchzuckte mich der Gedanke, dass ich bereits vor der Hochzeit vor meinem Mann Geheimnisse hatte. Einen Mann belog, den ich doch angeblich liebte!

»Kann ich Ihnen helfen?«, sprach mich plötzlich der Portier an. Ich legte die Hand auf mein Mobiltelefon und flüsterte: »Michael!«

»Wen bitte?«, fragte mich der Mann.

»Den Inhaber der Firma«, verbesserte ich mich und ging ein paar Schritte zur Seite, um Tony mitzuteilen, ich müsse jetzt auflegen und würde ihm alles ein andermal erklären. Danach kehrte ich zu dem Portier zurück, der lachend meinte: »Madame, der Inhaber dieser Firma hat den ehrenwerten Namen Chief Oduzwa der Erste.«

Michael war tot.

Irgendjemand, wahrscheinlich seine Mutter, hatte die Firma verkauft. Und alles andere. Jede Kleinigkeit, die mich an ihn erinnern konnte. Das Haus, den Hund, die Firma. Ich ging zurück zur Haltestelle und nahm den ersten Bus, der nach Benin City fuhr.

»Was, wenn ich heute sterbe«, dachte ich, an das Fenster gelehnt. »Dein Leben wäre zu kurz gewesen«, hörte ich die Stimme Michaels, »vergiss mich und mach weiter, Adesuwa!«

Harte, klare Worte. Sie taten mir weh und zugleich gut. Ich glaubte zu spüren, dass Michael meine Hand hielt.

Kurz darauf war ich wieder in Lagos, wo ich plötzlich auf einem Felsen saß und auf das Meer hinausstarrte. Ich fühlte mich tot und wiedergeboren zugleich. Verlassen und aufgehoben. Verloren und neu. Sehr seltsam schwang alles in mir auf und ab, wie die Wellen kamen und gingen.

Ein Schuss riss mich aus meiner Verwirrung. Die Kugel prallte genau in den Felsen, auf dem ich saß. Ein Gewehrschuss. Sofort flüchtete ich in das Wasser und tauchte unter. In meinen Kleidern schwamm ich panisch vom Ufer weg und versuchte möglichst lange unter Wasser zu bleiben. Zwar hatte mich eine Freundin in Auchi einmal in ein Schwimmbad mitgenommen, aber natürlich konnte ich nicht wirklich schwimmen! Nach einer Weile sank ich immer tiefer ins Meer hinab und schaffte es nicht mehr, an die Oberfläche zu kommen. Ich kämpfte und kämpfte und verlor wahrscheinlich das Bewusstsein ... Jedenfalls erwachte ich erst, als ich wieder in einem Bus saß. In Richtung Benin City.

Ein Traum.

Ein Mann stieß mich an und fragte, ob ich etwas Geld für ihn hätte. Ich wollte wissen, wo ich war, und konnte mich zunächst gar daran nicht erinnern, in diesen Bus gestiegen zu sein. Dann fiel es mir wieder ein. Inzwischen war es zehn Uhr abends. Ich lehnte mich an das Fenster und betete um eine sichere Rückreise nach Benin City. »21. September 2002«, dachte ich, »morgen hat Itohan Geburtstag. Ich werde da sein, um ihr zu gratulieren«.

Ich musste lächeln. Geburtstage sind wichtige Ereignisse, ich würde meiner Schwester morgen etwas sehr Gutes kochen. Aber eine innere Stimme warnte mich: »Steig aus, Ade. Jetzt. Du hast es bereits geträumt. Warum glaubst du dir nicht?«

Ein paar Stunden später fuhr der Bus über ein langes Brett, aus dem unzählige Nägel ragten. Die Reifen platzten der Reihe nach, der Wagen kam ins Schleudern, und der Fahrer schaffte es trotz größter Anstrengung nicht, ihn zurück auf die Straße zu lenken. Noch bevor der Bus hielt, zerrissen zwei Schüsse die Luft, sie trafen die Fenster, genau auf meiner Seite. Es waren bewaffnete Räuber. Jesus! Gott! Retter und Erlöser! Alle schrien diese Worte durcheinander. Offenbar befanden sich einige Pfarrer und andere Mitglieder der Pfingstgemeinde im Bus. »Rettet eure Kinder!«, brüllte der Fahrer, der den Bus noch immer nicht unter Kontrolle hatte. Mit seltsamen Geräuschen bohrten sich die kaputten Felgen in den Boden. Der Mann lenkte das Fahrzeug, bei dem nun offenbar auch die Bremsen versagten, in einen Wald, der Bus streifte die Bäume und krachte irgendwann mit voller Wucht gegen einen Stamm.

Nun sitzen wir in der Falle, schoss es mir durch den Kopf.

Blut spritzte umher. Viele Leute waren verletzt. Ein Ast hatte das Gesicht einer Frau getroffen. Alle Fenster auf der rechten Seite waren zertrümmert. Die Gangster auf der Straße schossen immer noch auf uns, aber auch auf alle anderen Autos, die hinter uns über die Nägel fuhren. Panik brach aus, als ein Mann brüllte, er wäre getroffen. »Mein Kopf!«, schrie er, dann stürzte er zu Boden und verstummte. »Er ist tot«, rief die Frau neben ihm. Das Fenster neben mir lag in Scherben, war aber nicht von Ästen oder Baumstämmen versperrt. Die Leute hinter mir drängten sich an mir vorbei, um durch die Öffnung ins Freie zu gelangen. Ich wusste, dass die Räuber auf uns schießen würden, wenn wir zu entwischen versuchten. Aber die Angst machte die Menschen kopflos, und so zwängten sie sich einer nach dem anderen durch das Loch. Schließlich wurden die Straßenräuber auf uns aufmerksam und schossen auf das Fenster, dabei schrien sie, warum es diese Leute denn so eilig hätten? Eine Frau neben mir fiel tot zu Boden. Das Mädchen neben ihr schrie entsetzt auf. Daraufhin schossen die Räuber in die Luft und immer wieder auf den Bus. Sie trachteten uns nicht nach dem Leben, sondern wollten nur sicherstellen, dass wir an unseren Plätzen blieben, um uns anschließend auszuplündern. Doch wenn wir ihnen nicht gehorchten, waren sie auch bereit zu töten. Wahllos.

Ich saß stumm auf meinem Platz und rührte mich nicht.

Immer wenn eine Situation außer Kontrolle geriet, verhielt ich mich still und gab keinen Laut von mir: So hatte ich bis jetzt in einer barbarischen Welt überlebt. Da fiel mir wieder Itohans Geburtstag ein, und ich fragte mich ganz ruhig, was ich ihr kochen würde und wo ich die Sachen einkaufen wollte. Plötzlich standen die Straßenräuber neben unserem Fenster und befahlen einer Frau neben mir, aus dem Fenster zu schlüpfen und sich vor sie hinzustellen. Als die Frau sich weigerte, eröffneten die jungen Männer wieder das Feuer. Ich starrte stur geradeaus, direkt auf den durchlöcherten Fahrersitz. Ich richtete alle meine Gedanken auf diese Löcher, wahrscheinlich um nicht vor lauter Angst die Nerven zu verlieren. Da sah ich plötzlich meine Mutter, wie sie in den Busch hineinging. Langsam. Ich musste lächeln, denn ich wusste ja, dass ich mir das einbildete und es nicht wirklich geschah. Vielleicht war ich verrückt. Der Straßenräuber vor dem Fenster bemerkte mein Lächeln, und plötzlich streifte ein Schuss meinen Arm. Der Schmerz und der Schock warfen mich um, und ich lag quer über der Sitzbank. Meine Augen funktionierten noch, und ich erblickte vor mir eine Frau, die ein Schuss direkt in den Nacken getroffen hatte.

»Hey du, mit den blonden Haaren, komm raus aus dem Bus!«, rief plötzlich jemand. Der Räuber meinte mich. Zu dieser Zeit trug ich mein Haar dunkelblond.

Wie ein Roboter erhob ich mich und zwängte mich durch das zerbrochene Fenster. Alle anderen aus dem Bus folgten meinem Beispiel. Draußen mussten wir uns flach auf den Boden legen, mit dem Gesicht nach unten.

»Geld her, oder ihr seid tot!«, riefen die jungen Räuber. Ich hatte nur ein paar Naira dabei. Panik ergriff mich:

Wahrscheinlich war ihnen das zu wenig, und sie würden mich erschießen! Der Reihe nach wurden alle, die am Boden lagen, ausgeraubt. Ich musste etwas unternehmen und blickte mich um. Vor mir, zwischen ein paar Ästen, lag eine herrenlose Handtasche. Vorsichtig griff ich danach und zog sie an mich. Am Boden liegend öffnete ich sie und fand tatsächlich einige Hundert-Naira-Scheine darin. Ich hielt sie in die Höhe, die Männer entrissen sie mir, traktierten mich mit ihren Füßen und brüllten, ich solle im Wald verschwinden. Sofort stand ich auf, presste meine Reisetasche an mich und hatte ein furchtbar schlechtes Gewissen, weil ich mich durch einen Diebstahl gerettet hatte. Trotzdem rannte ich so schnell ich konnte in diesen Wald hinein. Vielleicht gehörte die Tasche ja jemandem, der bereits tot war! Mit diesem Gedanken versuchte ich, mich zu beruhigen.

Drei Stunden später kam die Polizei. Die Beamten schossen wild herum, die Räuber waren immer noch da und raubten andere Autos aus, es war wie im Krieg. Irgendwann erschienen Krankenwagen, und wir wurden aufgefordert, aus dem Wald zu kommen, damit man uns nach Benin City bringen konnte, in die nächstgelegene Klinik.

Ich kroch aus meinem Versteck. Im Krankenhaus rief ich nach Mitternacht Itohan an und wünschte ihr alles Gute zum Geburtstag. Mit knappen Worten erklärte ich ihr, dass ich erst am nächsten Tag kommen würde, da man mich angeschossen hatte. Dann fiel mir Tony ein, und ich fand, dass er eigentlich immer nett zu mir gewesen war. Fast immer. Auch meiner Großmutter gegenüber hatte er sich stets respektvoll verhalten. Plötzlich hatte ich das Gefühl, dass ich ihn richtig mochte. Und schließlich war niemand vollkommen. Der Krieg wirkte wie eine Gehirnwäsche: Ich begrub alle romantischen Träume und wurde hart. Um der Realität ins Auge sehen zu können.

Die Hochzeit war auf den 10. Januar 2003 angesetzt. Betty und Toyin hatten mir bereits seit Oktober 2002 bei allen Vorbereitungen geholfen. Wir planten eine klassische Hochzeit mit traditionellen Kostümen. An dem Tag, als wir alle Stoffe zusammenhatten, fuhr ich zu meiner Großmutter und hatte nur einen Wunsch: ins Bett zu fallen und zu schlafen! Aber meine Großmutter tanzte mit ihren Nachbarinnen vor dem Haus und stimmte ein christliches Lied nach dem anderen an.

»Überraschung, Überraschung!«, schrie sie, als sie mich sah. Ihr Gesicht wirkte verblüffend jung, und die Art, wie sie sich bewegte, war mir völlig fremd.

Zärtlich fasste sie meine Hand und führte mich ins Haus. Da es dunkel war, konnte ich fast nichts sehen. Eine ziemlich korpulente Person saß an der hinteren Tür, ich vermochte nur ihre Umrisse zu erkennen. Ich grüßte höflich und wollte ins andere Zimmer.

»Adesuwa«, sagte die Person, »begrüßt du so deine Mutter, nach all diesen Jahren?«

Mummy!

Es war ihre Stimme. Wie vom Blitz getroffen stand ich da und brach in Tränen aus. Sie erhob sich und kam auf mich zu. Ihre enorme Fülle wirkte fremd, ich erkannte sie fast nicht wieder. So standen wir voreinander und wussten nichts zu sagen. Weder sie noch ich. Irgendwann machten wir Licht und setzten uns. Mummy überschüttete mich mit

Fragen: Seit wann ich ein eigenes Auto hätte, wie meine Boutique liefe, wie ich zum Film gekommen wäre und wer dieser Tony sei, den ich heiraten wollte. Ich erzählte meiner Mutter alles, so gut ich konnte. Und dabei begriff ich, wie sehr sich alles verändert hatte. Besonders ich selbst. Ich war nicht mehr das sechzehnjährige Mädchen, dem man verbot, am Abend aus dem Haus zu gehen. Ich war erwachsen geworden, aber meine Mutter konnte das nicht verstehen. Sie schien keine Entwicklung durchgemacht zu haben. Die ganze Zeit über hatte sie ein furchtbar schlechtes Gewissen gehabt, weil sie uns verlassen hatte. Es war ihr nicht gelungen, über ihren Schmerz und ihr Unvermögen hinwegzugekommen. Daher behandelte sie mich und meine Geschwister so, als wäre seit unserer Trennung nichts geschehen.

Mein jüngerer Bruder Richard hatte große Probleme mit der Rückkehr meiner Mutter. Ihn erfüllte eine unendliche Traurigkeit, weil sie uns verlassen hatte. Ich wusste, dass sie in Gedanken stets bei uns gewesen war. Aber irgendetwas war bei ihren Plänen schiefgegangen, und darum konnte sie sich nicht weiterentwickeln. Ich habe bis heute nicht herausgefunden, was genau es war.

Ich bat Fred, unserem Vater auszurichten, dass Mummy auch auf die Hochzeit kommen würde, aber Daddy erklärte: Entweder sie oder ich. Was für ein Idiot! Ich versprach ihm, sein Haus nach der Hochzeit zu renovieren, wenn er nachgeben würde. Und natürlich lenkte er sofort ein.

Der Hochzeitstag rückte näher. Ich war furchtbar aufgeregt und dachte ständig: Nun heirate ich! Mein Vater gestattete mir, sein Haus für die Vorbereitungen zu benutzen. Fred stellte mir sein Zimmer zur Verfügung: Dort konnte ich mich umziehen, mein Haar richten und die vielen Perlen anstecken. Die Zeremonie begann erst um zwölf Uhr mittags, oben im Wohnzimmer, zusammen mit den Ältesten der Familie. Also blieb mir genügend Zeit, mich wirklich hübsch zu machen.

Als ich oben erschien, spürte ich sofort eine unangenehme Spannung. Mummy stand etwas verloren auf dem Balkon, denn mein Vater hatte angeordnet, dass sie nicht unter den Verwandten sitzen durfte. Gott sei Dank war meine Mutter nicht allein dort draußen, eine sehr gute Freundin hatte sich zu ihr gesellt. Die »Zeremonie« im Wohnzimmer zog sich ewig lange hin, weil Daddy von der Familie seines Schwiegersohnes mehr Geld als üblich verlangte – aus dem einfachen Grunde, weil Tony in Europa arbeitete. Meine Hochzeit wurde also ein Schnäppchen für meinen Vater, bei dem er richtig absahnen wollte. Es war ungeheuer peinlich! Ich bat Fred, an meiner Stelle in dieses Zimmer zu gehen und dieses Gefeilsche über sich ergehen zu lassen, und flüchtete zurück in mein Ankleidezimmer. Erst um drei Uhr nachmittags riefen sie mich, weil sie sich geeinigt hatten: auf fünfzigtausend Naira, umgerechnet etwa dreihundertfünfzig Euro.

Wir gingen hinaus zu den Gästen. Die Straße war abgesperrt worden, überall hingen Girlanden, die Autos drängten sich in den Nebenstraßen, und mehr als tausend geladene Gäste schlenderten in wunderschönen Trachten auf der Straße. Eine unglaubliche Zeremonie! Herrlich geschmückte, riesige Partyzelte standen bereit, in ihnen drängten sich Gruppen von Freunden, Bekannten und Verwandten. Jedes Zelt repräsentierte etwas anderes, zum Beispiel Freundschaft, Familie, Arbeit, Brautfamilie, Bräutigamfamilie, und daher versammelten sich dort die Menschen, die zu der jeweiligen Gruppe gehörten. Glücklicherweise befanden sich mein Vater und meine Mutter in verschiedenen Zelten, denn auch ihre Familien feierten getrennt. Es gab Live-Musik, hinter dem Haus kochten Frauen in riesigen Kesseln Reis, Gemüse, Yamswurzeln, Süßkartoffeln und zwei ganze Kühe, die extra für dieses Fest auf der Straße geschlachtet worden waren. In Kübeln standen noch die Innereien an der Mauer, unzählige Schüsseln stapelten sich auf einem primitiven Tisch, ein enormer Aufwand! Auf einer Tanzfläche bewegten sich bereits die Massen. Dieser Teil der Hochzeit, die Musik und der Tanz, bildeten den Höhepunkt der Feier, denn darüber sollte auch wieder Geld zurückfließen, da die Hochzeit unsere Familien umgerechnet mehr als zehntausend Euro gekostet hatte. Tony wollte zeigen, zu welchem Wohlstand er es gebracht hatte. Für mich war das völlig nebensächlich! Zwanzig seiner Freunde aus Österreich und Deutschland scharwenzelten ständig um uns herum, alles wurde immer lauter und chaotischer. Wir saßen auf Stühlen an der Straße, rund um uns wogten die Massen, jeder Vorübergehende warf Geldscheine auf uns, die an unseren Kleidern hängen blieben oder zu Boden fielen. Tonys Freunde aus Europa spendeten Dollars. Auch Toyin und ihr Verlobter Shola bewarfen uns mit Geld, ebenso wie Betty und viele andere Freunde, die ich großenteils seit ewigen Zeiten nicht mehr gesehen hatte. Was für ein Spektakel! Wenn ich heute daran zurückdenke, kommen mir die Tränen. Dieser gigantische Aufwand ließ keinen Millimeter Raum für Gefühle.

Mein Vater sagte, er werde mich vermissen, weil ich nun »das Glück« auf Tony übertragen würde. Als Tonys Bruder wissen wollte, was er damit meinte, antwortete Daddy: »Glaubst du an Hexerei? An Wassergötter? Ogbanje?« Tonys Schwester, die dabeistand, sagte: »Aber natürlich, wenn sie es gut mit uns meinen!«

Am Abend saßen mein Ehemann und ich in unserem Hotelzimmer. Ein paar Verwandte, darunter Tonys Schwestern, waren noch bei uns. Ich spürte keine Veränderung in mir oder in meinem Verhältnis zu diesem Mann. Also wiederholte ich mir immer wieder: Wir sind verheiratet. Plötzlich kam Tonys Bruder Victor herein, und gleich darauf verließen beide den Raum. Ich spürte, dass irgendetwas nicht stimmte, und hoffte, dass es nichts mit uns beiden zu tun hatte.

»Wo ist nun das ganze Geld?«, fragte Mama Osas, Tonys ältere Schwester, als die Männer verschwunden waren.

Ich spürte ihre Gier und erklärte, dass dieses Geld uns gehörte. Darauf erwiderte sie, wenn ich weiterhin so mit ihrer Familie umgehen würde, würde die Ehe mit Tony nicht länger als ein Jahr halten. Ich war sehr betroffen über ihre Bemerkung. Von dieser Frau ging nur Kälte aus.

Zu guter Letzt, als alle gegangen waren, lagen wir im Bett, und Tony drehte sich zu mir. Wir kuschelten uns aneinander, und ich schloss die Augen, in der Hoffnung, dass nun endlich meine Ehe beginnen würde.

»Du musst deinen Laden schließen, denn du bist jetzt

meine Frau. Auch nach Lagos wirst du nicht mehr fahren. Keine Verträge mehr im Filmbusiness. Ich werde dich bald nach Wien bringen. Okay, Ade?«

»Aber warum darf ich nicht mehr nach Lagos?«, fragte ich völlig überrascht und wusste nicht, was ich fühlen oder denken sollte. Durch die Hochzeit hatte ich mich ihm also auf Gedeih und Verderb ausgeliefert und sollte in jeder Hinsicht von ihm abhängig sein?

»Du bleibst von nun an bei meiner Familie, denn dort ist jetzt dein Platz.«

Ein paar Tage später wurde ich zu einem Treffen mit einigen seiner Verwandten eingeladen. Auch Tony war anwesend. Ich war nicht sonderlich erfreut und fragte mich, was ich angestellt haben mochte. Ein alter, sehr seltsamer Mann hatte den Vorsitz. Als ich eintrat, griff er tief in seine Tasche und holte ein paar Geldstücke heraus. Die Münzen hatten Löcher in der Mitte. Er warf sie in die Mitte auf den Boden und forderte mich auf, mir eine auszusuchen. Ich betrachtete die Dinger und nahm die größte von ihnen. Der Mann wirkte hocherfreut, erhob sich und begann singend ein paar Tanzschritte vorzuführen. Tony eilte zu mir und umarmte mich. Er freute sich sehr, und zum ersten Mal spürte ich zwischen uns so etwas wie echte Liebe. Glücklich wiegte er mich in seinen Armen hin und her. Ich wollte wissen, was das alles zu bedeuten hatte. Er antwortete, ich brauche keine Angst zu haben, er würde mir alles später erklären. In Wien.

Dann musste ich in der Wohnung seines Vaters vor einem Schrein schwören, dass ich nicht fremdgehen würde. Andernfalls müsse ich sterben.

Tony kehrte nach Österreich zurück. Ich sollte in ein paar Wochen nachkommen. Er hatte Dokumente für mein Visum vorbereitet, alles lag unter meinem Polster bereit. Ich verkaufte meine Boutique, informierte die Filmleute, dass sie nicht mehr mit mir zu rechnen brauchten, und sehnte mich ungeduldig danach, dieses Land mit seinen Kulten und Ritualen endlich zu verlassen. Im Internet gab ich immer wieder »Wien« ein und sah auf dem Bildschirm zum ersten Mal in meinem Leben ein echtes Schloss namens Schönbrunn. Ich fragte mich, ob ich dieses Gebäude einmal in Wirklichkeit sehen würde und ob es tatsächlich möglich wäre, für ein paar Euro die Räume zu besichtigen!

In dieser Zeit ging ich oft einkaufen und besorgte mir viele Dinge, die ich in Europa nicht zu bekommen fürchtete. Vor allem Haarverlängerungen, Spangen, Perlen, Bürsten und Färbemittel. Ich tat nichts anderes, als mich auf Österreich vorzubereiten. Wenn meine Schwägerinnen anriefen, hielt ich das Gespräch so kurz wie möglich, weil mir ihre Gier missfiel – ständig wollten diese Frauen irgendetwas von mir. Immer wieder surfte ich im Internet, tippte »Österreich« als Suchbegriff ein und hoffte, dass endlich alles gut werden würde.

Betty

Die Reise nach Wien rückte immer näher, und ich traf die ersten Vorbereitungen für meinen Auszug aus der Garage meiner Großmutter, in der ich mich häuslich eingerichtet hatte. Da klingelte mein Telefon. Es war Betty. »Ich muss dich sehen, Ade, dringend!«, rief sie. Seit meiner Hochzeit hatte ich wenig von ihr gehört, nur dass sie ihre Beziehung mit Nowa beendet hatte und nun in einen Jandon aus Italien verliebt war. Wir hatten uns gewundert, weil Italien wegen Zuhälterei verschrien war, aber ich nahm an, dass Betty schon wusste, was sie tat. Ich klemmte den Telefonhörer zwischen Schulter und Ohr, während ich meine Schuhe einpackte. »Betty«, rief ich, »was ist denn los?«

»Nicht am Telefon«, flüsterte sie, »das, was ich sagen will, ist … ein Geheimnis.« Sie schwieg eine Weile. Ich wartete ungeduldig.

»Ich muss dir wirklich dringend etwas erzählen!«

Betty stotterte etwas Unverständliches. Ich dachte an ihren Freund und sagte mir, dass offenbar etwas nicht stimmte. Doch ich hatte keine Lust, mich mit ihr zu treffen, ich musste heute auch noch meiner Schwiegermutter helfen! Betty ließ nicht locker und stammelte, sie müsse mich sofort sehen! »Betty«, rief ich in entschiedenem Ton,

»sag es mir jetzt, am Telefon!« Aber Betty wiederholte immer wieder, ich solle zu ihr kommen, »ehe es zu spät wäre«.

Ehe was zu spät wäre?

Ich konnte mir keinen Reim darauf machen und wimmelte sie ab, denn ich war vollauf beschäftigt. »Ich melde mich nächste Woche«, sagte ich knapp und hängte auf. Betty hatte mich schon öfter angerufen und behauptet, es sei ungeheuer dringend, und nachher stellte sich heraus, dass es sich um einen Scherz oder eine Überraschung handelte. Diesmal schien es ihr tatsächlich ernst zu sein, aber ich dachte, die Sache hätte wohl noch ein wenig Zeit.

Fünf Tage später rief mich Bettys Schwester an: »Ade, komm schnell ins Benin Hospital!«

Wieder musste ich in ein Krankenhaus fahren. Und jetzt begriff ich, dass wirklich etwas Schlimmes passiert war.

»Betty! Betty!«, rief ich entsetzt, denn meine Freundin starrte mit leblosem Blick an die Decke, »was ist mit dir, wer hat dich so zugerichtet?«

Rund um ihr Bett standen fünf ihrer Freundinnen. Sie lag in einem teuren Krankenhaus, das Zimmer war sauber und roch nach Desinfektionsmittel.

»Sie hört dich nicht«, sagte eine der Krankenschwestern und verließ mit den schmutzigen Handtüchern das Zimmer.

Wir standen zu sechst neben ihrem Bett, und niemand wusste, was wir unternehmen sollten. »So liegt sie hier schon seit vier Tagen.«

Nein. Nicht seit vier Tagen!

Schuldgefühle stiegen in mir auf. Vor fünf Tagen hatte sie

mich um Hilfe angefleht, und ich war nicht gekommen! Betty konnte weder sprechen noch sehen oder etwas hören.

Uns fiel nichts anderes ein, als noch mehr Freunde an ihr Krankenbett zu holen und den Ärzten große Summen anzubieten, damit sie Betty retten würden! Als könne man mit Geld heilende Hände herzaubern! Am nächsten Tag kündigte sich ein sogenannter Pastor an. Wollte er ihr die Letzte Salbung geben?

Der Pastor war ein großer Mann, er trug schwarze Jeans und ein weißes Hemd.

Er beugte sich über Betty, und als er ihr Gesicht lange genug angesehen hatte, schüttelte er den Kopf und begann laut zu beten. Ich verstand kein einziges Wort, bis ich begriff, dass er in Zungen sprach. Dabei bewegte sich sein Kopf auf und ab, nach rechts und links, vor und zurück, wie bei einem Aerobic-Kurs. Am Ende seiner dreißigminütigen Vorführung verkündete er: »Ihr Name ist Betty. Sie hat jemanden schwer beleidigt, und sie muss sich entschuldigen, ansonsten …« Er brach ab und betete wieder. Stumm starrten wir ihn an.

Wen sollte Betty beleidigt haben? Der Erste, der mir einfiel, war ihr ehemaliger Verlobter. Er lebte in Holland. Betty hatte sich von ihm getrennt, wegen dieses Italieners!

Ich verließ die Klinik und versuchte den Mann in Holland zu erreichen. Er sollte ihr gefälligst vergeben! Aber er hob nicht ab. Wir versuchten es immer wieder, doch ohne Erfolg.

Ich kehrte zurück zum Krankenbett. Toyin fasste mich am Arm und zog mich auf die Seite. Sie wollte allein mit mir sprechen.

Toyin meinte, wir sollten uns an einen Juju-Priester wenden.

Ich starrte sie verständnislos an. Was redete sie da?

»Ade«, sagte sie ruhig und völlig überzeugt von ihrem Vorschlag. »Sieh dir Betty an! Das ist nicht normal!«

Ich begriff, was sie meinte. Sie hatte recht. Da ich Betty liebte und alles tun wollte, um sie zu retten, machten wir uns sogleich auf den Weg.

Die Fahrt dauerte drei Stunden.

Der Juju-Priester saß hinter seinem Haus vor ein paar seltsamen Gegenständen. Als er uns sah, begann er zu tanzen. Dabei schimpfte er, wir sollten gefälligst unsere Schuhe ausziehen. Er bewegte sich im Rhythmus einer unhörbaren Musik und deutete dabei immer auf einen kleinen Korb, bis uns klar wurde, dass wir Geld hineinlegen sollten. Also griff ich in meine Tasche und holte Münzen im Wert von ungefähr zwei Euro heraus. Das sollte fürs Erste genügen, dachte ich. Aber offensichtlich war es zu wenig, denn der Priester hob den Korb in die Höhe, blickte fragend zu den Wolken empor, schüttelte enttäuscht den Kopf und legte ihn vor Toyins Füßen ab. Sie begriff und warf ebenfalls Münzen hinein. Daraufhin setzte sich der Priester auf den Boden und fragte, was wir von ihm wollten.

»Unsere Freundin Betty ist krank«, antwortete Toyin und erzählte ihm alles, was wir wussten.

Der Priester holte aus einem Leinensack Kaurisschnecken und warf sie auf den Boden. Nachdem er die Muster eine ganze Weile studiert hatte, erklärte er, es wäre zu spät.

»Was meinen Sie mit ›zu spät‹«, fragte ich aufgewühlt.

»Die Menschen, die sie beleidigt hat, haben sich an mehrere Juju-Priester gewandt, und einer soll sie töten.«

Töten.

Ich hörte dieses Wort und begriff es nicht. Natürlich wusste ich, was es bedeutete, aber ich wollte es nicht wahrhaben.

Es gibt magische Kräfte, dachte ich. Das ist der Beweis. Eindeutig!

Ich kannte Betty, wir waren zusammen nach Lagos gefahren und hatten unter einer Brücke geschlafen. Stets war sie diejenige gewesen, die die Dinge leichter genommen hatte als ich. Und nun lag sie seit fünf Tagen reglos da und starrte an die Decke, ohne etwas wahrzunehmen. Jemand musste sie tatsächlich verhext haben. Ich fing an, es zu glauben. Ich konnte nicht mehr rational denken.

Meine Freundin war nicht mehr Herr ihrer selbst. Also hatte jemand oder etwas anderes die Herrschaft übernommen. Mich fröstelte.

Toyin fand als Erste die Sprache wieder.

»Was können wir tun, um ihren Tod zu verhindern!«, fragte sie ernst.

»Ich habe doch schon gesagt, dass es zu spät ist«, rief der Priester mit tiefer Stimme, als hätte Toyin ihn beleidigt. »Sie haben diese Frau bereits getötet«, fuhr er fort, »auf spirituelle Weise. Ihr Fleisch wurde zerhackt. Es hängt in einer Baracke neben getrocknetem Mais. Sie haben das Fleisch in sechzehn Teile geteilt und werden es verzehren.«

Er warf die Kaurisschnecken noch einmal auf den Boden und fügte hinzu: »Sie ist eine Ogbanje. Das bedeutet, sie kommt aus dem Fluss. Aber weder ihre Mutter noch sie selbst haben das Wasser je geehrt. Beide konnten ihre Gabe nie akzeptieren, darum war es auch so leicht, sie zu töten.« Seine Schlussfolgerung klang logisch, ich hatte keine Zweifel daran.

Auch mich nannten sie ja eine Wassergöttin! Und ich konnte mich nicht erinnern, je meine Kräfte akzeptiert zu haben. Also war auch ich leicht zu töten!

Inmitten meiner wirren Gefühle und Gedanken formte sich der Entschluss, etwas zu tun! Die Sache in die Hand zu nehmen und unsere Freundin zu retten! Der Priester ließ uns Zeit zum Nachdenken. Reglos saß er an seinem Platz. »Achthundert Euro«, sagte er plötzlich, ohne eine Miene zu verziehen, »innerhalb der nächsten vier Stunden. Und Betty muss hier in dieser Hütte sein, sonst kann ich nichts für sie tun.«

Die achthundert Euro waren in diesem Moment nicht unser Problem. Aber es war völlig unmöglich, Betty aus dem Krankenhaus hierherzubringen! Wie sollten wir das ihrer Familie beibringen?

Wie ich stammte auch Betty aus einer christlichen Familie, wo man nichts mit Juju-Priestern im Sinn hatte. Aber Toyin und ich waren bereit, alle Hindernisse aus dem Weg zu räumen, um ihr Leben zu retten!

Am nächsten Tag fuhren wir ins Krankenhaus, doch Betty war nicht da. Ihre Familie hatte sie in eine »gewisse« Kirche gebracht. Gegen diese Art von Kirchen, mochten sie sich auch christlich nennen, hatte ich erhebliche Vorbehalte, denn die Praktiken, mit denen ihre Pastoren »Dämonen austrieben«, gefielen mir gar nicht. Ich hielt das für Scharlatanerie. In meinem tiefsten Innern war mir klar, dass meine Freundin nur durch ärztliche Behandlung wieder gesund werden konnte.

Doch nun, konfrontiert mit Ärzten, Juju-Priestern und christlichen Dämonenaustreibern, wusste ich überhaupt nicht mehr, was ich denken sollte.

Ich rannte zu dieser Kirche und traf ihre Familie vor der Tür an. »Tut das nicht«, rief ich, »es ist Wahnwitz, sie muss ins Bett!«

Dann erschien der Pastor. Ich kannte ihn. Es war einer jener Männer, die sehr häufig Hexengeister austrieben und Dämonen verscheuchten. Ein sehr lukratives Geschäft für ihn.

Er hatte meine Worte vernommen und kam nun geradewegs auf mich zu. In der Hand hielt er ein merkwürdiges Seil, das aus Stroh geflochten war. Er hob es vor mir in die Höhe und schrie: »Bringt diese Ogbanje zu mir her, ich werde ihre Wassergeister austreiben, hier und jetzt!«

Zuerst dachte ich, er wolle mich mit diesem Ding schlagen, aber zu meiner Überraschung ließ er es auf Betty niedersausen! Sie lag bewusstlos auf drei Stühlen, aber ihre Augen standen offen.

Ich schrie den Pastor an, er solle sofort mit diesem Unfug aufhören! Die gesamte Glaubensgemeinschaft starrte mich an. Ich wusste, was sie dachten. Niemand hier wagte es, seine Stimme gegen einen Pastor zu erheben, denn damit tat man kund, dass man selbst von einem unseligen Geist besessen war.

Der Pastor wusste genau, dass seine Gemeinde hinter ihm stand, und fuhr mit seiner »Behandlung« fort.

»Wassergeist, weiche von dieser Frau!«, befahl er und hieb weiter auf Betty ein. Alle in der Kirche schrien: »Banne den Geist, Banne den Geist …« Manche von ihnen sprachen in Zungen, einige fielen vor dem Pastor nieder und berührten sein Gewand.

Ich wusste, dass ich auf verlorenem Posten stand. Wenn ich weiter protestierte, würden diese Gläubigen über mich herfallen oder mich sogar dem Pastor als nächstes Opfer ausliefern. Es war Zeit für mich zu gehen.

»Arme Betty, ich muss dich deiner Glaubensgemeinde überlassen. Oder der Gemeinde deiner Eltern«, dachte ich. Zitternd stand ich vor der Tür dieser Kirche und hörte, wie sie meine Freundin schlugen. Ich blieb stehen und drehte mich um. Mit einem weißen Handtuch und diesem seltsamen Seil droschen sie auf ihren Körper ein. Betty rollte mittlerweile hilflos am Boden hin und her. Der Pastor kniete neben ihr nieder und fuhr mit seinen Händen an ihrem Körper auf und ab. Er nannte das Beten.

Dann holte er eine Flasche mit Olivenöl hervor, öffnete sie und hielt sie in die Höhe. Einige Mitglieder der Gemeinde rutschten auf den Knien zu ihm, in der Hoffnung, ein paar Tropfen der magischen Flüssigkeit würden auf sie fallen.

Der Pastor rieb Betty mit dem Öl ein.

Ich ging zu meinem Auto und weinte. In diesem Augenblick verlor ich jedweden Glauben. Auch an mich selbst. Ich wusste nicht mehr, was falsch und was richtig war. Ach, hätte ich doch die Zauberkräfte einer Wassergöttin besessen, dann hätte ich Betty befreit! Wütend startete ich das Auto und wollte wegfahren. Aber ich konnte meine Freundin doch nicht einfach so im Stich lassen! Vielleicht sollte sie wirklich dieser Juju-Priester behandeln, dachte ich plötzlich. Bestimmt wäre das besser als diese Zeremonie hier. Ich beschloss, Betty am nächsten Morgen zu diesem Mann zu bringen.

Mit Tränen in den Augen fuhr ich davon.

Am nächsten Tag lag Betty wieder im Krankenhaus. Als ich davon erfuhr, machte ich mich sofort auf den Weg zu ihr. Meine Mutter begleitete mich. Einige Leute standen schweigend vor der Klinik, als würden sie auf irgendetwas warten.

»Was ist los? Wie geht es Betty? Wo liegt sie?«, fragte ich in die Runde hinein.

Meine Mutter fasste meinen Arm und forderte mich sanft auf, mich etwas zu beruhigen. Offensichtlich wirkte ich sehr aggressiv. Doch ich kümmerte mich nicht darum. Wie sonst sollte man sich angesichts dieser Lage verhalten! Ich eilte in ihr Zimmer.

Betty hing an einem Beatmungsgerät. Jegliche Farbe war aus ihrem Gesicht verschwunden. Ich konnte sehr deutlich blaue Flecken erkennen. Ihre Hände waren eiskalt, ihre Augen schielten. Sie sah mich an. Ich rief sie bei ihrem Namen, mehrere Male, bis sie endlich antwortete: »Ade? Ade! Ade!« Es war das erste Mal seit einer Woche, dass sie etwas sagte.

»Es tut mir so leid, dass ich nicht gleich zu dir gekommen bin! Was ist passiert? Sag mir sofort, was du mir erzählen wolltest! Hat es mit deiner Krankheit zu tun?«

»Cynthia, Ann«, rief sie plötzlich.

»Nein, ich bin es, Adesuwa!« Rasch beugte ich mich über sie, damit sie mich erkannte.

»Ade, sieh dir an, was sie mit mir gemacht haben!«

»Wer? Betty, antworte mir, wer hat das getan?«

»Hilf mir, Ade!« Sie hatte große Mühe zu sprechen.

Ich hielt ihren Kopf in meinen Händen, um sie zu beschützen, zu trösten, ihr alles zu geben!

Betty rang mit dem Tod. Immer wieder riss es ihren Körper hin und her, hilflos zuckten ihre Hände in den meinen. Meine Tränen tropften auf ihren Körper. Und plötzlich bemerkte ich, dass Betty nicht mehr atmete.

Ich drückte sie sanft an mich und wünschte mir, die Zeit zurückdrehen zu können. Sie hatte mich um Hilfe gebeten, und ich war nicht gekommen, war zu sehr mit meinen eigenen Angelegenheiten beschäftigt gewesen.

Sie bringen uns um, dachte ich.

Irgendwann ließ ich Betty los und ging auf den kahlen Gang hinaus. An der ersten Flurtür stieß ich mit einem Arzt zusammen; er fragte mich, wie es Betty ginge, merkte aber bald, dass er mit einem Roboter sprach, der nicht auf ihn programmiert war. Ich verließ das Krankenhaus, taumelte an Bettys Freunden vorbei bis zum Parkplatz, sank neben ihrem kleinen Auto auf den Boden und weinte mir die Seele aus dem Leib. Alle begriffen es. Betty war gestorben. Es war der 10. Februar 2003. Die anderen schrien auf und rannten in das Gebäude. Auch meine Mutter weinte. Sie hatte Betty sehr gern gehabt.

Ich rief Tony an, der gerade wieder in Österreich war. Er wirkte sehr betroffen und versprach mir, herauszufinden, wer hinter der Sache steckte.

Als ich gerade auflegen wollte, sagte Tony, er müsse mir jetzt etwas Wichtiges sagen und ich solle ihm gut zuhören. Sehr gut. Ich spürte, dass er es todernst meinte, und lehnte mich schweigend an die Autotür.

»Es gibt eine Menge Leute, die mich töten wollen«, begann er dann, »aber ich habe Rituale durchgeführt, und deshalb bin ich stärker als sie. Bei dir ist es genauso. Du bist eine Wassergöttin, eine Ogbanje. Wenn du dich dieser Zeremonie nicht stellst, wirst du enden wie Betty. Aber vorher lasse ich mich von dir scheiden.«

Ich konnte es nicht fassen. Auch Tony! Der Mann, den ich geheiratet hatte, um von diesen Dingen fortzukommen.

»Du bist eine Meerjungfrau. Ich habe mich geweigert, es deinem Vater zu glauben, aber dann haben ich und meine Familie mit mehreren Priestern gesprochen, und sie haben mir alle das Gleiche bestätigt. Und nicht nur du, viele deiner Freundinnen sind ebenfalls Meerjungfrauen. Wenn du die notwendigen Rituale nicht vollziehst, wirst du krank werden. Ich bin jetzt mit dir verheiratet, also bin auch ich betroffen. Mein Geschäft läuft schlecht seit unserer Hochzeit. Ade, du musst deine Kräfte für das Gute nutzen. Seit du in mein Leben getreten bist, habe ich Probleme. Meine Familie weiß Bescheid. Geh zu ihnen und mach dieses Ritual.«

Er führte Bettys plötzlichen Tod auf einen Juju-Zauber zurück. Sie habe sterben müssen, weil sie eine Ogbanje gewesen sei, die ihre Kräfte nicht akzeptiert habe. Und er warf mir vor, dass auch ich mich seit Jahren weigern würde, zu meinen magischen Kräften zu stehen. Ich wusste überhaupt nicht mehr, an wen ich mich noch wenden konnte, denn jeder schien an diesen Irrsinn zu glauben.

Stumm lehnte ich am Wagen meiner Freundin Betty und starrte in den Staub.

»Um deine Liebe zu mir zu beweisen, musst du das Ritual durchführen. Es ist deine Pflicht, uns reich zu machen!«

Mit diesen Worten legte er auf.

Ich beschloss, mich diesen Ritualen zu unterziehen. Aber niemandem ein Sterbenswort davon zu erzählen. Es wäre ein Skandal!

Meine Freundin lag dort oben in diesem Krankenhaus. Tot! Weil sie sich geweigert hatte, den Wassergeistern zu huldigen?

Das Ritual

Alles um mich herum war blau. Wellen schwappten über mich, und ich schwamm zwischen Ziegelsteinen, Bäumen und Pilzen. Eine Gruppe Mädchen spielte mit weißen Muscheln. Jemand zog mich nach hinten. Ich drehte mich mehrere Male um, aber da war niemand. Die Mädchen mit den Muscheln würden über mich lachen, wenn ich versuchen sollte, mich loszureißen. Die Kraft, die mich nach hinten zog, schnürte meinen Hals ein, ich bekam kaum noch Luft. Mit aller Kraft stemmte ich mich dagegen, nahm all meinen Mut zusammen, um mich zu befreien. Plötzlich fand ich mich auf dem Boden wieder, völlig erschöpft.

Ich blickte mich um und versuchte herauszufinden, wo ich war. Als Erstes sah ich ein schwarzes Radio und eine Holzwand, an der ein Bild hing. Ich versuchte zu erkennen, wen es darstellte. Es war Betty.

»O Gott!«, rief ich. »Ich erkenne mein eigenes Zimmer nicht wieder!«

Mein Hals brannte wie Feuer. Ich sank zurück auf das Bett und fragte mich, welchen Sinn es hatte, noch weiterzuleben. Bettys Tod lag erst einige Wochen zurück, doch inzwischen hatte sich mein Leben drastisch verändert. Ich fühlte mich nackt und verletzlich, als wäre eine schützende

Hülle von meiner Seele fortgezogen worden. Ich war leicht zu beeinflussen und hatte meinen Glauben an Gott verloren. Viele Dinge jagten mir Angst ein.

Bisher hatte ich immer alles durchgestanden. Nun lag ich kraftlos herum und hatte keinen Lebenswillen mehr. Ich war mit einem Mann verheiratet, der mich nach Österreich bringen wollte. Doch nichts drang zu mir durch.

»Adesuwa!«, rief meine Großmutter von draußen. »Das Frühstück ist fertig!«

Jahrelang hatte ich meinem Vater täglich das Essen gebracht. Ihm auf Knien das Wasserglas gereicht. Nun rief mich jemand an den gedeckten Frühstückstisch!

»Ich muss gehen, Ade! Schließ die Tür ab!«

Meine Großmutter hatte immer Angst vor meinem Vater. Deswegen mussten wir immer die Tür zusperren. Einmal hatte Daddy fünf Schläger angeheuert, um mich zu verprügeln und in seinen Kofferraum zu sperren, aber ich konnte ihnen entwischen. Stattdessen hatten die fünf Männer meine Mutter geschlagen. An diesem Tag beschloss sie ihre Reise ins Ungewisse. Nach Europa.

Ich vergrub meinen Kopf im Polster und wusste nicht, ob es besser wäre, zu träumen oder aufzustehen. Trotzdem schleppte ich mich aus meiner Garage ins Haus und setzte mich an den Frühstückstisch. Ohne mir die Hände zu waschen oder zu beten, aß ich und wollte sofort wieder zurück ins Bett. Doch da klopfte es an der Haustür.

Ich reagierte nicht.

Das Klopfen wurde lauter. Ich hörte eine Autotür. Also müssen es mehrere sein, dachte ich, einer steht an der Tür und jemand anders steigt gerade aus einem Auto. Ich spähte durch das Fenster, um sicherzugehen dass es nicht mein Vater war. Vor dem Haus meiner Großmutter stand meine Schwägerin, Mama Osa.

»Guten Morgen, willkommen!«, sagte ich mechanisch. Sie drehte sich zum Fenster und ging ein paar Schritte auf mich zu.

»Ich dachte schon, du willst dich vor mir verstecken«, antwortete sie.

Ihr Sohn versuchte die Autotür zu schließen, aber irgendetwas klemmte. Nachdem er es mehrere Male probiert hatte, kniete er sich nieder und untersuchte das Schloss.

»Nicht schon wieder!«, rief Mama Osa. »Sag deinem Mann, dass wir endlich ein neues Auto brauchen, dieses hier ist Schrott!« Sie schrie es, als wäre ich für die kaputte Tür verantwortlich. Ich schämte mich und wollte verhindern, dass sie weiter so herumbrüllte und die Nachbarn alles mitbekamen.

»Er steht nun unter deinem Einfluss«, fuhr meine Schwägerin mit unangenehm lauter Stimme fort, »wenn du es ihm sagst, wird er es tun!«

»Ja«, erwiderte ich durchs Fenster. »Ich werde Tony noch einmal daran erinnern.« Nun hoffte ich inständig, dass sie den Mund halten würde.

So standen wir einander zwischen Fenster und Tür gegenüber und wussten nicht, was wir sagen sollten.

Stattdessen rief sie: »Hast du vergessen, dass wir heute mit den Vorbereitungen für das Ritual beginnen?«

Sie schrie so laut, damit es auch ja alle hören würden. Es war mir entsetzlich peinlich, denn die meisten Nachbarn waren Christen und außerdem entsetzliche Tratschtanten.

Wie gerne hätte ich ihr das Maul mit einem dreckigen Lappen gestopft! Stattdessen ging ich schweigend zurück in das Zimmer und suchte meine ältesten Sachen heraus, die ich nach dem Ritual sofort wegwerfen wollte. Ich faltete meine Hosen zusammen. Für einen kurzen Moment bekam ich ein schlechtes Gewissen und spürte, dass ich im Begriff war, mich ernsthaft zu versündigen. Mit langsamen Bewegungen legte ich eine Bluse in meine Tasche, dann eine zweite und eine dritte. Als ich die Jacke darauflegte, überkam mich eine plötzliche Neugier. Mit Macht zog es mich nach draußen. Irgendwie fühlte ich mich angezogen und abgestoßen zugleich, von dieser Tat, die mein Leben zerstören konnte.

»Betty hat es nicht gemacht. Meine Mutter auch nicht. Ich werde es machen und so Tony meine Liebe beweisen. Ich will das wissen!«

In dieser aufgewühlten Stimmung öffnete ich die Haustür, und als ich die frische Luft spürte, fiel mir ein Lied aus der Sonntagsmesse ein: »Vertraue deinem Gott und keinem anderen!« Es war Sonntag. Am liebsten wäre ich auf die Knie gefallen, um Gott zu bitten, mir meine dunklen Triebe zu vergeben. Aber ich sagte mir, dass es gute Gründe dafür gab, diese Sache durchzuziehen. Also nahm ich meine Tasche, verschloss die Tür hinter mir und ging zu diesen Leuten.

Als ich ins Auto meiner Schwägerin stieg, war es, als ob mich ein eiskalter Lufthauch anwehte. Da klingelte Mama Osas Telefon.

»Sie ist bei mir«, teilte sie dem Anrufer mit. Kurze Zeit später hielten wir vor einem Haus. Nachdem ich eine Weile auf dem Vorplatz gewartet hatte, trat eine leicht bekleidete Frau aus der Tür. Über ihren Brüsten hing lose ein Tuch, man sah einen weiß bemalten Busen und andere Teile ihres nackten Körpers.

Mit selbstzufriedener Miene kam sie auf uns zu. In ihrer Hand hielt sie ein Stück weißer Kreide, die mit einer schönen Gravur versehen war. Ich kannte diese Frau und wollte sie begrüßen. »Guten Morgen, Mama Rosely!«

»Junge Ehefrau, wie geht es dir?«, erwiderte sie. Dann tauchte sie die Kreide in eine Plastikflasche, die mit irgendeiner Flüssigkeit gefüllt war, und versuchte, sie darin aufzulösen. Ich wollte ihr helfen, aber sie meinte lächelnd, nur Personen, die das Ritual bereits hinter sich hätten, dürften diese Kreide berühren. Ich würde sie beschmutzen! Neugierig sah ich ihr zu. Bald begann sich die Kreide aufzulösen, und sogleich rieb sie mit der Flüssigkeit erneut ihre Brüste ein, während sie seltsame Worte murmelte. Dann stieß sie mich in das Innere des Hauses und schrie gellend: »Unsere neue Braut ist hier, unsere neue Braut ist hier!«

War sie verrückt geworden, oder gehörte das bereits zu dem Ritual? Trotz meiner Verwirrung setzte ich mich gehorsam auf eine Bank. Gleichzeitig überlegte ich, ob ich nicht doch Mummy anrufen sollte, um mit ihr über meine Entscheidung zu sprechen. Aber ich spürte, sie würde es einfach nicht verstehen.

Meine Mutter war zwei Monate vor meiner Hochzeit aus Mali zurückgekehrt und hatte über drei Jahre keinen Kontakt zu uns gehabt. Seither hatten wir uns noch nicht wirklich ausgesprochen. Ich konnte mir lebhaft vorstellen, wie sie die Hände ringen würde, wenn sie das hier erfuhr. Dieser Gedanke machte mir mehr Angst als die Situation in diesem Haus.

Ein Junge kam schreiend herein. »Ehefrau, folge mir, Mama möchte dich sehen!«

Neugierig folgte ich ihm auf einen dunklen Gang. Dort öffnete sich mir eine andere Welt. Obwohl der Flur nur kurz war, schien es, als bräuchte ich ein Jahr, um an das andere Ende zu gelangen. Überall hingen merkwürdige Gegenstände, ein fremdartiger Geruch schlug mir entgegen, eine Mischung aus verwesten Federn, nassem Holz und süßem Blut. Der Junge führte mich an der Hand in ein anderes Zimmer.

Meine Schwiegermutter saß auf dem Boden und kaute an einer Kolanuss. Vor ihr lagen weitere halb aufgebrochene Kolanüsse, das Zeichen der Weisheit, die sie kreisförmig anordnete. In geheimnisvoller Manier legte sie Stück für Stück an seinen Platz und bot mir schließlich eine Frucht an. Der Raum war voller seltsamer Objekte, mein Blick streifte von einer Merkwürdigkeit zur nächsten. An der Nuss, die sie mir reichte, klebte getrocknetes Blut. Sollte ich das essen? Irritiert nahm ich die Nuss an und steckte sie in den Mund, denn immerhin war sie meine Schwiegermutter! Aber ich brachte es nicht über mich, sie zu schlucken, und verbarg sie unter meiner Zunge. Mit gefalteten Händen wartete ich auf die nächste Verrücktheit.

»Sprich mir nach!«, verlangte sie nun plötzlich in Bini, unserer Sprache.

Dann begann sie Geister anzurufen, und als sie damit zu Ende war, aß sie eine Kolanuss.

Nach der Beschwörung stand sie auf und gab mir einen großen schwarzen Nylonsack. Darin befanden sich ein neuer weißer Büstenhalter und ein Paar Unterhosen.

»Zieh das an. Die alten Sachen darfst du nicht mehr benutzen – nichts, was in Zusammenhang stehen könnte mit sexuellem Verkehr, den du mit meinem Sohn hattest!«, befahl sie und verließ kichernd den Raum.

Sie versuchte nett und freundlich mit mir zu sein. Ich dachte nur, dass sie alt war, sehr alt. Siebzig Jahre, vermutete ich, obwohl sie aussah wie hundert.

Während ich mich umzog, betrachtete ich alle Gegenstände in diesem Haus. Palmblätter steckten im Fenster, in einer Ecke stand ein Lehmkrug, eine runde Matte deckte die Öffnung ab. Auch in anderen Ecken entdeckte ich diese Lehmtöpfe, und einer weckte ganz besonders meine Aufmerksamkeit. Also lugte ich hinein. Sofort war mir klar, dass der Geruch in diesem Haus von ihm ausging. In einer Flüssigkeit, die ich nur als Blut identifizieren konnte, schwammen seltene Kräuter. Rasch schloss ich den Krug wieder und zog meine neuen Kleider an. Als ich das Haus verließ, erblickte ich meine Freundin Toyin, der ich von meinem Vorhaben erzählt hatte. Sie stand mit meinem Auto auf der Straße und winkte mir zu.

Ich rannte zu ihr. Sie hatte mir etwas zu Essen gebracht: Auf dem Fahrersitz lag ein gebackenes Huhn und frittierter Reis.

Mit knappen Worten erzählte ich ihr alles, was sie bisher mit mir unternommen hatten. Da klopfte meine Schwägerin an das Fenster und erinnerte mich daran, dass ich Tony anrufen musste. »Wir brauchen mindestens dreitausend Euro für das Ritual!«, rief sie.

»So wenig?«, meinte Toyin, »meines hat um einiges mehr gekostet!« Sie nahm meine Hand, sah mich liebevoll an und drückte meine kalten Finger. Genau darum hatte ich mich ihr anvertraut: weil ich wusste, dass sie es bereits hinter sich hatte.

Schweigend saßen wir in meinem Auto, bis der Junge wieder erschien und mir sagte, dass es Zeit wäre. Toyin hielt mir mein Telefon hin und sagte, ich müsse nun endlich meinen Mann anrufen. Ich sah, dass sie bereits seine Nummer gewählt hatte.

»Tony?«, sagte ich sanft und hoffte, er würde mich noch mehr lieben, weil ich seinem Wunsch gefolgt war.

»Hole Geld vom Al-Haji«, verlangte er barsch.

Der Al-Haji war einer der moslemischen Geldhändler, die auf Vertrauensbasis Überweisungen tätigten. Tony hatte mich einmal zu ihm mitgenommen, also wusste ich, wo er zu finden war. Sein Büro lag in der Ibiwe Street in Benin City.

Er hängte auf, doch als ich mich gerade auf die Fahrerseite setzte, stürmte Mama Osa aus dem Haus. »Du darfst nirgendwohin, bevor das Ritual abgeschlossen ist.«

»Aber ich muss Geld holen, Tony hat es mir aufgetragen …«

»Nein«, schrie sie wieder aus Leibeskräften, »du bist jetzt unsere Frau und hast kein Recht mehr, irgendeine Entscheidung allein zu treffen!«

Ihr ausgestreckter Finger bohrte sich förmlich in mein Gesicht. Ich wollte ihr über den Mund fahren, so wütend war ich, aber Toyin hielt mich davon ab und entschuldigte sich bei meiner Schwägerin für meinen Ungehorsam.

Mama Osa drehte sich um und ging zurück zum Haus. Bei der Mauer blieb sie stehen und sprach mit den Ziegelsteinen. Rötlicher Sand klebte wie ein blutiges Geschwür an der Mauer. Daneben steckten Blätter mit einer bereits getrockneten Flüssigkeit in einem Loch. Besonders fiel mir der gehäutete Tierkopf auf, der offenbar von einer Ziege stammte. Viele Fetisch-Familien benutzen Ziegenköpfe, einige auch die Schädel von Hunden. Mir war diese Art der Götzenverehrung bereits an zahlreichen Häuserfronten aufgefallen, aber ich hatte noch nie das Bedürfnis verspürt, mir die Sache genauer anzusehen.

Die Frau betete immer noch. Währendessen brach sie Kreide auseinander und verteilte den Staub auf dem Tierkopf. Mit etwas Flüssigkeit benetzte sie ihre Stirn, holte plötzlich irgendetwas aus ihrem Mund, worauf sie schon länger herumgekaut hatte, klebte es an den Kopf und spuckte darauf. Als ich mich gerade fragte, was wohl als Nächstes kommen würde und was das alles mit mir zu tun hatte, kam sie wieder zu mir und reichte mir ein kleines Stück weißer Kreide, das zuvor in dieser abscheulichen Flüssigkeit getränkt worden war. Was sollte ich damit? Sie sagte kein Wort, sondern führte ihre Hand zum Mund. Essen?, fragte ich mich angewidert. Sie wiederholte die Geste, diesmal mit ungeduldiger Entschiedenheit. Sofort schluckte ich das Ding hinunter.

Ich drehte mich um und wollte zu Toyin zurück, die geduldig im Auto wartete und mir zulächelte. Doch Mama Osa packte meine Hand, zog mich zur Mauer und drückte meine andere Hand in die Mulde in der Mauer, in der die blutige Flüssigkeit klebte.

»Das ist einer unserer Götter!«, raunte sie leise, »sein Name ist Ogun, der Gott des Eisens. Er begleitet dich, wo immer du hingehst, und bewahrt dich vor Unfällen.«

Jetzt erst bemerkte ich die rostigen Nägel unter der Mulde. Die Frau tauchte ihre Hände in die Flüssigkeit, griff unter meine Bluse und rieb damit meine Brüste ein. Entsetzt spürte ich ihre Hände auf meinem Intimbereich und fragte mich, warum ich das alles über mich ergehen ließ!

Von Ekel erfüllt stand ich vor diesem Haus und konnte nicht fassen, dass ich es wirklich tat.

»Jetzt reicht es!«, dachte ich, aber ich brachte keinen Ton heraus. Mama Osa rief Toyins Namen, ging zu ihr und reichte ihr eine Kreide. Meine Freundin tauchte das Stück in eine Flüssigkeit, die Mama Osa in einer Schale bereithielt, nahm das Stück in den Mund und kaute. Dann schlüpfte sie wieder in ihre Schuhe, die sie vorher neben meinem Wagen ausgezogen hatte. Meine Schwägerin verschwand im Haus. Toyin lächelte, ihr Blick sagte mir, dass all das zu den Vorbereitungen gehöre, sie hätte es auch getan, es wäre in Ordnung!

Wütend, aber unfähig, mich zu wehren, ging ich zu ihr und stieg in mein Auto. Schweigend fuhr ich los, um das Geld zu holen. Bald darauf steckten wir im Stau.

»Erzähle mir mehr von diesem Zeug, Toyin«, verlangte ich angewidert. Toyin strahlte mich an. »Du wirst dich an deine Träume erinnern, du wirst glückliche Beziehungen mit Männern haben, du wirst sie reich machen und für immer von allem Bösen befreit sein. Das sind die größten Vorteile.«

Die Autos vor mir fuhren ein paar Meter weiter, ungeduldig schloss ich auf und bremste erneut hinter einem stinkenden Kleinlaster.

»Adesuwa«, fuhr Toyin fort, »du kannst froh sein, dass Tony dieses Ritual für dich bezahlt. Ich musste hart dafür arbeiten. Wir vollzogen es zu zweit, meine Schwester tat es mit mir, so war es billiger!«

»Hör auf!«, rief ich. »Erzähl mir nur, was noch alles passieren wird!«

Toyin starrte mich prüfend an und schien sich zu fragen, wie viel ich ertragen konnte. Sie fürchtete wohl, ich würde es mir anders überlegen und aufgeben. Ihr Gesichtsausdruck veränderte sich, ihr Lächeln auch. Schmutziger.

Während wir uns Meter für Meter durch den Stau kämpften, erzählte mir Toyin, was in den nächsten Wochen auf mich zukommen würde. Mein Herz klopfte, mich erfüllte eine geradezu perverse Neugier. Immer wieder forderte ich sie auf, mir alles zu erzählen, und immer wieder erwidete Toyin, dass ich es selbst erleben müsse, weil es nicht zu erklären sei. Diese Dinge würden sich jenseits des Verstandes vollziehen, und ich müsse sehr vorsichtig sein, um zwischen den Kräften der Götter, meines Körpers und der Tränke standzuhalten. Irgendwann hielt ich das Lenkrad so fest umklammert, dass ich es nicht mehr bewegen konnte, und als schließlich alle Autos hinter mir zu hupen begannen, schrie ich, sie solle den Mund halten.

Endlich erreichten wir das Büro des Al-Haji. Dort bot man uns eine Flasche Cola an. Ich lehnte ab, aber Toyin trank davon. Die Bilder, die ihre Erzählungen in mir hinterlassen hatten, jagten mir Angst ein. Ich musste noch einmal mit Tony sprechen.

»Nein«, sagte er, als ich ihn anrief, »du musst diesen Liebesbeweis erbringen.«

Damit wollte er auflegen.

»Ich bin schwanger«, rief ich lauter als beabsichtigt.

Tony verstummte, Toyin auch. Ich hatte meine Regel seit Wochen nicht bekommen und nahm daher an, dass ich schwanger sein musste. Ängstlich und verwirrt wandte ich mich meiner Freundin zu. Sie sah mich ernst an, denn sie wusste, dass das Baby durch das Ritual getötet werden konnte oder als Krüppel auf die Welt kommen würde. Tony überlegte kurz, dann wusste er, was zu tun war. »Sag es Mama Osa. Du kannst das Baby nicht behalten!«

Ich konnte keine eigene Entscheidung mehr treffen. Ich war nur noch Tonys Frau.

Tränen rannen über meine Wangen. Toyin versuchte, mich zu trösten. Ich hatte keine klaren Gefühle mehr und konnte keinen Trost annehmen.

»Madame, Madame«, rief plötzlich der Al-Haji aus seinem Büro. Wir gingen hinein und holten noch mehr Geld für das Ritual.

Auf dem Rückweg bot mir Toyin ein Fläschchen mit Whiskey an. Ich lehnte ab und sagte, ich wolle das Ritual nüchtern durchführen, bei vollem Bewusstsein. Da lachte meine Freundin und bestand darauf, dass ich es trinken sollte, sie wüsste, wovon sie sprach.

Als wir das Haus meiner Schwiegermutter erreichten, sahen wir eine Menge Leute, die auf dem Vorplatz tanzten. Trommler saßen im Kreis und schlugen seltsame Rhythmen. Meine Schwiegermutter reichte mir eine Kokosschale mit einem Trank. Ich schluckte ihn bereitwillig, es schmeckte ekelerregend. Sogleich brach mir der Schweiß aus allen Poren. Meine Schwägerin tanzte rund um mich herum und bespritzte mich mit weißer Kreideflüssigkeit. Alle sprangen hastig auf und ab und bewegten sich mit mir in Richtung eines Busses, der für uns bereitstand. Toyin umarmte mich zum Abschied und sagte: »Pass auf dich auf.« Meine Schwiegermutter befahl mir mit strengem Blick, ich dürfe Tony während des Rituals nicht anrufen. Ich begann zu beten, schwitzte immer mehr, griff mir an die Stirn. Mein Bauch schmerzte plötzlich heftig, oder bildete ich es mir nur ein? Ich versuchte, mich zusammenzureißen.

Sie drängten mich, in den Bus zu steigen, und wir fuhren los.

Ich saß vorne. Wir nahmen die Straße in Richtung der Vororte, um dann in die abgelegenen Dörfer zu kommen. Je mehr ich mich zu beruhigen versuchte, desto mehr schwitzte ich. Wahrscheinlich tat ich auch noch andere seltsame Dinge, denn der Fahrer warf mir immer öfter besorgte Blicke zu und rief plötzlich, nun habe der Geist sich meiner bemächtigt. Alle begannen zu singen und zu klatschen, der Lärm machte mich fast wahnsinnig. Am liebsten hätte ich geschrien, dass sie aufhören sollten, doch dann wären sie erst recht über mich hergefallen. Plötzlich gehorchten mir auch meine Augen nicht mehr, und alles drehte sich um mich.

Irgendwann erreichten wir das Dorf. Nirgends gab es Anzeichen von Zivilisation, alles sah aus wie vor hundert Jahren. Mein Mobiltelefon hatte keinen Empfang, verschwommen sah ich die Anzeige auf dem Display und schaltete das Gerät ab. Das Netz funktionierte hier nur vier Stunden pro Tag. Kinder umringten uns, auch sie sangen und tanzten. In diesem Augenblick fragte ich mich mit dem letzten Rest an

Klarheit, ob ich das alles über mich ergehen ließ, weil sie mich dazu zwangen, oder ob ich dumm genug war, nicht Nein zu sagen. Offenbar wollte ich doch wissen, wie die Sache ausging und was die Konsequenzen waren.

Meine Schwiegermutter tanzte um einen Baum herum. Sieben Mal. Sie zog Nadeln aus einem Sack und steckte sie in die Rinde. Es mussten dicke Nadeln sein, oder Nägel, denn sie hielten dem Druck stand und verbogen sich nicht. Dann stiegen wir wieder in den Bus und fuhren weiter. Die Dorfbewohner winkten uns nach, sie hatten keinerlei Vorbehalte gegen dieses Ritual, sondern waren völlig damit einverstanden.

Ein paar hundert Meter weiter hielten wir an einer Lehmhütte, vor der zwei Männer saßen. Der Fahrer sagte, ich solle aussteigen. Die Männer erhoben sich und begrüßten uns freundlich. Meine Schwiegermutter überreichte ihnen ein paar Kolanüsse, eine Taube und zwei Kreidestücke. Darauf holten die Männer eine Flasche hervor. Der Ältere trank einen großen Schluck und spuckte den Rest auf den Boden, dann gab er die Flasche seinem Gefährten, der das Gleiche tat und die Flasche nun einem Mitglied unserer Gruppe anbot. Das ging so lange, bis die Reihe an mir war. Ich schluckte viel mehr, als ich ausspuckte, und hoffte, dass es mir nicht allzu sehr schaden würde. Vielleicht hoffte ich auch, so richtig besoffen zu werden, um das alles besser ertragen zu können.

Als alle getrunken hatten, begannen die beiden Männer, laut zu beten, und wir fuhren weiter. Schließlich erreichten wir einige Hütten in einem tiefen Wald. Der Bus hielt an, vier Männer sprangen heraus und begannen erneut zu trommeln. Ein paar andere begleiteten mich in eine Hütte. Genau in der Mitte eines großen Raums stand ein Schrein am Boden, in ihm, um ihn herum und auf ihm befanden sich allerlei tote Tiere, Schatullen, Krüge. Zwei Frauen kamen aus einem Nebenraum und bespritzten uns mit einer Flüssigkeit, die bestimmt kein Wasser war. Drei splitternackte Kinder setzten sich vor den Schrein, an dessen Ecken Blätter und getrockneter Mais hingen. Sofort musste ich an den Juju-Priester denken, der gesagt hatte, Bettys Fleisch hinge zerhackt neben getrocknetem Mais. Eine Frau schrie laut, es war, als würde sie gleichzeitig schimpfen und lachen. Spiegel und Puppen hingen an der Mauer. Wahnsinn. Mein Instinkt riet mir, diesen Weg nicht fortzusetzen. Meine Neugierde zwang mich zu bleiben. Eine Frau mit einem weißen Umhang trat rückwärts aus einem Nebenraum, ihren Kopf schmückte ein Kranz aus Kaurisschnecken. Der Umhang streifte am Boden, die Füße waren nicht zu sehen. Dieses Gewand war ungewöhnlich breit und schwer. Die Frau drehte sich zu uns: Sie war sehr schön, es musste die Priesterin sein. Sie sagte zu mir in unserer Sprache: »Ich werde dich heimbringen. Ich werde dich zu deiner Identität im Ozean begleiten. Ich werde dir helfen, deinen Namen zu finden.«

Sie mochte etwa fünfzig Jahre alt sein. Eine wirklich sehr, sehr schöne Frau. Sie ist nett, dachte ich, sympathisch. Mein Mund wurde trocken, als sie sich mir näherte. Sie legte ihre Hände auf meinen Kopf und blies mir ein Pulver ins Gesicht. Als der Staub meine Augen bedeckte, stürzte ich zu Boden. Ich verlor mich. Völlig. Nun konnten sie alles mit mir machen.

Am Fluss Okhwae. Trommler begleiteten uns. Wir tanzten. Mädchen und Frauen rieben mich mit weißer Kreide ein. Eine Frau trug einen Krug, der jenem im Haus meiner Schwiegermutter glich. Es war mein persönlicher Krug, der »Pot«. Ich sollte ihn tragen und dabei tanzen, während die Musiker auf ihre Trommeln schlugen. Ich nahm den Krug, aber ich konnte nicht tanzen. Nicht zu solch einer Musik, mir fielen keine Schritte ein. Mädchen zeigten mir, wie ich es machen sollte. Dabei bespritzten sie mich ständig mit Flüssigkeiten. Nach einer Weile verfiel ich in ihren Rhythmus, ich bewegte mich wie sie. Ich drehte mich, schneller, immer schneller, ich fiel auf meine Knie, in der Hand den Pot. Eine Frau zog mich in die Höhe, stieß mich auf die andere Seite. Jemand schlug das »Shekere«, ein Rhythmusinstrument, das mit einem Netz aus Samen umspannt war, eine Art Kalebasse. Sie hielten sie direkt an mein Ohr. Ich drehte mich immer noch. Bald verlor ich völlig die Kontrolle über mich. Ich sah alles doppelt, in rasender Geschwindigkeit brausten Bäume, Menschen, Wasser an mir vorbei. Wieder stürzte ich zu Boden. Jemand anderes fing mich auf, stieß mich wieder an, ich fiel auf den Rücken. Sie nahmen mir den Pot aus der Hand. Ein Kreis bildete sich um mich: Menschen, die ich nicht kannte, wollten mich davor bewahren, zu fallen. Wohin gingen wir überhaupt? Ich wusste es nicht, es würde ewig so weitergehen – fallen, aufgehoben werden, drehen, fallen. Ich muss versuchen, aus diesem Kreis herauszukommen, dachte ich. Ich darf nicht mehr niederfallen, dann wird es aufhören. Der Kreis öffnete sich, eine Gestalt kam auf mich zu wie der Wind, ein Schemen ohne eigene Identität. Es traf mich, ich fiel flach auf den Boden. Nun würde ich endgültig ohnmächtig werden, dachte ich, doch es geschah nicht; ich hörte jemanden sprechen, sah aber nichts mehr. Stimmen verkündeten: »Es hat sie«. Hände klatschten, Füße stampften in strengem Rhythmus auf den Boden. Unfähig, mich zu artikulieren, mich zu bewegen, lag ich zwischen ihnen, immer noch spritzten sie diese Flüssigkeit auf mein Gesicht. Plötzlich brannten meine Augen wie Feuer. Ich rieb sie, aber die Leute fuhren fort, mich mit diesem Zeug zu bespritzen. Wieder brannte mein ganzes Gesicht, als wäre es verätzt. Ich konnte meine Haut nicht mehr berühren. Die Priesterin entfernte sich. Ich wollte ihr nach, doch meine Beine trugen mich nicht, meine Muskeln verweigerten koordinierte Bewegungen. Die Trommler spielten immer noch, ich hörte sie nur noch von Weitem. Entfernten sie sich, oder verlor ich mehr und mehr das Bewusstsein? Plötzlich verstummten sie ganz. Ich war allein. Wusste nicht warum. Minuten vergingen, nichts geschah. Ich konnte nichts sehen, nicht sprechen, aller Speichel war aus meinem Mund gewichen. Plötzlich eine Stimme, direkt an meinem Ohr, in unserer Sprache, ich spürte niemanden, aber hörte: »Wenn er kommt, gib dich hin, und du wirst deinen Namen vernehmen.«

Wer? Welcher »er«? Die Stimme verstummte, ich wartete. Eine ganze Weile geschah nichts. Ich konnte mich immer noch nicht bewegen. Angst ergriff mich. Die Stille machte mich wahnsinnig. Krampfhaft presste ich meine Augen zusammen, um ein wenig Tränenflüssigkeit zu produzieren, damit ich wieder etwas sehen konnte. Dann aber dachte ich, besser nichts sehen, »ihn« nicht wirklich wahrnehmen, besser die Augen geschlossen halten. Die Trommler begannen von Neuem, ich hörte sie deutlich, ein heftiger Rhythmus, offenbar waren sie im Inneren eines Hauses. Der Schrein. Dort mussten sie sein. Die Musik wurde lauter. Schwoll weiter an. Wurde ich getragen? Ich näherte mich den Trommlern, ohne zu gehen. Irgendwie konnte ich wieder etwas sehen, ein bisschen zumindest. Einige kleine Tauben flogen auf den Boden, sie pickten Körner auf. Ihre Gegenwart irritierte mich. Sie passten nicht hierher. Plötzlich fürchtete ich, diese kleinen Vögel könnten mich auffressen, mir die Augen auspicken, ich schlug um mich, wehrte mich, fuchtelte mit den Armen, um sie zu verscheuchen. Wieder kam Wind auf, sehr heftig. Plötzlich begann es zu regnen. Vielleicht würde mich das Wasser reinigen. Von der Kreide. Dem Ritual. Dem Schwindelgefühl. Ich streckte meine Hände aus, empfing das Wasser, jeder einzelne Tropfen wusch mich von diesem Kult rein, es wirkte befreiend. Das Wasser fühlte sich warm an, achtundzwanzig Grad, dachte ich, mindestens. Ich legte mich auf den Boden, rollte mich zusammen und genoss den Regen. Mich fröstelte. Plötzlich. Ich zitterte am ganzen Körper. Ich wollte urinieren, aber die Flüssigkeit würde sich mit dem Regen vermengen und mich nicht wärmen. Ich rührte mich keinen Millimeter, verschloss wieder die Augen, presste meine Hände an die Ohren und erwartete, dass ich erfrieren würde. Irgendetwas schlängelte sich um meine Füße. War es ein Tier? Immer wieder hielt es inne, dann bewegte es sich weiter. Plötzlich war es verschwunden. Ich öffnete die Augen. Rund um mich sah ich Köpfe von Ziegen und Hunden, ich befand mich in der Hütte. Warum? Ich schrie auf, als ich das Blut aus den Köpfen tropfen sah, die an der Mauer hingen. Daneben steckte ein Buschmesser. Ich wurde völlig hysterisch und bekam keine Luft mehr, ich versuchte auf die Beine zu kommen, es gelang mir nicht. Jemand hatte meine Füße zusammengebunden. Ich setzte mich auf und blickte mich um. Teile von Tierkörpern lagen um mich verstreut, ich konnte nicht an ihnen vorbei. Ein Hundebein hing an dem Seil, mit dem meine Beine zusammengeknotet waren. Ich erschauderte, erhob mich hastig und humpelte zur Tür der Hütte. Die Priesterin stand davor und schien zufrieden. »Er hat sie gefangen, er hat sie gefangen«, sagte sie. Die Männer begannen wieder zu trommeln, die Frauen rissen sich ihre Blusen von den Körpern und tanzten nackt im Regen. Ich stand zwischen Hütte und Vorplatz und dachte, dass ich tief in der Tinte saß. Um mich herum eine Gruppe Verrückter! Plötzlich wurde mir klar, dass ich wieder denken konnte. Sie tanzten und tanzten, bis der Regen aufhörte. Dann verschwanden alle in ihren Hütten. War es Abend? Der erste Tag geschafft? Als niemand mehr auf dem Vorplatz dem Wahnsinn huldigte, kehrte auch ich in meine Hütte zurück.

Zweiter Tag

Es war still. Die Wände der Hütte waren aus Beton. Holzbalken stützten das Dach. Überall klebte Blut, von den unzähligen Tieren, die hier bereits den Tod gefunden hatten. Geschlachtet. Geopfert. Der Geruch des Blutes hing in jeder Ecke, der Staub der weißen Kreide schwebte noch in der Luft. Auch der Boden des Raumes bestand aus Beton und fühlte sich eiskalt an. In einer Ecke lagen Palmblätter auf dem Boden – mein »Bett«. Groß. Nicht dafür gemacht, die Nächte allein dort zu verbringen. Der Staub der Kreide sank zu Boden, und ich wurde unendlich müde. Die Palmblätter boten guten Schutz auf dem kalten Boden, und ich schlief bald ein.

Träume. Dieselben wie in der Nacht zuvor. Ich schwamm inmitten von Ziegelsteinen. Ich sah mich nach links um, nach rechts, als gäbe es verschiedenste fremdartige Dinge zu bestaunen. Plötzlich ging eine Tür auf, und eine Gestalt kam herein. Ich wusste nicht, ob es sich um dieselbe Gestalt handelte, die mir am Tag zuvor begegnet war, oder um eine andere. Sicher war, es handelte sich um einen Mann. Er näherte sich mir, packte mich am Nacken und versuchte, mich zu küssen. Ich wehrte mich und schnitt mir die Beine an einer Muschel auf. Diese Muschel fungierte auch als Badewannenstöpsel, und das ganze Wasser rann davon, warf große Blasen, ich musste schwimmen, auftauchen, ich kämpfte, erreichte die Oberfläche und sah ein paar Frauen herumstehen. Die Gestalt winkte mir aus der Ferne zu, als würden wir einander seit Langem kennen. Seltsam, dachte ich. Dann öffnete ich die Augen und erblickte Beine. Träumte ich immer noch? Undeutlich sah ich, wie sich die Beine auf mich zu bewegten! Ein Geräusch ertönte, ich konnte es nicht identifizieren. Erneut schloss ich die Augen und betete, nicht wieder tanzen zu müssen.

Plötzlich tanzten wieder alle rund um mich herum, ich lag am Boden, nahm an, dass ich noch träumte, nicht aufwachen konnte. Die Trance oder der Traum begann von Neuem, und wieder hörte ich eine Stimme flüstern: »Du wirst deinen Namen vernehmen.« Diese Stimme hatte einen Geschmack. Eine Farbe schoss mir in den Sinn: blau. Helles, frisches Blau. Die Eröffnungszeremonie! Eröffnung, ich keuchte, wenn das so begann, wie würde es enden? Zu welchem Höhepunkt würde es führen? Noch mehr Tote, Träume, Männer, Gestalten, Küsse, die ich nicht wollte?

Wohlstand. Schönheit. Schmerz. Scham. Betrug. Jeder Tag brachte neue Schrecken, neue Erfahrungen, neue Grausamkeiten, die ich nicht bewältigen konnte.

Dritter Tag

Am nächsten Morgen musste ich baden, schon um drei Uhr in der Früh! Splitternackte Frauen standen rund um einen Kübel, in dem Blätter schwammen, vermengt mit Blut und Schnaps. An diesem Tag kam Toyin zu Besuch. Ich flüsterte ihr zu, dass ich noch keinen Namen vernommen hatte, sie solle jemanden danach fragen, eine weitere Woche hier würde ich nicht überleben. Der Name meiner Wesenheit als Wassergöttin. Der Schlüssel zu meiner Erlösung, meiner Vergöttlichung.

Wir mussten uns zu einigen anderen Mädchen setzen, vor den Schrein. Alle Mädchen erzählten seltsame Geschichten, die mich wahnsinnig machten!

An diesem Abend konnte ich nicht einschlafen, ich hatte Angst vor all den Eindrücken, den Gesichtern, den Geschichten und vermochte nicht mehr zu unterscheiden, was wahr war und was nicht.

Vierter Tag

Am frühen Morgen badeten sie mich, dann tanzten sie, riefen mich bei meinem Namen. An diesem Tag sah ich überall Schlangen. Die Hölle, dachte ich, ich konnte mich nicht mehr bewegen, nicht aufstehen, ich hatte keine Schuhe, und überall schlängelten sich diese Tiere, auch draußen, auf den Bäumen, zwischen den Ästen, am Fenster, auf der Tür, vor der Tür, rund um den Schrein. Ich blieb im Bett und konnte mein Wasser nicht halten. Jemand kam und sagte mir, »er« würde mich bald aufsuchen, ich müsse ihn kommen lassen, damit ich gehen könne.

Die Priesterin erschien und sagte, das wäre der einzige Weg, damit ich eine glückliche Ehe führen könne. Mit Tony, meinem Mann! Er und seine Familie hätten Angst, ich würde keine Kinder bekommen, weil mein spiritueller Ehemann am Meeresgrund es nicht zulassen würde. Ich müsste es tun!

Am späteren Morgen setzten sich wieder diese Mädchen in mein Zimmer und fingen wieder mit ihren Geschichten an. Sie unterhielten sich miteinander und schließlich auch mit »ihm«. Meinem spirituellen Ehemann am Meeresgrund.

Vielleicht schlief ich an diesem Tag, vielleicht auch nicht. Meine Erinnerung beginnt wieder an einem Morgen.

Der Raum war dunkel und voller Staub. Jemand musste ihn hier aufgewirbelt haben, vielleicht die ganze Nacht lang. Mein Hals kratzte. Ich schnäuzte mich und wartete darauf, dass jemand die Tür öffnen würde. Ich fühlte mich so unendlich müde. Meine Beine lagen schwer auf den Palmblättern, ich versuchte erst gar nicht, sie zu bewegen. Alles, wonach ich mich sehnte, war etwas für meine Seele. Jemand, mit dem ich sprechen könnte. Über das Geschehene, die vergangenen Tage.

Ich hatte große Angst und dachte, dass es eine weise Entscheidung gewesen war, meiner Mutter nichts davon zu erzählen. An diesem Morgen, auf der Matte, fragte ich mich, welchen Einfluss ein derartiges Ritual wohl auf meine Beziehung zu Tony haben mochte. All dieses Grauen, der Schrecken, die Erzählungen der Mädchen und diese Männer! Der spirituelle Ehemann, der in meine Hütte wollte. Mich wollte! Wie sollte ein derartiges Ritual meine Liebe zu Tony beweisen? Was konnte es verändern? Würde er wirklich reich werden? Vielleicht würde es ja tatsächlich klappen, und ich würde meinen Tony reich machen! Dann hätte ich es besser gemacht als meine Mutter! Auch sie hätte diese Rituale machen sollen, doch sie hatte sich immer geweigert. Und damit ihre Ehe zerstört!

All diese verrückten Gedanken durchzuckten meinen Kopf, ohne das ich die geringste Lust verspürte, hinauszugehen, diesen Raum zu verlassen. Eine unendliche Schwere und Müdigkeit lasteten auf mir.

Dann trat eine Frau in den Raum. Sie brachte ein weißes

Pulver und einen Kübel, in dem sich irgendeine Flüssigkeit befand. Sie ging zum Fenster und öffnete es weit. Draußen vor der Hütte spielten Kinder, sie sangen laut und stampften mit ihren Füßen auf den Boden. Ich mochte das. Kinder, dachte ich. Die Frau kam zu mir, hob meine Beine auf, legte sie wieder ab und untersuchte sie, so als müssten sie sich über Nacht irgendwie verändert haben. Anschließend schüttete sie das weiße Pulver in den Kübel und rührte kräftig um.

»Steh auf«, sagte sie. Ich versuchte es, konnte aber nicht. Diese Schwere drückte auf jede einzelne Zelle meines Körpers. Tonnen! Beton! Ich fühlte mich, als wäre ich mit Zement ausgegossen, und konnte weder meine Beine noch meine Arme oder einen anderen Körperteil voneinander unterscheiden, geschweige denn, bewegen.

»Ich kann nicht!«, schrie ich mehrere Male hintereinander. O Gott! Nun hatten sie es geschafft! Ich war hellwach, konnte mich aber dennoch nicht mehr rühren! Genau so wie Betty, als sie an die Decke gestarrt hatte!

Die Frau rannte panisch hinaus. Ich lag hilflos auf der Matte und sagte mir, irgendetwas bei dem Ritual müsse falsch gelaufen sein.

Zwei Männer kamen ins Zimmer. Ich hatte sie nie zuvor gesehen. Sehr große Körper und überaus kräftig. Sie waren halb nackt, ein rotes Tuch bedeckte ihre Scham. Einer von ihnen trug Rastalocken, der andere hatte eine Glatze. Ohne einen Augenblick zu zögern, gingen sie auf mich zu, packten mich links und rechts unter den Armen und zogen mich hoch. So stand ich, aber meine Beine trugen mich trotzdem nicht, und sobald sie mich losließen, fiel ich zu Boden.

»Wo ist Mama?«, fragte ich die beiden. Ich meinte die Priesterin, sie sollte dieses Problem lösen. Die Männer starrten mich an und wussten nicht, was sie antworten sollten. Dann schlichen sie hinaus und unterhielten sich vor der Tür miteinander. Ich bekam schreckliche Angst und atmete keuchend. Sofort musste ich an Fatima denken. Angst! Dieses Mädchen war einfach die ganze Zeit in extremer Panik gewesen! Ich atmete, als hätte ich einen Marathon hinter mir. Mehrere Male versuchte ich, diese Angst zu bezwingen, einfach, weil ich wissen wollte, was die beiden dort draußen tuschelten. Mein Gott, sie stritten sich! Sie rangen miteinander! Doch alles, was ich von ihrer Auseinandersetzung mitbekam, waren die Worte: »Falsche Schlange!«

Welche Schlange, o Gott, welches Reptil hatten sie auf mich angesetzt? Ich hasse Schlangen, schrie es in mir, ich habe entsetzliche Angst vor ihnen. Plötzlich begriff ich, dass ich vielleicht sehr bald auch meine Augen nicht mehr würde bewegen können, meine Lippen, womöglich würde ich nicht mehr sprechen können! Dann kam eine Frau herein und öffnete meinen Umhang.

»Was tust du?«, schrie ich.

»Ich versuche, dich zu heilen. Vielleicht hat dich gestern dein spiritueller Ehemann heimgesucht, vielleicht kommt er auch erst heute Nacht. Womöglich bist du deshalb versteinert!«, erklärte sie in dem besten Englisch, zu dem sie fähig war.

»Bullshit!«, rief ich und lachte hysterisch, weil ich wirklich Angst davor hatte, dass jemand zu mir kommen könnte in der Nacht! Und wenn dieser Jemand erschien, dann wollte ich Kraft haben, um mich zu schützen! Zumindest, um aus dem Fenster springen, falls er die Tür versperren sollte. Was nur um alles in der Welt hatte mich »versteinert«, wie sie es nannte?

»Gestern«, stammelte ich, »in den Tränken, sie haben etwas hineingemischt! Ich bin nicht versteinert, eher gelähmt, so fühlt es sich an!«

»Wenn du nicht auf den Beinen bist, bevor dein Ehemann kommt, dann wirst du vielleicht wirklich gelähmt werden«, erwiderte sie.

»Was?«, schrie ich und versuchte, mich mit aller Kraft aufzurichten und auf die Beine zu kommen. Aber die Frau stieß mich zurück auf die Matte, und ihr Blick sagte mir, ich solle dort liegen bleiben. »Was ist mit dieser Schlange?«, fragte ich. Sie stand auf, schloss das Fenster und ging zur Tür, ohne ein weiteres Wort zu sagen. Ich lag dort, nackt, beschmiert mit diesem weißen Zeug, mit dem sie mich eingerieben hatte, und hoffte, dass sie mir antworten würde. »Die Männer werden die Schlangenzeremonie an dir vollziehen«, sagte sie schließlich. »Wenn sie fertig sind, komme ich zurück.«

Sie ging, ließ mich halb nackt zurück und wusste, dass ich mich nicht bewegen konnte. Die Männer würden zurückkommen und mich hier so liegen sehen. Ein Albtraum. Am besten, ich würde wirklich einschlafen, Schlangen und Männer vergessen, einfach nichts mehr denken und fühlen.

Aber ich konnte nicht einschlafen.

Etwa eine halbe Stunde später sah ich eine schwarze Linie an der Decke. Sie bewegte sich. Dann tauchte eine zweite auf. Sie bewegten sich wie Schlangen.

»Nein!«, brüllte ich. »Hilfe, helft mir, helft mir, kommt zu mir, kommt her!« Ich wusste nicht, ob mir meine Panik diese Schlangen vorgaukelte, ob ich bereits verrückt geworden war oder ob ich träumte. Aber plötzlich sah ich zwei Schlangen an der Mauer herabkriechen und begriff, dass die Linien an der Decke nur ihre Schatten waren! Ich schrie verzweifelt um Hilfe! Meine Angst vor diesen Tieren war so groß, und ich konnte mich nicht bewegen und fortlaufen! Der Schweiß brach mir aus allen Poren, mit klitschnassem Körper betete ich alle Verse laut vor mich hin, die mir einfielen, dabei schrie ich wie am Spieß! Doch ganz tief in meinem Inneren wusste ich, dass ich nicht sterben würde! Nicht jetzt! Gott musste einen anderen Plan für mich haben. Ich schloss meine Augen und begann zu zählen, von fünf beginnend nach rückwärts. Mein üblicher Countdown. Ich zählte diesmal sehr langsam, aber umso bestimmter, zwischen den einzelnen Zahlen lag mindestens eine Minute. Meine Lider presste ich dabei fest zusammen, da ich wusste, dass niemand kommen würde, um mich zu erlösen.

Etwas berührte meinen Fuß. War das die Schlange? Was wollte sie? Ich erstarrte, konnte nicht länger beten. Das Ding berührte mich wieder, diesmal am anderen Fuß. Es bewegte sich langsam zu mir herauf, überquerte den Schenkel, erreichte meinen Schoß. Dort hielt es inne, und ich öffnete die Augen, weil mir klar wurde, dass eine Schlange nicht plötzlich innehält. Auch fühlte es sich nicht wie ein Reptil an, eher wie eine Pflanze.

Vor mir standen die beiden Männer. Der eine hielt ein Seil in der Hand, der andere eine echte Schlange.

»Was wollt ihr?«

Die Männer waren nicht gekommen, um Fragen zu

beantworten. Der mit dem Seil, das er offensichtlich über meinen Körper gestreift hatte, näherte sich meinem Gesicht und erklärte: »Wir bereiten dich für deinen spirituellen Ehemann vor. Und wir beseitigen den Fluch.«

Ich wollte ihnen glauben. Sollten sie doch tun, was nötig war, ich wollte nur meine gesunden Beine zurückhaben! »Wenn es euch gelingt, dann kann ich mich also wieder bewegen?«

»Nur wenn du mitmachst.«

Dort lag ich, immer noch spielte der andere Mann mit seiner Schlange, hielt sie über mich, ließ sie bedrohlich in meine Richtung züngeln. Das Tier hatte Angst und schien zornig zu sein, weil es mich nicht beißen durfte. Seine Muster schillerten schwarz und gelb. Nun holte der andere Mann die zweite Schlange von der Mauer und hielt sie mir vor das Gesicht, damit ich sie besser sehen konnte. Ihre Haut glänzte grün und dunkelbraun. Er sprach in unverständlichen Lauten zu dem Tier und setzte es auf den Boden. Ich schloss für eine Sekunde die Augen, und als ich sie wieder öffnete, kroch die Schlange gerade auf den Ausgang zu. Der Mann näherte sich mir und deckte mich mit einem Tuch zu. Überrascht hörte ich ihn noch Lebewohl sagen, dann ging er. Auch der andere Mann verließ mit seiner Schlange die Hütte, an der Tür lächelte er mir noch kurz zu. Jetzt war ich wieder allein. Irgendwie beruhigte ich mich, oder es überwältigte mich eine tiefe Erschöpfung, jedenfalls konnte ich nun tatsächlich einschlafen.

Um acht Uhr abends erwachte ich in einem anderen Raum und in einem richtigen Bett. Der Liegestatt der Priesterin.

Offenbar hatte mich jemand in ihren Raum getragen. Ich sah mich kurz um, stand auf und hörte die Trommeln. Vor dem Haus wurde wieder getanzt. Mein spiritueller Ehemann war also immer noch nicht erschienen, vielleicht existierte er ja gar nicht. Ich wollte wissen, was draußen vor sich ging, und öffnete die Tür. Auf dem Platz tanzten Männer und Frauen, die Priesterin stand zwischen ihnen. Als sie mich sah, winkte sie mich zu sich. Dann gab sie den Trommlern ein Zeichen, woraufhin diese den Rhythmus wechselten, sie ergriff meine Hand und begann mit mir zu tanzen.

Erst jetzt wurde mir klar, dass ich mich wieder bewegen konnte. Und nicht nur das, ich tanzte! Inmitten einer verrückten Dorfgemeinschaft! Wie war das möglich? Was hatten sie mit mir gemacht? Ich musterte die Gesichter der Leute, versuchte sie zu zählen, aber alle drehten sich und wechselten die Positionen, ich konnte mich nicht wirklich orientieren. Dann sah ich plötzlich Tonys Schwestern und Brüder. Auch Victor tanzte zu der ohrenbetäubenden Musik. Kinder rannten um uns herum, die beiden Männer mit den Schlangen standen ein wenig abseits, und mich beschlich das Gefühl, dass ich sie sehr gut kannte. Vier Frauen umringten mich plötzlich und spielten auf ihren Shekere, so laut, dass ich dachte, mir würde das Trommelfell platzen. Aber diese Frauen schienen »alles« geben zu wollen, sie tanzten, sprangen und sangen wie in Trance.

Auch ich verlor wieder mein klares Denkvermögen und hatte keine Kraft, mich aus dieser Gemeinschaft zu lösen und nicht zu tanzen! Die Priesterin warf vor mir ein braunes Pulver in die Luft, ich atmete das Zeug ein und verfiel sogleich wieder in diesen besinnungslosen Zustand, in eine Verlorenheit, die mich meines Selbst beraubte. Ich tanzte und tanzte und tanzte. Ich fiel zu Boden, erhob mich und stampfte mit den Füßen auf die Erde wie alle anderen auch.

Ein Spiegel warf mein Bild zurück, ich konnte mich sehen, schloss die Augen und sah mich trotzdem. Ich hasste es und hatte doch keine Möglichkeit, mich der Situation zu entziehen oder eine Entscheidung zu treffen. Ich wollte aufhören, aber jeder konkrete Gedanke wurde durch das Klatschen der anderen, die mich ständig umringten, zunichtegemacht.

Kinder schrien dauernd meinen Namen, Frauen spielten auf ihren Instrumenten, Männer trommelten in immer heftigeren Rhythmen.

Plötzlich war es vorbei. Zwei Männer trugen mich in die Hütte, legten mich auf die Matte und deckten mich mit Palmblättern zu. Sie kamen mir bekannt vor.

»Wer seid ihr?«, fragte ich.

Über ihre Gesichter huschte ein Lächeln.

»Wenn du dich nicht mehr erinnern kannst, dann machen wir Fortschritte!« meinte einer der Männer. Dann stand er auf und schrie in unserer Sprache, dass ich mich in einen Fisch verwandelt hätte. Eine Stimme von draußen fragte, um welche Sorte es sich handle, und der Mann rief zurück, das könne er nicht sagen. Nachdem die beiden mich völlig mit Palmblättern zugedeckt hatten, verließen sie den Raum.

Ich schlief so tief und fest wie nie zuvor in meinem Leben.

Ich erwachte mit entsetzlichem Kopfschmerz, immer noch unter den Blättern begraben. Ich rollte mich auf die Seite, zu meinem weißen Umhang, das einzige Kleidungsstück, das mir erlaubt war. Mit ihm durfte ich den Raum verlassen, nicht aber das Haus.

Im Nebenzimmer saßen junge Mädchen auf dem Boden und plauderten miteinander. Als sie mich sahen, verstummten sie und rückten ein wenig zusammen. Sie fürchteten sich vor mir. Tante, riefen sie respektvoll. Ich spürte, dass sie mir Achtung entgegenbrachten, und fragte sie nach dem Grund. »Weil wir so sein wollen wie du«, antworteten sie.

»Wie ich?«, rief ich verwundert und blickte an meinem nackten Körper hinab. Meine Haut sah aus wie ein Schildkrötenpanzer: runzlig, trocken, alt. Der weiße Staub hatte ihr alle Flüssigkeit entzogen. »Holt mir Wasser«, befahl ich, doch die Mädchen wollten sich auf keinen Fall in die rituellen Handlungen einmischen und weigerten sich.

Ich lief nach hinten, entdeckte eine Tür, stürzte auf den Innenhof hinaus, obwohl das verboten war, und holte mir einen Kübel mit Wasser. Mit der einen Hand hielt ich das Gefäß hoch, mit der anderen wusch ich mir den weißen Staub von der Haut. Die Mädchen begannen zu schreien und riefen den Namen der Priesterin. Sie rannten zu mir und versuchten, mich zurück in das Zimmer zu drängen. Ich wurde wütend und trat eines der Mädchen hart in die Knie, sie fiel zu Boden, die anderen brüllten, bis zwei große, dicke Frauen erschienen. Sie packten mich an Armen und Beinen und zerrten mich zurück in das Haus. Ich wehrte mich erbittert, doch sie schlossen die Tür hinter mir ab und warteten. Nun wurde ich wirklich verrückt.

Vor mir stand der silbern bemalte Krug. Mein Pot. In diesen Behälter mussten laut der Zeremonie neun Ziegen hinein, zehn Hähne, zehn Hühner und zehn Küken, eine Schildkröte, zehn Tauben, die Verschlüsse von Softdrinks, hauptsächlich von Gin aus London, eine Gallone Palmwein, ein Kilo nigerianischer weißer Kreide, eine Tasche mit Kräutern und Blättern, Lehm, Sand, Nahrungsmittel wie Egusi, Yamswurzeln, einheimischer Wegerich, Baumwolle, Kaurisschnecken, Süßigkeiten und noch einige Dinge mehr, an die ich mich nicht mehr erinnern kann. Natürlich passen nicht all diese Dinge in einen kleinen Krug hinein. Also beschränkte man sich auf Proben, je ein kleines Stück von allem.

Schließlich trat die Priesterin in den Raum und fragte mich höflich, was nicht in Ordnung wäre. Ich erklärte ihr, dass ich dieses Ritual abbrechen wolle! Sie lachte und befahl den beiden stämmigen Frauen, mein Telefon zu holen – ich selbst durfte ja die Hütte nicht verlassen.

»Ruf deinen Ehemann an«, ordnete sie an.

»Welchen?«, fragte ich sarkastisch und wählte Tonys Nummer. »Es klingelt«, verkündete ich. Die Priesterin hörte es und griff überraschend schnell nach meinem Apparat. Sie riss ihn mir vom Ohr und eilte damit aus der Hütte. Ich hörte, wie sie mit Tony sprach. Nach zwanzig Minuten kam sie wieder herein und gab mir das Telefon zurück. »Dein Mann«, sagte sie. Nun durfte ich also mit ihm reden.

»Geht es dir gut?«, begann Tony. Doch das war nur eine rhetorische Frage, denn sofort darauf fing er an, Klartext zu reden. »Ich habe nicht all das Geld ausgegeben, um mich so von dir behandeln zu lassen!«

Ich versuchte ihm zu erklären, was hier los war und dass ich das nicht länger durchstehen konnte. »Ich werde verrückt, glaub es mir doch!«, rief ich. »Ich sehe Dinge, die es nicht gibt, ich höre Stimmen in meinem Kopf!«

Tony wurde sehr zornig, doch mir ging es genauso. Meine Wut war so groß, dass auch ich Klartext redete.

»Ich habe genauso viel für dieses Ritual bezahlt wie du«, rief ich. »Und wozu soll das überhaupt gut sein? Sie sperren mich hier ein, für dreitausend Euro!«

»Wenn du das Ritual abbrichst, lasse ich mich von dir scheiden.«

Er legte auf. Ich rief ihn erneut an.

»Bring mich nach Österreich. Sofort nach dieser Geschichte! Dann schließe ich diese Sache ab, aber nur wenn du versprichst, mich sofort nach Wien mitzunehmen. Kannst du nächsten Monat nach Nigeria kommen?«

Ich wollte weg, weg aus diesem Leben hier.

Nach einigem Hin und Her versprach er es mir. Ich hoffte, in diesem fernen Land diese Erlebnisse hinter mir lassen zu können, und beruhigte mich ein wenig. Vorerst aber saß ich immer noch in dieser Hütte und war jenen Verrückten ausgeliefert.

Die Wut tat mir gut, sie machte mich wach, und ich sagte mir, dass ich es schaffen würde. Ich nahm mir vor, nicht wieder so schwach zu werden.

Die beiden dicken Frauen verließen den Raum. Die Priesterin blieb. Sie sagte, ich sei äußerst stark und besäße sehr seltene übernatürliche Kräfte, aber als ich sie fragte, wie ich das verstehen solle, verweigerte sie mir jede weitere Auskunft: Es wäre verboten, darüber zu sprechen, bis zu dem Zeitpunkt, da ich selbst damit beginnen würde. Sie legte ein paar Blätter in den Krug und ging hinaus. Mein Telefon hatte sie mir gelassen.

Ich rief Toyin an. Sie versprach, mich zu besuchen. Den ganzen Tag über saß ich in der Hütte, ohne dass irgendetwas geschah. Man brachten mir die übliche Kost – Egusi ohne Öl und eine Yamswurzel – und ließ mich nicht hinausgehen. Um vier Uhr nachmittags kam Toyin in das Dorf, zusammen mit Lillian, einer gemeinsamen Freundin, die mich sehen wollte, weil sie das Ritual noch vor sich hatte. Die Priesterin bespritzte die Mädchen mit Wasser und Kreide und verlangte von mir eine Extrasumme. Danach durften die beiden mein Zimmer betreten.

Als mich meine Freundinnen sahen, hatten sie Mühe, sich das Lachen zu verkneifen. Offenbar sah ich furchtbar komisch aus: Meine Haare standen zu Berge, sie waren verfärbt von braunem und weißem Kreidestaub, und es steckten allerlei Blätter und Kräuter darin. In meinem Gesicht klebte immer noch das weiße Pulver. An Handgelenken und Knöcheln hatte ich zahlreiche rote Flecken.

»Was machen sie hier mit dir?«, rief Lillian. Toyin konnte sich nicht länger beherrschen und begann schallend zu lachen. Dann wurde sie plötzlich ernst und setzte sich zu mir.

»Hast du deinen Namen schon hinausgerufen?«, fragte sie mich.

»Welchen Namen?«, wollte Lillian wissen.

»Ihren Wassergöttinnen-Namen«, antwortete Toyin.

Ich hatte noch keinen Namen vernommen. Weder von Geistern noch von der Priesterin oder den anderen Leuten. Als ich das Toyin sagte, rückte sie näher an mich heran und flüsterte mir einen Namen ins Ohr.

»Das ist doch Betrug!«, rief Lillian, »so funktioniert das doch nicht!«

»Das ist mir völlig egal!«, zischte ich wütend. »Toyin, kannst du mir Geld borgen? Ständig kommen sie und wollen immer noch mehr Geld für dies und jenes.« Toyin zog ihre Brieftasche hervor und legte ein paar Naira-Scheine auf den Boden. Ich bedankte mich herzlich bei ihr und versprach, es ihr sobald wie möglich zurückzugeben. Wenn ich dieses Gefängnis verlassen hätte.

Als die beiden gegangen waren, setzte ich mich und zählte das Geld. Dann versteckte ich es in kleinen Bündeln sortiert unter der Matte, weil ich nicht wollte, dass diese Leute hier mitbekamen, wie viel Geld aus mir noch herauszuholen wäre. Der Tag schleppte sich dahin, nichts geschah. Irgendwann tauchte meine Schwiegermutter auf, sie ging in alle Hütten und Räume, da es ihr als Priesterin erlaubt war, überall einzutreten, wo sie wollte. Schließlich setzte sie sich zu mir, und wir unterhielten uns sehr mühselig miteinander, da sie unsere Sprache kaum verstand. Wir wechselten von gebrochenem Englisch in unsere Sprache und dann wieder in ihre. Im Grunde versuchte sie mir auf unterschiedlichste Weise klarzumachen, dass ich dieses Ritual nie bereuen würde und dass ich es nicht nur für mich, sondern auch für ihren Sohn machte. Als sie ging, legte ich mich auf die Matte und ruhte mich aus, für den abendlichen Tanz. Denn ich wollte stark sein und nicht wieder in diesen tranceartigen Zustand verfallen, der mir jegliche Selbstkontrolle nahm – ich fühlte mich elend in diesem Zustand. Also drehte ich das Gesicht zu meinem Pot und wünschte ihm eine gute Ruhe. So wie mir selbst.

Doch es regnete die ganze Zeit über, und der Abendtanz fiel aus.

Siebter Tag

Noch vor Sonnenaufgang huschte eine Frau zu mir in das Zimmer und weckte mich. Das Morgenbad. Die Priesterin wartete bereits vor der Hütte mit einer Lampe in der Hand, sie geleitete mich zum Fluss hinunter. Ich war noch müde und hatte Mühe, richtig wach zu werden.

An einer Stelle, die die Priesterin bestimmte, blieben wir alle stehen. Wie bereits an den Tagen zuvor begannen drei Frauen, mich am ganzen Körper mit Blättern und Gräsern abzureiben. Aber an diesem Morgen begnügten sie sich nicht damit. Eine Frau öffnete einen Korb, in dem dicker, schlammiger, roter Sand auf mich wartete, der vermutlich mit Tierblut vermischt war.

»Ist das die letzte Nacht?«, fragte ich.

»Ja, aber nur, wenn du deinen Namen ausrufen kannst.«

Ich schloss meine Augen und schöpfte neue Hoffnung. Nun konnte ich die Sache beenden, Toyin hatte mir ja »meinen Namen« genannt, ich hatte ihn mir gemerkt. Die Priesterin griff in den Korb und drückte mir die Substanz wie eine Schlammpackung auf den gesamten Körper. Dann sagte sie, sie wolle sich am Fluss die Hände waschen. Sie hob ihre Lampe in die Höhe und entfernte sich. Die drei anderen Frauen folgten ihr, und um mich herum breitete sich Dunkelheit aus. Sie hatten mir befohlen, mich nicht von der Stelle zu rühren.

Ich streckte die Hände aus und tastete nach meinem Umhang, der irgendwo in den Zweigen hängen musste, denn ich war splitternackt. Aber vor mir stand plötzlich etwas. Eine Art Mauer. Nein, es fühlte sich weich an, es war eine Haut. Meine Finger berührten den nackten Körper eines Mannes.

»Wer ist da?«, fragte ich und merkte, dass meine Stimme wieder zu zittern begann. Ein Arm umschloss mich und versuchte, meine Hände hinter meinen Rücken zu zwingen. Ein großer, muskulöser Leib presste sich gegen meine nackte, schlammbeschmierte Vorderseite. Ich wollte schreien, aber noch bevor ich einen Ton hervorbrachte, lag eine Hand auf meinem Mund. Ein anderer Mann erschien mit vier jungen Hühnern und köpfte sie direkt vor meinem Gesicht. Blut floss aus den vier Hühnerkörpern, die Männer bespritzten mich damit und raunten Wünsche, Flüche und andere Beschwörungen.

Ich riss mich los und lief davon. Blindlings in das Dunkel hinein, zwischen Elefantengras und Palmen, durch das Unterholz, immer weiter, über roten Sand. Die Männer rannten mir nach. Irgendwann erwischten sie mich. Ich fiel zu Boden. Nun geschah etwas, woran ich mich immer noch nicht erinnern kann. Zu tief habe ich es vergraben in meinem Gedächtnis. Ich kann es nicht hervorholen. Will es auch nicht. Es würde mich vielleicht wieder um den Verstand bringen.

Später, es war Nacht, lag ich mit zusammengebundenen Beinen in meiner Hütte. Mein ganzer Körper brannte, meine Scham auch. Die Priesterin sagte mir, sie habe meine Beine fesseln müssen, weil ich verrückt geworden sei. Sie sagte, ich hätte ständig geschrien: »Lasst mich sterben!«

Frauen traten in die Hütte. Sie banden meine Beine los. Ich richtete mich auf, sie zogen mich an und geleiteten mich wie eine Königin hinaus auf den Vorplatz. Dort standen unzählige Menschen, Männer trommelten, Frauen und Kinder tanzten, ich, umgeben von sechs jungen Frauen, trat in die Menge und legte mich in den Kreis auf den Boden. Die Priesterin trat auf mich zu. Sie war festlich gekleidet, genauso wie am ersten Tag, auf ihrem Kopf trug sie die Krone aus Kaurisschnecken. Ich wälzte mich hin und her, nach rechts und nach links. Irgendwann stand ich auf und tanzte. Menschen klatschten in die Hände, weißer Kreidestaub schwebte vor meinem Gesicht. All das kam mir bereits unendlich vertraut vor, abermals trank ich diese Flüssigkeit, spürte, wie mein Bewusstsein schwand und ich zu keinem klaren Gedanken mehr fähig war. Sie schlugen wieder das Shekere. Die Priesterin folgte mir, wo immer ich auch hinging. Wieder schwamm ich in diesem Traum, wieder wollte ich mich entziehen, aufhören mit diesen Tänzen und Bewegungen, doch es gelang mir nicht. Ich wurde verrückt. Und dann schrie ich diesen Namen.

»Ameniwewe!« – laut schrie ich es hinaus, in das Wasser. Es hatte zu regnen begonnen, wann, weiß ich nicht mehr. Alle liefen zu mir und hielten mich, denn wieder einmal versagten meine Beine den Dienst, und ich fiel hin.

»Ameniwewe!« – noch einmal, für alle, die es hören wollten. »Ameniwewe!« – die Schläge der Trommler wurden immer schneller und heftiger. Alles drehte sich, das ganze Dorf, der Wald, meine Erinnerungen, nichts war mehr an seinem Ort, obwohl ich dennoch immer wusste, dass alles ein Betrug war. Denn Toyin hatte mir diesen Namen genannt und nicht mein spiritueller Ehemann!

Der Regen prasselte hart auf uns nieder. Ein Gewitter brach los, Donnerschläge krachten. Viele der Dorfbewohner suchten Schutz in ihren Hütten. Nur die Priesterin blieb bei mir. Sie tanzte um mich, und auch die Männer trommelten weiter, als könnten sie in alle Ewigkeit ihre Rhythmen schlagen. Die beiden Männer der vergangenen Nacht schlachteten vor meinen Augen eine Ziege. Aus ihrem Hals spritzte das Blut, der Regen vermischte sich mit der Flüssigkeit, und wir tanzten in einer roten Lache. Die Pfütze zog meinen Körper an, ich fiel um und verlor das Bewusstsein.

In seichtem Wasser wanderte ich einen Pfad entlang, ein Mann folgte mir, sein unsichtbarer Körper begleitete mich, ich hatte keine Angst vor ihm. Das Wasser war warm, und ich fühlte mich rein und geborgen. Der Mann und ich ließen uns nieder, wir schwammen schwerelos an einem unbestimmten Ort, und ich begann zu erzählen. Der Mann hörte zu, ich erinnere mich nicht an den Inhalt unseres Gesprächs. Alles fühlte sich gut an, wunderschön und rein. Der Mann erhob sich, sein Körper floss oder schwamm davon. Ich blieb zurück und wusste, was ich zu tun hatte. Obwohl ich mit ihm gehen wollte, wartete ich, und das Wasser verschwand.

Alle wollten wissen, ob ich meinem spirituellen Ehemann begegnet war. Ich sagte Ja. Es war im Traum geschehen, dieses kleine Detail enthielt ich ihnen jedoch vor. Es war Morgen, und Toyin stand vor meiner Hütte. Sie hatte mir Kleider gebracht. Ihre Kleider. Ich sollte sie anziehen und diesen Ort verlassen.

Ich konnte es nicht.

Beschämt, unsicher, vielleicht misshandelt, wollte ich den Schutz dieses Dorfes nicht missen. Die Verrücktheit aller, die mir beigestanden hatten. Oder mich gepeinigt hatten? Ich kann den Unterschied noch nicht erkennen. Nie, dachte ich, würde ich jemandem davon erzählen. Niemals berichten, wozu ich mich entschieden hatte. Aus Liebe zu meinem Mann. Aus Verzweiflung. Angst. Gehorsam. Ich kann diese Dinge noch nicht voneinander unterscheiden. Obwohl mir in der Zwischenzeit und durch die Niederschrift dieses Buches vieles klarer geworden ist. Doch noch immer weiß ich nicht genau, warum ich mich zu diesem Ritual entschlossen habe. Vielleicht, um herauszufinden, ob ich tatsächlich diese Kräfte besaß und was sie vermochten!

Damals, in diesem Dorf, geschah alles, wie es geschah. Als ich in das Kleid meiner Freundin schlüpfte und damit zurück in die Realität, hoffte ich, dass diese Geister eines Tages verschwinden würden. Die Erinnerungen. Die Bilder und Eindrücke. Dass mein Bewusstsein wieder frei sein könnte. Für ein ganz normales Leben.

Es ist bis heute nicht geschehen.

Alles, was in diesen sieben Tagen in meinem Bewusstsein vorgegangen ist, steht mir auch heute noch vor Augen. Als klare Erinnerung. Die Dinge, denen sich mein Bewusstsein bereits damals verweigert hat, sind auch heute noch tief verschüttet, obwohl ich genau weiß, dass ich es wissen könnte. Aber ich wage es nicht. Es ist unmöglich! Ich beginne heftig zu weinen, dabei möchte ich es lieber klar erkennen, aber es gelingt mir einfach immer noch nicht.

Als ich das Ritual für das Buch beschrieben habe, sah ich mir wieder das Video an, das jemand für meinen Mann gemacht hatte. Als Beweis, dass ich auch wirklich ein Fisch geworden wäre, eine Schlange, eine Meerjungfrau und Wassergöttin. Ich sehe mich dort auf dem Bildschirm und weiß, dass ich das bin, aber ich bin es nicht mehr. Ich war es. Aber damals gehörte ich zu ihnen. Zu diesem Dorf. Und ich wollte es nicht mehr verlassen. Der Pot blieb zurück. Das ist gut so, dachte ich, alles bleibt dort. Ich bleibe dort. Die Ziegen, die Federn, der Schlamm, das Blut, die Hühner, die Kräuter und Blätter. Jeden Tag hatten wir Teile davon in den Krug gelegt, Bruchstücke dieser sieben Tage, die sich nun in dem silbernen Pot befanden.

Wie ich selbst auch.

Ich saß auf einer Bank unter einem Palmenbaum und dachte daran, dass ich wieder zurückkehren musste. Zu meiner Großmutter. Zu meiner Mutter. Die Priesterin setzte sich zu mir, streichelte meinen Rücken und sagte, dass ich sehr stark und sehr tapfer gewesen sei. Sie würde immer für mich beten. Ich wäre nun ihre Tochter.

Ich mochte sie. Obwohl ich sie überhaupt nicht verstand. Obwohl sie mir wehgetan hatte. Sie nahm meine Hand und betete, dabei äußerte sie etwas, das mich zutiefst erschreckte. Die Priesterin sagte, die Verwandten meines Ehemanns sollten all das Geschehene nie gegen mich verwenden, in der Zukunft.

Das war schwer zu verstehen und jagte mir Angst ein.

Sie sah in meine Augen. Plötzlich war sie ein Mensch geworden. Eine Mutter, dachte ich. Dann sagte sie, ich solle sie anrufen, wenn ich in Österreich wäre. Harte Zeiten stünden mir bevor. Wenn ich Probleme hätte, könne ich mich an sie wenden.

Ich begriff es nicht. Sie versicherte mir, sie sei meine spirituelle Mutter und von nun an verpflichtet, Rechenschaft für mich abzulegen. Vor den Geistern.

Völlig verrückt, dachte ich.

Tonys Bruder Victor parkte sein Auto direkt unter dem Baum neben uns. Er stieg aus und kam auf uns zu.

»Wer wird sich um den Pot kümmern, wenn du in Österreich bist?«, fragte er, ohne uns zu begrüßen. »Wir würden das gerne übernehmen!«, fügte er eilig hinzu.

Die Familie meines Mannes wollte sich um den Pot kümmern. Das bedeutete unter anderem monatliche Zahlungen. Die Priesterin sah mich an und sagte, ich solle darüber entscheiden. Aber es solle besser jemand aus meiner Familie sein. Normalerweise übernahm diese Aufgabe die Mutter!

O Gott, dachte ich, nicht Mummy, ihr würde ich das nie erzählen! Völlig ausgeschlossen!

Victor glaubte offenbar, das wäre sein Stichwort. Er schlug wieder seine Mutter als Hüterin des Pots vor, aber die Priesterin war entschieden dagegen. Sie ergriff meine Hand und führte mich zu ihrer Hütte.

»Es bringt kein Glück, wenn du der Familie deines Mannes den Pot überlässt. Tu das nicht!«

Ich weiß nicht warum, aber ich vertraute ihr.

»Behalten Sie ihn!«, sagte ich dann, denn ich fühlte, dass er bei ihr am besten aufgehoben war. Sie nickte und meinte, ich müsse ihr monatlich umgerechnet zehn Euro zukommen lassen, damit sie den Pot füttern könne. Mit Coke und Keksen. Der Pot dürfe nie austrocknen, andernfalls würde es mir und meinem Ehemann schlecht ergehen.

Ich stimmte zu und blickte zu Toyin, die am Rande des Platzes auf mich wartete.

Meine Freundin brachte mich nach Hause.

Alle hatten mir vorausgesagt, dass ich mich großartig fühlen würde nach dem Ritual.

Ich fühlte mich abscheulich! Angewidert von mir selbst. Beschämt. Außerdem hatte ich Blutungen. Vielleicht hat mein Körper aufgrund der vielen Tränke das Kind abgestoßen. Ich fühlte mich so elend. Wie sollte ich das je meiner Familie erklären? Meiner Großmutter, meiner Schwester? Sollte ich sie von nun an belügen?

Meine Liebe zu Tony war mit diesem Ritual nun endgültig besiegelt. Ich hatte es geschafft! Nun musste ich nichts weiter mehr tun, als zu ihm zu reisen. Nach Wien! Mit ihm in dieses Schloss gehen. Nach »Schönbrunn«.

Am nächsten Tag ging ich zu meiner Großmutter, und Mummy fragte, wo ich gewesen wäre. Als ich schwieg, übergab sie mir einen Brief. Aus Kanada.

Sofort lief ich damit zur Toilette, verschloss die Tür und öffnete den Umschlag.

Liebe Adesuwa, das ist wahrscheinlich das letzte Mal, dass du von mir hörst. Ich werde bald operiert werden. Wenn ich überlebe, werde ich zu dir zurückkommen. Wenn nicht, mach weiter. Mach mit deinem Leben weiter. Verschwende keine Zeit, auf mich zu hoffen oder mir nachzutrauern.

In Liebe, Michael.

Er hatte den Brief an meine Großmutter geschickt, an die Adresse des Gefängnisses. Wieso bekam ich ihn erst jetzt?

Ich saß auf der Toilette und hatte augenblicklich alles vergessen, was in der letzten Woche mit mir geschehen war. Ich liebe dich, Michael, dachte ich. Du bist bei mir. Ich spürte es! Aber ich verbot es mir. Also zeriss ich den Brief in ganz kleine Fetzen und spülte sie den Abfluss hinunter. Als ich die Toilette verließ, war ich jemand anderes.

Joana.

Mein zweiter Vorname. Ich wurde zu Joana. Adesuwa blieb dort, im Klo. Vielleicht hatte ich sie ebenfalls hinuntergespült, zusammen mit Michael.

Ich fühlte mich wiedergeboren. Neu. Als Tonys Frau. Nun lag ich zum ersten Mal als Joana auf meinem Bett und starrte zur Wand, wo immer noch das Bild von Betty hing. Sie sah mich vorwurfsvoll an.

»Ich weiß«, flüsterte ich, »du hast das Ritual nicht gemacht. Aber ich lebe nun mit Tony, meinem Mann. Er hat dieses Zeichen von mir verlangt, und ich habe es ihm gegeben.«

Tony kam nach Nigeria. Er ging mit mir zur österreichischen Botschaft in Lagos. So zuvorkommend und nett wie diesmal hatte ich ihn noch nie erlebt. Er behandelte mich wirklich wie eine Göttin! In Lagos blieben wir drei Tage, dann musste er schon wieder fortfliegen. Am letzten Abend gesellte sich sein Bruder Victor zu uns, begleitet von zwei Mädchen. Wir saßen zusammen an der Bar in Tonys Stammhotel in Ikeja. Die Mädchen schienen vom Land zu kommen, sie tuschelten und kicherten aufgeregt. Mir gegenüber verhielten sie sich äußerst respektvoll. Ich fragte Tony, wer die Mädchen seien und warum sie hier bei uns sitzen würden. Mein Mann erklärte mir, dass er für die beiden ein Visum besorgt hätte, wofür sie ihm sehr dankbar wären. Morgen würde er mit ihnen nach Europa fliegen, nach Italien. Ich fragte ihn, warum sie nicht allein flogen, wenn sie doch ein Visum hätten, und Tony erwiderte, dass diese Mädchen weder Italienisch noch Deutsch sprachen und sich in Europa nicht zurechtfinden würden.

Ich sah mir die jungen Dinger an und dachte, dass er recht hatte. Wie sollten sie sich mit ihren afrikanischen Sprachen in dieser fremden Welt orientieren können? Als ich in Michaels Firma arbeitete, hatte ja auch ich Fremden aus Europa geholfen, sich in der unbekannten afrikanischen Metropole zurechtzufinden.

»Wirst du mich auch begleiten, wenn ich nach Wien fliege?«, fragte ich.

»Dich?«, rief er. »Nein, du sprichst doch Englisch. In Europa können alle Englisch!«

Österreich

Einige Wochen später brachten mich Mummy, Itohan und Toyin zum Flughafen. Ich stand in der Schlange am Schalter, um mein Gepäck aufzugeben. Meine Mutter war sehr nervös. Sie fürchtete, dass ich für immer weggehen würde.

Ich wollte nach Österreich fliegen, bei meinem Mann wohnen, sechs Monate das Leben in einer völlig fremden Umgebung genießen, nichts mehr über Rituale und Traditionen hören und Tony schonend beibringen, dass Juju-Priester kein guter Umgang waren. Dann würde ich nach Nigeria zurückkehren und mit Tony weiterhin eine Fernbeziehung führen. So wie einst meine Mutter, während der Jahre, als Daddy in Brüssel gearbeitet hatte. Tony versprach mir seine Hilfe bei der Eröffnung einer neuen Boutique in Lagos. Deshalb wollten wir auch von Österreich nach Italien reisen.

Mein Telefon klingelte. Es war mein Mann. Er fragte, ob alles in Ordnung sei, und wiederholte, dass alle in Österreich Englisch sprachen und ich mich anhand der Schilder am Flughafen orientieren könne. Ich war glücklich, dass er sich um mich sorgte. Toyin bat mich unter Tränen, ich möge sie nicht vergessen. Seit Bettys Tod war sie meine beste Freundin geworden. Itohan war gefasster, als ich erwartet hatte. Sie kümmerte sich um meine zerbrechliche Mutter. Ich sah Mummy an, und ein großer Schmerz überkam mich. Nicht, weil ich diese Menschen hier verließ, sondern weil ich mit meiner Mutter nicht mehr so wie früher sprechen konnte! Damals hatte ich ihr fast alles anvertrauen können! Seit ihrer Rückkehr hatten wir immer wieder versucht, uns auszusprechen, doch wir fanden keine gemeinsame Basis mehr. Ich verstand das nicht.

Eine Boeing der KLM brachte mich nach Europa. Ich hatte das Gefühl, mein bisheriges Leben hinter mir zu lassen. Meinen Vater, mein Elternhaus, die Universität, das Dorf, die Priesterin, meine Großmutter und auch meine Schwester und Mummy. In ein paar Stunden würde ich in Amsterdam zwischenlanden, um dann nach Wien weiterzufliegen.

Ich wollte eine gute Ehefrau werden. In einer Buchhandlung in Benin City hatte ich mir sogar ein Buch gekauft: »Ein neues Leben als verheiratete Frau!« Ich hatte mir vorgenommen, es im Flugzeug zu lesen.

Die Maschine war sehr groß. Ich hatte einen Fensterplatz. Zum ersten Mal in meinem Leben sah ich Lagos von oben, bei Nacht. Was für ein Anblick! Manche Bezirke waren überhaupt nicht beleuchtet, in anderen glitzerten viele winzige Lichter. Ich schloss die Augen. Wollte schlafen. Um den Schmerz darüber, dass ich meinen Kontinent verließ, nicht in voller Stärke zu spüren. Nach einer Stunde servierte man uns ein Abendessen, abgepackt in vielen kleinen Kartons. Ein Vorgeschmack auf Europa. Wie an Weihnachten öffnete ich die kleinen »Geschenke«: In jeder Box befand sich eine andere wohlschmeckende Kleinigkeit.

In der Reihe vor mir erbrach sich ein weißer Mann. Auch das hatte ich noch nie zuvor gesehen. »Was ist mit ihm los?«, fragte ich eine Flugbegleiterin. Sie lächelte und erklärte mir in kurzen Worten, das sei nur die Flugkrankheit, nichts Ernsthaftes.

Europäer sind empfindlich. Ich hatte es bereits gehört. Nun sah ich es.

Als ich in Amsterdam ankam, hatte ich das Gefühl, der Mars und die Venus wären mir vertrauter als dieser fremde »Planet« hier. Hunde und Katzen gingen an der Leine, und manche trugen eine Art Kleidung! Ich mischte mich unter die Menge und folgte den Passanten. Irgendwann wurde mir klar, dass ich einen Anschlussflug erwischen musste und noch nicht am Ziel war. Also begann ich, die Schilder zu lesen und fragte mich, was »Vertrek gate« bedeuten mochte. Vieles stand in Holländisch angeschrieben, doch darüber fand ich immer wieder englische Entsprechungen. Ich suchte den Terminal nach Wien, fand ihn, und alles ging sehr schnell. Im Flugzeug behielt ich diesmal die Augen offen und genoss den Start, die vielen Lichter am Flughafen, die Stadt, die Straßenbeleuchtungn, dieses wunderschöne Mosaik aus bunten Lichtern.

In drei Stunden liege ich in Tonys Armen!, dachte ich glücklich.

Wir erreichten Wien am frühen Morgen. Nach der Landung musste ich durch die Passkontrolle, und mein Visum wurde überprüft. Es ging alles glatt, und ich sagte mir, dass auf meinen Mann Verlass war. Nachdem ich mein Gepäck geholt hatte, steuerte ich ungeduldig auf den Ausgang zu. Mit einem Wagen, auf dem all meine Taschen standen, ging ich durch die Tür und suchte Tony. Ich drängte mich zwischen den vielen Menschen durch und hielt Ausschau nach einem Mann, der mit Blumen auf mich wartete! Stattdessen erblickte ich eine Gruppe Afrikaner, die ich bereits von Benin her kannte und die auch auf unserer Hochzeit gewesen waren. Zwischen ihnen stand mein Mann. Ich ging auf die Gruppe zu und rief Tonys Namen. Daraufhin eilten zwei der Männer herbei, um meinen Wagen zu schieben. Tony begrüßte mich mit einem flüchtigen Kuss und nahm mir mein Handgepäck ab. Sogleich verließen wir den Flughafen.

Es war Frühling in Österreich. Tony trug ein einfaches weißes T-Shirt, er ging ein paar Schritte vor mir und führte die Gruppe an. Seine Freunde schoben den Wagen, auf dem sich auch viele Pakete für sie befanden. Plötzlich sprang jemand hinter einer Ecke hervor und umarmte mich.

»Überraschung, Überraschung!«, rief die junge Frau. Es war Jane, meine Schulfreundin, durch die ich Tony kennengelernt hatte. Ich freute mich riesig, sie zu sehen! Lachend gingen wir eingehakt neben den anderen her, und ich stellte mir vor, wie ich nun meine Sachen in die Wohnung meines Mannes bringen und eine Dusche nehmen würde, um dann gleich hinaus auf die Straße zu gehen und endlich »Wien« zu sehen. Die Männer verstauten mein Gepäck im Kofferraum von Tonys Wagen und fragten mich, was sich darin befinden würde. Wahrscheinlich wollten sie endlich ihre Pakete haben.

»Schnecken«, antwortete ich und grinste. Ich meinte die Delikatessschnecken, die ich mitgebracht hatte.

Tonys Freunde starrten mich irritiert an. Ich lachte und stieß Jane an, aber auch sie fand es nicht wirklich komisch.

Die Autofahrt vom Flughafen zum siebzehnten Bezirk war sehr aufregend. Alles sah völlig anders aus als in Afrika. Der Verkehr lief langsamer und geregelter. Die Autos waren kleiner, aber es gab weniger Schrottmühlen. Wien wirkte sauber und wunderschön.

Am Gürtel sah ich viele Bars, die mit Fotos von nackten Frauen warben. Ich sagte mir, dass ich das in Wien nicht erwartet hätte, und dachte wieder an die Bilder von Schönbrunn.

»Was stellen sie hier aus?«, fragte ich naiv.

»Prostitution«, antwortete mir Tonys Freund Sam, der neben mir saß.

Plötzlich fühlte ich mich ziemlich elend. Ich hatte gehört, dass es so etwas in Italien gab, aber in Österreich? Tony saß vorne und schwieg. Sam begann sich mit ihm auf Deutsch zu unterhalten. Natürlich verstand ich kein Wort. Warum sprachen sie nicht Englisch? Ich war gekränkt und fühlte mich nicht ernst genommen.

Schließlich erreichten wir den siebzehnten Bezirk. Ein paar Schwarze überquerten vor uns die Straße, und schon ging es mir wieder besser. Als wir das schwere Gepäck aus dem Kofferraum holten, blickte eine schwarze Frau aus dem Fenster des dritten Stocks und rief: »Madame don come«, was so viel hieß wie »Tonys Frau kommt gerade an.« Das gefiel mir gar nicht, denn »Madame« nannten wir nur Frauen, die eine hohe Position innehatten – oder Zuhälterinnen. Ich schielte zu dieser Frau hinauf und versuchte, ihr Gesicht zu erkennen. Ein paar andere Bewohner zeigten sich und starrten mich an. Tony sprach wieder Deutsch mit ihnen. Als wir die Wohnung meines Mannes betraten, blickte ich mich ungläubig um. Tony war doch reich!

Wir hatten immer gedacht, Tony habe eine schöne, helle Wohnung mit großen Räumen und europäischen Möbeln. Aber was ich nun vorfand, war eine Fünfzig-Quadratmeter-Wohnung, mit zwei Zimmern, einer Küche, Bad und WC. Noch dazu sah ich eine ganze Menge Leute, von denen einige bestimmt auch hier wohnten! Ich bemühte mich, meine Enttäuschung zu verbergen, und schob meine Taschen in das Schlafzimmer. Ein Mädchen kam aus dem Nebenzimmer und begrüßte mich. Ich begrüßte sie ebenfalls, obwohl ich sie am liebsten aus dieser Wohnung geworfen hätte, um ein paar Stunden mit meinem Mann allein zu sein. Ich wollte ihm von der Reise erzählen, von meinem Ritual, und anschließend sein neues Restaurant und sein Reisebüro sehen, das so viele Menschen aus Nigeria sicher nach Europa brachte! Wir hatten so viel zu besprechen, doch die Stimmung hier war alles andere als gemütlich.

Im Wohnzimmer saßen etwa sieben Personen. Die Sitzgarnitur war aus schwarzem Leder. Ein Mann lag auf einem Sofa und telefonierte pausenlos, ohne mich ein einziges Mal anzusehen. Drei Mädchen saßen auf einer Couch; als sie mich sahen, standen sie auf, um mich zu begrüßen. Der Fernseher lief, es wurde ein nigerianisches Homevideo gezeigt. Auf der linken Seite kochte eine Frau in einer Nische. Tony ging auf sie zu und sprach mit ihr, wieder auf Deutsch. Mir wurde klar, dass ich diese Sprache lernen musste, auch wenn ich nur ein paar Monate hierbleiben wollte. Seine beiden anderen Freunde hatten es sich auf der Couch bequem gemacht, und die Mädchen saßen nun auf dem Boden. Jane stand mit ihrem Mann in einer Ecke.

Tony zog mich schließlich in das andere Zimmer. Es war nur spärlich möbliert. Ein großes Doppelbett stand in der Mitte des Raumes, an der Wand waren einige Schränke.

»Wo sind die Pakete?«, fragte er mich.

Folgsam öffnete ich meine Taschen und holte die Pakete heraus. Da stürmte plötzlich ein Mädchen ins Zimmer, das eines der Pakete haben wollte. Tony schrie sie barsch an: »Verschwinde hier, Ashawo!«

Mir fiel die Kinnlade herunter. Wie hatte mein Mann sie genannt? Fassungslos starrte ich ihn an.

Das Mädchen verließ sofort das Zimmer. Gedemütigt setzte sie sich zurück auf den Boden und wartete auf ihr »Paket«. Die anderen jungen Frauen kicherten über sie wie dumme Gören, doch mir war nicht zum Lachen zumute. Wie konnte mein Mann eine junge Frau so behandeln? Dieses Mädchen war sein Gast!

Ashawo hatte er sie gerufen. In unserer Sprache bedeutet das Hure.

Mein Mann öffnete Pakete und Briefe, die mir sein Bruder für ihn mitgegeben hatte. Er las Grußbotschaften und zog aus den Geschenkpäckchen seiner Familie immer neue Kuverts hervor. In zwei großen grünen Grußkarten steckte je ein Pass. Verwundert blickte ich meinen Mann an und fragte, was das zu bedeuten habe. Er antwortete, es sei sicherer, einen Reisepass in einer Grußkarte zu verschicken. Ich fragte nicht weiter nach und wandte mich meinem Gepäck zu, denn ich wollte meine Sachen auspacken und einräumen. Als ich mich nach einem freien Regal umsah, trat die junge Frau ein, die vorhin gekocht hatte. Tony überreichte ihr einen Reisepass. Mit ihr ging er anders um als mit den drei Mädchen, die auf dem Boden des Wohnzimmers kauerten. Ihr Name war Abeyuwa, das bedeutet »in Wohlstand geboren«. Als sie mir ihren Namen nannte, wusste ich, dass es Tonys Cousine war, die schon länger in Österreich lebte. Mein Mann nickte mir zu und meinte, wir sollten Freundinnen werden, dann hätte ich es leichter in Österreich.

Im Wohnzimmer wurde es nun noch lauter. Ich ging hinaus und sah, dass zwei neue Männer erschienen waren. Tony unterhielt sich mit ihnen, dann bat er mich um meinen Reisepass. Ich gab ihm das Dokument, ohne lange zu überlegen, und ging zurück ins Schlafzimmer. Abeyuwa stand bei meinen Sachen und begutachtete die vielen Haarverlängerungen, die ich aus Benin mitgebracht hatte. Ich wusste, dass sie in Europa sehr teuer waren, und hatte mich mit einigen Packungen eingedeckt. Abeyuwa wollte mir einige abkaufen, aber als Tony das mitbekam, meinte er, er werde sie mir bezahlen, ich solle ihr geben, was sie wolle. Also überreichte ich ihr vier Stück. Dann rief Tony die anderen Mädchen herein, und sie bekamen Schminkzeug, Puder und »Charm«. Wenn man sich »Charm« auf die Lippen schmierte, brachte das Glück. Ein Juju-Glaube. Die Mädchen bedankten sich sehr herzlich bei Tony, und ich war erstaunt über ihre Unterwürfigkeit. Nachdem sie diese Sachen in ihre Taschen gesteckt hatten, verabschiedeten sie sich sogleich und sagten, sie würden nun in die andere Wohnung gehen.

Endlich, dachte ich, nun würde auch Abeyuwa bald verschwinden. Doch sie dachte gar nicht daran. Je ungeduldiger ich wurde, desto gelassener las sie alle Briefe und Grußkarten, die auf dem Doppelbett lagen. Ich spürte, dass sie mich provozieren wollte, und verließ den Raum.

Jane unterhielt sich immer noch mit ihrem Mann. Als sie mich kommen sah, zog sie mich in das Badezimmer. Dieser Raum war nicht größer als sechs Quadratmeter, wir konnten gerade beide nebeneinander stehen. Nun fragte sie mich nach ihrer Schwester, ihrem Bruder und allen ihren Freunden, die ich kannte. Nachdem ich ihre Neugierde befriedigt hatte, wollte ich auch etwas von ihr wissen: »Wer sind diese Mädchen, und was wollen sie hier?«

»Keine Ahnung«, antwortete Jane, »aber du wirst es schon erfahren!«

Draußen im Wohnzimmer gerieten sich Tonys Freunde Sam und Daniel in die Haare. Sie hielten zwei meiner Taschen in der Hand und stritten heftig, wer was bekommen sollte. In den Boxen befanden sich Delikatessschnecken. Ich ging zu den Männern, nahm ihnen die Taschen aus der Hand und sagte: »Die sind nicht für euch. Aber wenn ihr ein paar wollt, lasse ich vielleicht mit mir reden!«

Mit diesem Ton hatten sie nicht gerechnet.

»Knie nieder!«, schrie Daniel mich an. Er meinte es völlig ernst. Ich dachte, das wäre ein schlechter Scherz, und sagte: »Tut mir leid, ich bin schwerhörig!«

Tony befahl mir, in die Küche zu gehen und die Schnecken für sie zu kochen, doch ich weigerte mich.

»Würdest du dich hinknien!«, befahl er mir plötzlich. In seinem Gesicht lag Eiseskälte. Ich starrte in seine Augen.

Lange. Wollte er das wirklich? Oder fürchtete er, sonst vor seinen Freunden als Weichei dazustehen?

»Knie einfach nieder, Ade, dann ist die Sache erledigt!«, flüsterte mir Jane zu. Ich wandte mich angewidert ab und wollte in die Küche gehen. Doch Tony wurde aggressiv und versperrte mir den Weg. Seine Freunde machten dumme Witze über mich und fragten meinen Mann, wo er mich denn aufgegabelt habe! Sie meinten, ich sei arrogant und hielte mich für etwas Besseres. Plötzlich stürmte Abeyuwa an mir vorbei in die Küche und stellte die angebrannte Ogbono-Suppe vom Herd. Jane flüsterte mir zu, ich solle einfach kurz niederknien, doch ich wandte mich ab und ging zu Abeyuwa. Sie hatte einiges von der Suppe retten können und verteilte sie nun in einfache weiße Teller. Ich half ihr dabei und servierte meinem Mann eine Portion.

»Knie nieder, wenn du mir das Essen bringst!«, verlangte Tony. Ich brach in schallendes Gelächter aus und musste den Teller auf den Tisch stellen, weil mein ganzer Körper vor Lachen bebte. Das konnte er doch nicht ernst meinen?

»Eine Frau kommt nach Hause, geht in die Küche und serviert ihrem Mann das Essen auf den Knien. Dann weiß er, dass sie ihn liebt und respektiert!«

Immer noch lachend schüttelte ich den Kopf, sah den beiden Idioten, die sich Freunde meines Mannes nannten, fest in die Augen und ging, ohne ein weiteres Wort zu verlieren, ins Schlafzimmer. Jetzt mussten sie doch begriffen haben, dass sie mir mit ihren traditionellen Vorstellungen gestohlen bleiben konnten! Aber Tony folgte mir sofort und verlangte, ich solle in das Wohnzimmer zurückkommen und mich vor Daniel niederknien.

Ich musste an meinen Vater denken. Aber das hatte ich hinter mir! Seit Jahren hatte ich niemandem auf Knien das Essen gereicht. In ganz Nigeria war diese Tradition mit der Zeit verschwunden. Entweder war das noch nicht bis zu meinem Mann vorgedrungen, oder er wollte vor seinen Freunden nicht als Idiot dastehen! Für beide Varianten hatte ich wenig Verständnis, also ignorierte ich seinen Wunsch und fuhr fort, meine Sachen auszupacken.

Tony brauste auf. Er schrie, seine Freunde hätten ihm bereits gesagt, es sei ein Fehler gewesen, mich nach Österreich kommen zu lassen. Jane stand in der Tür und flehte mich an, ich solle es endlich tun, ihr zuliebe! Was hatte sie denn davon? Ich verstand die Welt nicht mehr! »Am Anfang benehmen sich alle so, aber man darf es ihnen keine Sekunde durchgehen lassen«, zeterte Daniel. Schließlich ging ich hinaus, kniete vor ihm nieder, bat um Entschuldigung, holte das Essen für meinen Mann, kniete auch vor ihm nieder und servierte ihm untertänigst sein verdammtes Mittagessen!

Nachmittags ging mein Mann mit seinen Freunden fort. Ich blieb in der Wohnung und richtete mich ein. In der Nacht kam Tony spät nach Hause und schlüpfte zu mir ins Bett. Endlich waren wir allein. Nun konnte ich mich zu ihm legen und tun, wonach ich mich schon lange gesehnt hatte. Mit meinem Ehemann, den ich mochte und den viele Menschen verehrten, weil er ihnen half, in Europa Arbeit zu finden. Und ich sehnte mich danach, hier in Österreich alle Traditionen und Rituale zu vergessen. Die Nacht verlief sehr schön, und ich schöpfte wieder Hoffnung, dass doch noch alles gut werden könnte.

Tonys Frau

Am nächsten Morgen stand ich früh auf und zog mich rasch an, denn ich konnte es kaum mehr erwarten, endlich diese Stadt zu stehen! Meine Neugierde war riesengroß! Wie bewegten sich hier die Frauen? Welche Kleider trugen sie? Wie dachten die Österreicher? Wie verhielten sich ihre Kinder, und wie behandelten die Eltern ihren Nachwuchs? Wie gut funktionierte der öffentliche Verkehr? Konnte man sich auf ihn verlassen?

Ich verliebte mich sofort in die Einkaufsstraßen! Hier schlenderten unzählige Menschen von Geschäft zu Geschäft, um die Auslagen zu betrachten. Sie führten ihre Hunde an Leinen aus, was mir sehr komisch vorkam. Am Abend schlug ich Tony vor, dass wir in seinem Restaurant essen sollten, um unser Wiedersehen zu feiern. Doch was bekam ich zu hören? »Eine afrikanische Frau wartet zu Hause auf ihren Mann, kocht ihm das Essen und gebiert ihm Kinder!« Ich war seine Frau, und ich hatte mir vorgenommen, meine Sache gut zu machen. Also gab ich nach und verzichtete auf das Restaurant, obwohl mir das gar nicht recht war!

Tony ging mit mir in ein afrikanisches Geschäft und kaufte Lebensmittel ein, die ich auch von zu Hause her kannte. Nigerianische Produkte. Eine riesige Menge, die für über eine Woche reichte! Viele Nigerianer besuchten diesen Laden, und alle schienen meinen Mann zu kennen. Er war sehr stolz, mich seinen Freunden vorstellen zu können, und zeigte mich richtiggehend her! Auf dem Heimweg kaufte er eine Menge Bier.

Ich begriff, dass ständig Leute seine Wohnung bevölkerten. Ich mochte das nicht! Unser Zuhause glich einem Bahnhof: Immer kamen und gingen Leute, brachten etwas, holten dies und das, telefonierten, aßen dies und das, lungerten auf der Couch herum und gingen irgendwann wieder! Ich kochte, und sie aßen. Was für ein Leben! Eine gute Ehefrau war eine Maschine, die wusch, bügelte, kochte, servierte und am Abend gut im Bett war. Das war nichts für mich!

Ich brauchte mehr Zeit für mich selbst. Ruhe. Muße, um nachdenken zu können, zu schreiben, zu fühlen!

Unser Eheleben bestand in den ersten vier Wochen lediglich aus dieser traditionellen Routine. »Schönbrunn« blieb ein Luftschloss, ein Traum, eine Illusion. Auch über die geplante Reise nach Italien, nach Rom, wurde kein Wort verloren. Dabei hatten wir doch in Nigeria davon gesprochen. Ich hatte mich so darauf gefreut wie damals auf die Reise nach Abuja, unsere moderne Metropole!

Was sollte ich tun? Ich hatte weder Geld noch sprach ich diese seltsame, fremde Sprache! Wo sollte ich hin? An wen konnte ich mich wenden? Ich kannte niemanden hier in dieser Stadt! Mir wurde klar, dass ich dringend Deutsch lernen musste.

An einem Abend bat ich Tony um eine »Audienz«: Ich müsse mit ihm sprechen!

»Ich kann nicht leben, ohne arbeiten zu gehen! Ich bin das nicht gewöhnt. Gib mir einen Job in deinem Restaurant!«, verlangte ich. Tony sah mich völlig überrascht an und sagte: »Du bist hier in Österreich, um meine Frau zu sein und mir Söhne zu schenken!«

Wir stritten heftig an diesem Abend. Er tat mir weh, auf der Couch, aber mein Herz schmerzte viel mehr. Es endete damit, dass mich mein Mann die Nacht über im Zimmer einschloss. Von diesem Zeitpunkt an durfte ich die Wohnung nicht mehr ohne seine Erlaubnis verlassen.

Niemand verstand mich. Auch Jane, meine Freundin, nicht. Sie hatte sich mit einem Leben als gute Ehefrau abgefunden und spürte keinen Drang, etwas an ihrer Situation zu verändern. Vielleicht ging es ihr dabei ja auch besser, schließlich waren wir mit verschiedenen Männern verheiratet. Ich aber konnte das beim besten Willen nicht!

Josephine und Ike, Tonys Halbschwester und sein Neffe, kamen einen Monat nach mir in Wien an. Ike durfte an der Volkshochschule in Brigittenau einen Deutschkurs besuchen, und Tony erlaubte auch mir, daran teilzunehmen. Wahrscheinlich, weil mich Ike auf diese Weise überwachen konnte und jeden Abend wieder sicher nach Hause bringen würde. Die Geschichte endete damit, dass ich viel schneller lernte als der achtzehnjährige junge Mann und mich Tony eines Tages aufforderte zu gestehen, dass ich Ike durch Hexenkünste seine »Konzentrationsfähigkeit« gestohlen hätte und nur deshalb besser vorankam als er. Adesuwa presste also das Gehirn des Knaben aus und bemächtigte sich seiner Begabungen!

Was für ein Unsinn! Und mein Mann glaubte das! Er hatte bei seinen Verwandten in Nigeria angerufen und ihnen die Situation in diesem Deutschkurs geschildert. Aber natürlich hatte er nicht erwähnt, dass der Lümmel nie seine Hausaufgaben machte und immer nur Seifenopern ansah!

Scheiße, dachte ich. Es war das erste Wort, das ich in Österreich lernte, weil es die Freunde meines Mannes dauernd benutzten.

Josephine zog bald in eine andere Wohnung, wo auch Abeyuwa wohnte. Trotzdem hatte ich immer noch keine Privatsphäre, weil sich stattdessen ein Freund von Ike bei uns einnistete. Eines Abends, ich war allein in der Wohnung, klingelte ein Mädchen. Sie trug eine schwarze Lederhose und wirkte enorm zerbrechlich darin, bestimmt war sie nicht älter als siebzehn. Sie kam herein, holte sich ein Glas Apfelsaft und setzte sich vor den Fernseher. Ich war ziemlich überrascht und fragte nach ihrem Namen.

»Also erinnerst du dich nicht mehr an mich?«, erwiderte sie und trank von ihrem Saft.

»Nein, woher kennen wir uns?«, wollte ich wissen.

»Aus Tonys Wohnung, in Benin City«, antwortete sie knapp.

Wahrscheinlich hatte ich sie einmal auf einer Fete bei ihm getroffen. Vielleicht log sie auch. Sie starrte mich an und erwartete, dass mir ihr Name einfiel. Als ich nichts sagte, stand sie auf, ging ins Badezimmer, nahm »Charm« aus dem Spiegelschrank und rieb es auf ihre Lippen.

»Warum tust du das?«, fragte ich. Diese Packung hatte ich noch nie zuvor gesehen.

»Zauberei! Wegen der Kunden!«, antwortete sie gelangweilt. Sie verließ das Badezimmer und wollte gehen, doch ich hielt sie auf.

»Wie heißt du?«

»Ab. Zufrieden?«

Sie ging.

Irgendetwas stimmte nicht. Die vielen Mädchen. Dazu diese überheblichen, unverschämten Machos, die Freunde meines Mannes! In all diesen Wochen war ich kein einziges Mal im Restaurant meines Mannes gewesen und nie in seinem Reisebüro.

Aber auch Daddy hatte meine Mutter selten zu der Tankstelle oder in den Hafen mitgenommen, wenn Schiffe ankamen. Das war nicht üblich.

Und so ging mein Leben weiter: Ich stellte Fragen und bekam knappe, freche Antworten. Irgendwann hatten die Mädchen mitbekommen, dass ich Talent beim Frisieren hatte, und so erschienen sie regelmäßig und ließen sich von mir die Haare machen. Da ich annahm, dass sie bei meinem Mann gut verdienten, verlangte ich dafür zehn Euro. Anfangs gaben sie mir das Geld auch, aber dann fingen sie an, auf Kredit zu mir zu kommen, und ich ließ ihnen das auch durchgehen. Als mein Mann sah, dass ich mir auf diese Weise ein paar Euros verdiente, strich er mir das Haushaltsgeld.

Eines Abends gingen ich und Tony zu Abeyuwa. In ihrem Wohnzimmer saßen ein paar Mädchen. Abeyuwa stand in der Kochnische und unterhielt sich auf Deutsch mit meinem Mann. Einige der Mädchen auf der Couch und am Boden hatte ich noch nie zuvor gesehen.

»Arbeitet ihr alle im Restaurant meines Mannes?«, fragte ich sie leise, um meinen Mann nicht zu stören. Die Mädchen begannen laut zu kichern, manche hielten sich die Bäuche vor Lachen. »Das glaubst du also?«, murmelte ein Mädchen, das etwas ernster wirkte als die anderen. Ich schämte mich, weil diese Gören mehr über meinen Mann wussten als ich, und stellte keine weiteren Fragen mehr.

Abeyuwa kam aus der Kochnische hervor und stellte sich vor die Mädchen. »Tante Elisabeth, wer geht heute mit dir in die Arbeit?«, fragten sie.

Elisabeth? Diese Mädchen hier nannten sie Tante Elisabeth? Tony hielt sehr viel von seiner Cousine, während ich bisher kaum mit ihr zu tun gehabt hatte. Nun begriff ich, dass sie offenbar eine Autorität für diese Mädchen darstellte. Ohne Zögern wählte sie ein paar Mädchen aus, die sich für die Arbeit anziehen sollten. An diesem Abend hätte ich hellhörig werden müssen, was diese »Arbeit« anging. Doch ich war viel zu sehr mit meinen eigenen Problemen beschäftigt: Eigentlich hätte ich schon längst schwanger sein sollen!

Tonys Mutter, die mit ihren drei Enkelkindern nach Italien geflogen war, rief fast täglich bei Tony an und fragte, ob ein Baby unterwegs sei. »Bist du schwanger?«, waren stets ihre ersten Worte, wenn ich ans Telefon ging. Ich wünschte mir nichts sehnlicher als das, denn ich hoffte, dadurch würde sich die Situation irgendwie entspannen! Denn ich wollte immer noch eine gute Ehefrau werden und nahm mir gelegentlich das Buch vor, das ich mir noch in Benin City besorgt hatte. Kinder mochte ich sehr gern, und ich wollte endlich jemanden haben, dem ich diese Liebe schenken konnte. Tony meinte sogar, er werde mich nach Nigeria zurückschicken, damit ich dort ein weiteres Ritual vollzog, um endlich fruchtbar zu werden!

In einer Nacht rieb mein Mann mich im Schlaf mit einem weißen Pulver ein. Als ich am Morgen erwachte, erschrak ich, doch Tony versicherte, das würde mir helfen, schwanger zu werden. Ein anderes Mal legte ich mich ins Bett und spürte, dass die Matratze nass war. Ich zog das Leintuch weg, aber Tony rief, er hätte zweihundert Euro für das Öl ausgegeben. Ein Juju-Priester habe ihm geraten, es auf das Laken zu schütten, damit ich fruchtbar werden würde.

Eines begriff ich nicht: Durch das Ritual war ich doch eine Wassergöttin geworden, und diese waren in der Lage, andere mit Fruchtbarkeit zu segnen. Warum blieb dieser Segen bei mir aus?

»Hast du sie gesehen?«, fragte Tony.

»Wen?«

»Deine Leute aus dem Wasser. Du hast bereits unzählige Kinder im Wasser, aber noch keines hier bei mir, in unserer Ehe! Wie erklärst du dir das? Wir sind jetzt seit sechs Monaten verheiratet, Ade!«

Ich war sprachlos. Mein Mann glaubte ernsthaft an diese Dinge, und er wusste eine ganze Menge darüber! »Dein spiritueller Ehemann ist sehr zornig, weil du einen Erdenmann geheiratet hast!«

»Wir sind hier in Österreich!«, rief ich, als könne ich ihn damit überzeugen, dass das alles Unsinn war.

»Hexen und Geister wirken überall. Ihre Macht reicht auch über das Meer. Als Ogbanje hast du ganz besondere Kräfte. Dein Pot steht immer noch im Dorf, vergiss das nie, Ade. Sonst endest du wie deine Freundin Betty!«

Ich hatte meinen Vater geheiratet! Mein Mann brauchte dringend einen Psychiater! Gern hätte ich ihm von meinen Zweifeln an der Wirksamkeit meines Rituals erzählt – immerhin hatte mir Toyin meinen »Namen« als Wassergöttin zugeflüstert, und es schien mir auch höchst fraglich, ob die Gestalt in meinem Traum wirklich mein spiritueller Ehemann gewesen war. Andererseits flößte mir der Juju-Zauber auch eine gewisse Furcht ein, wenn ich an Bettys Tod dachte oder mich wieder an den Morgen erinnerte, als ich meine Beine nicht mehr bewegen konnte.

Doch mit Tony konnte ich nicht über meine Zweifel an diesem Zauber sprechen: Er wäre völlig ausgerastet. An diesem Abend wollte er, dass wir in das Schlafzimmer gingen, um es uns »gemütlich zu machen«. Wieder war das Bett mit irgendeiner Substanz getränkt, die der Fruchtbarkeit dienen sollte.

»Ich kann so keine Familie gründen, Tony«, rief ich. »Ich habe genug bei meinem Vater erlebt und weiß, wie diese Dinge ausgehen!« Damit zog ich mich wieder an und ging hinaus ins Wohnzimmer. Mein Mann folgte mir. »Wenn du in einem Monat nicht schwanger bist, werde ich dir beweisen, dass ich fruchtbar bin!«

Was sollte das nun wieder heißen? Wollte er eine andere Frau schwängern? Er tobte. »Du legst dich jetzt in dieses Bett und sagst deinen Wassergöttern, dass meine Mädchen diese Woche genug Geld verdienen sollen, damit sie endlich ihre Schulden bezahlen können!«

Plötzlich ging es nicht mehr darum, dass ich schwanger wurde, sondern um die Einkünfte seiner Mädchen! Wie sollte ich das alles verstehen?

Ich hatte genug von diesem Schwachsinn und rief meine Mutter an.

»Hallo, Adesuwa, wie geht es dir?«, hörte ich sie fragen und spürte gleich, dass das kein guter Moment für schlechte Neuigkeiten war.

»Gut, sehr gut, und dir?«

Das Einzige, was mir Hoffnung gab, war der Deutschkurs.

Ich konnte nicht nach Nigeria zurück. Ich hatte kein Geld, und mein Pass war spurlos verschwunden. Tony behauptete, er müsse verloren gegangen sein. Als gute Ehefrau hatte ich alle meine Ersparnisse meinem Mann überlassen: 40 000 Euro Erlös aus dem Verkauf meiner Boutique! Vorher hatte ich fünfzehnhundert für das Ritual ausgegeben. Also musste ich endlich anfangen, mein Leben hier in Österreich selbst in die Hand zu nehmen.

Was tat mein Mann den ganzen Tag? Oder besser gesagt die ganze Nacht? War er wirklich in seinem Restaurant, über das die Mädchen lachten? Und was machte er in seinem Reisebüro, wenn so viele Unterlagen und Dokumente hier in dieser Wohnung versteckt waren?

Eines Tages durchwühlte ich die ganze Wohnung. Im Grunde wollte ich vor allem meinen Reisepass wiederhaben. Also öffnete ich den Schrank meines Mannes, wo ich auf eine Menge verschiedenfarbiger Reisepässe und Dokumente stieß. Mit zitternden Händen studierte ich sie. Das Ausstelldatum stimmte jeweils perfekt mit den Zeiten überein, in denen Tony mich in Nigeria besucht hatte. Auch einige ghanaische Pässe waren darunter. An den Bildern erkannte ich, dass die Dokumente all den Mädchen gehörten, die für meinen Mann arbeiteten. Sein Reisebüro? Das Restaurant? Alles nur Tarnung für seine Arbeit als Schlepper?

Mein Herz schlug so heftig, dass ich nicht mehr atmen konnte. Ich wollte dieses Wort nicht wiederholen.

Schlepper!

Ich fiel auf den Boden, legte meinen Kopf zwischen die Hände und betete hilflos zu einem Gott, von dem ich nur mehr hoffen konnte, dass er existierte. »Lieber Gott, ich bitte dich, ich bitte dich so sehr, lass das alles nicht wahr sein. Es darf nicht wahr sein. BITTE, LIEBER GOTT!«

Mein zweiter Gedanke war, sofort zur Polizei zu gehen. Aber was sollte ich dort sagen? Würde man mir glauben? Ich hatte gehört, dass alle österreichischen Polizisten Rassisten seien! Außerdem sprach ich immer noch nicht gut genug Deutsch. Ich hatte eine Riesenangst! Was würde mit mir passieren? Was würde Tony mir antun, wenn seine Frau zur Polizei ging?

Die Klingel läutete. Voller Panik lief ich zum Fenster und sah hinaus. Draußen stand ein Taxi, aus dem gerade ein junges schwarzes Mädchen gestiegen war. Hastig räumte ich alle Dokumente zurück in den Schrank und öffnete die Tür.

Das Mädchen hieß Susan und wirkte sehr verschüchtert. Sie hielt ihre Tasche fest an ihren Körper gedrückt, auf ihrem T-Shirt stand mit großen Buchstaben »Wien«. Tony gab den jungen Mädchen Kleidung aus Österreich, damit es nicht so aussah, als kämen sie das erste Mal nach Europa.

Sie war fünfzehn Jahre alt. Ich sagte ihr, sie solle mir ihren Pass geben. Dadurch hoffte ich, noch mehr über die Machenschaften meines Mannes zu erfahren. Das Mädchen antwortete, sie dürfe ihre Papiere nur Tony oder Victor aushändigen. Ich versicherte ihr, dass ich Tonys Frau wäre und Bescheid wüsste. Als sie immer noch zögerte, drohte ich ihr, die Polizei zu holen, wenn sie mir nicht augenblicklich ihren Pass gab. Daraufhin rückte sie ihn sofort heraus. Ich fragte nach ihrem Reiseticket und den anderen Dokumenten. Sie gab mir alles und bat dann, auf die Toilette gehen zu dürfen.

Währenddessen studierte ich ihre Papiere. Die Dokumente von Susan trugen meinen Namen, aber mit ihrem Foto! Ich hatte Mühe, diesen Schock zu verdauen.

Dann überlegte ich, dass ich vielleicht mit Susans Hilfe herausfinden konnte, was Tony mit diesen jungen Frauen hier in Wien tat.

Susan war sehr jung und ängstlich. Ein weiteres Mädchen. Mein Gott, und auch ich hatte ihr Angst eingejagt! Als sie von der Toilette zurückkam, bot ich ihr etwas zu trinken an und setzte mich zu ihr. Sie erzählte mir von der Reise und schilderte mir alles, was sie davor erlebt hatte. Auch sie hatte ein Juju-Ritual mitgemacht, ihr Schrein stand bei einer Priesterin. Nun schuldete sie Tony und seinem Bruder 35000 Euro. Ich traute meinen Ohren nicht. 35000 Euro waren eine Summe, mit der man sich hier ein tolles Auto kaufen konnte!

»Sag niemandem, dass du mir das erzählt hast, es würde uns beide in Schwierigkeiten bringen«, schärfte ich ihr ein. Dann erhob ich mich. »Warte hier auf mich. Hol dir etwas zu essen aus dem Kühlschrank, schlafe ein wenig oder nimm eine Dusche!«

Ich ging in die Wattgasse. Dort befand sich ein Polizeirevier. In einer Trafik kaufte ich mir Zigaretten und rauchte eine nach der anderen. Ich war so nervös, dass ich irgendetwas in meinen Händen halten musste. Sollte ich wirklich auf dieses Polizeirevier gehen? Jetzt gleich? Wieder zündete ich mir eine Zigarette an und musste heftig husten.

Ich schaffte es nicht. Nicht an diesem Tag. Also ging ich zurück in die Wohnung. Susan war verschwunden, doch dafür traf ich Tony an. Normalerweise kam er nie vor Mitternacht nach Hause. »Was schnüffelst du in meinen Papieren herum!«, rief er, »das ist mein Geschäft, halte du dich da raus!« Er war sehr nervös. »Werde endlich schwanger! Sonst werfe ich dich in ein paar Wochen hinaus, hast du verstanden?«

Damit ging er wieder.

»Arbeit«, dachte ich, »das würde mir helfen.« Tony sperrte mich immer wieder ein. Außerdem suchte er sich andere Frauen, die zu ihm passen würden. Eine von ihnen versprach ihm sogar ein Kind. Immer öfter telefonierte er mit Nigeria. Ich konnte weder vorwärts noch zurück. Es war die Hölle.

Im September 2003 verschaffte mir Elisabeth Arbeit in einem Hotel beim Flughafen. Als Zimmermädchen. Ich hatte sie darum gebeten. Auch Elisabeth arbeitete hier tagsüber als Zimmermädchen, und abends ging sie auf den Strich. Für Tony. Meinen Mann.

Was sollte ich tun? In diesem fremden Land! Ohne Geld und ohne Pass! Tony war seit Tagen nicht mehr nach Hause gekommen. Schließlich drohte ich seinen Freunden, eine Vermisstenanzeige bei der Polizei aufzugeben, falls er sich nicht noch an diesem Abend bei mir meldete. Tony rief tatsächlich an. Wir hatten einen furchtbaren Streit. Ich war mit meiner Kraft am Ende.

Im Hotel, in dem ich arbeitete, legte ich mich manchmal während der Arbeit in einem Zimmer in die Badewanne und entspannte für zwanzig Minuten. Natürlich war das verboten, aber ich konnte nicht anders. Mein Mann war ein Menschenhändler! Er handelte mit Prostituierten! Wie war es möglich gewesen, dass ich so lange nichts gemerkt hatte? War ich wirklich so naiv, so dumm, so unsensibel? Wollte ich es einfach nicht wissen?

Ich wusste nicht, was ich tun sollte. Wenn ich am Abend nach Hause zurückkehrte, brach ich sofort in Tränen aus. Ich ertrug es kaum mehr, in dieser Wohnung zu schlafen. Also fuhr ich immer öfter schon um sechs Uhr früh in das Hotel, suchte mir ein leeres Zimmer, legte mich in ein frisches Bett und schlief zwei Stunden. Erst dann begann ich mit der Arbeit. Ich musste am Tag zwanzig Zimmer putzen, aber das schaffte ich nie. Ich war viel zu schwach in dieser Zeit.

An einem freien Tag blieb ich nicht zu Hause, wie es von mir verlangt wurde, sondern fuhr mit der Straßenbahn ziellos durch die Stadt. Ich betrachtete die Leute, ohne einen klaren Gedanken fassen zu können, und stieg irgendwo bei einem Park aus. Eine Bank erschien mir hervorragend geeignet, um mich auszuruhen und die Stille der Natur zu genießen. Als ich so dasaß und eine Zigarette nach der anderen rauchte, setzte sich plötzlich ein wildfremder Mann zu mir. Ein Weißer. Er fragte, ob ich Hilfe brauche. Einfach so.

Verblüfft sah ich ihn an und wollte ihm schon mein Herz ausschütten, als ich plötzlich Angst bekam. Womöglich war dieser Mann von der Polizei! Also schwieg ich. Der Mann blieb eine ganze Weile neben mir sitzen, ohne ein Wort zu sagen. Er lehnte sich zurück und ließ mir Zeit. Dann begann er nervös mit seinen Schuhen auf den Boden zu tippen wie ein Steptänzer. Schließlich fragte er, warum ich weinen würde. »Was macht dich so traurig?«

Verstört bemerkte ich, dass mein Gesicht tatsächlich tränenüberströmt war. Ich spürte keine Traurigkeit, war viel zu erschöpft dafür! Umständlich begann ich ihm zu erklären, dass er es nicht verstehen würde, es handle sich um Dinge, die man nur begreifen könne, wenn man aus derselben Kultur stamme. Der Mann saß ganz ruhig neben mir und hörte mir zu. Das erste Mal seit ich nach Wien gekommen war, hörte mir jemand zu, ohne etwas von mir zu wollen. Als ich verstummte und eine ganze Zeit lang nichts mehr sagte, riet er mir, mich an ein »Frauenhaus« zu wenden. Eine Einrichtung der Stadt Wien, deren Mitarbeiter sich um alle Frauen kümmerten, die Probleme hätten. Ich dachte: Wozu soll das gut sein? Wenn ich Probleme habe, gehe ich auf die Straße und schlafe unter einer Brücke.

»Ich brauche kein Frauenhaus«, erwiderte ich hastig, weil ich viel zu viel Angst vor allen Behörden hatte. Womöglich würde man dort die Polizei verständigen. Der Mann gab mir eine Karte und beharrte darauf, dass ich dort anrufen solle, diese Leute würden mir in jedem Fall helfen können. Ich solle es unbedingt tun! Noch am gleichen Tag, denn ich würde dringend Hilfe brauchen.

Dann ging er. Als er um die Ecke bog, fiel mir Michael ein. Mein Schutzengel, dachte ich. Du hast mich tief berührt, unbekannter Mann. Ich werde dich nie vergessen, ich danke dir! Ich behielt ihn in Erinnerung, und wenn ich in Gedanken zu ihm sprach, nannte ich ihn Michael!

Zehn Minuten später rief ich die Nummer an. Ich war überwältigt von der Art, wie die Leute dort mit mir umgingen! Respektvoll. Behutsam. Sie würdigten mich, ließen mir Zeit. Gaben mir die Möglichkeit, mich auszusprechen. Sie störten sich auch nicht an meinem schlechten Deutsch. Und sie versicherten, ich könne zu ihnen kommen, wann immer ich wollte. Auch in der Nacht. Es gäbe Betten in ihrem Haus, die allen Frauen in Not offen stünden. Ich wäre stets willkommen.

Österreich!, dachte ich. Was war das nur für ein Land? Konnte ich diesen Leuten wirklich trauen? Diese Stadt war nicht zuständig für mich! Ich war eine Afrikanerin, diese Stadt hier gehörte den Österreichern. Mein Verstand erhob noch Einwände, doch mein Gefühl sagte mir, dass ich einigen von diesen Menschen vertrauen konnte.

Von diesem Moment an hatte ich eine neue Option. Ein Frauenhaus! Ich begriff, dass ich Teil dieser Stadt war.

Nach dem Telefonat ging ich zur Straßenbahnhaltestelle und fuhr ziemlich schnell nach Hause. Zu meiner großen Überraschung war Tony dort. Es war kurz nach Mitternacht. Er wurde handgreiflich, und ich wehrte mich vergeblich. Mein Mann schleppte mich auf die Couch, drückte mich gegen die Polster und sagte, er hätte eine Lösung für unser Problem gefunden. Ich solle meinen Wassergeist bitten, ihn loszulassen. Ihn von dieser Ehe zu befreien! Alle Juju-Priester in Nigeria hätten ihm bestätigt, dass ich eine überaus starke Wassergöttin wäre und dass er sich von mir lösen müsse. Ich würde so enden wie Betty, dafür werde er sorgen.

Ich hatte Angst. Mein Pot stand immer noch in dem Dorf, und ich hatte vergessen, der Priesterin Geld zu schicken. Zehn Euro im Monat hatte sie verlangt.

Unter größter Überwindung rief ich eines Tages bei der Priesterin an. Immerhin hatte sie mir angeboten, dass ich mich bei ihr melden solle, wenn es Probleme gab. Nun hatte ich tatsächlich Probleme, denn ich spürte, dass mein Mann ernsthafte Angriffe gegen mein Leben plante.

Ich erreichte die Priesterin sofort, und sie bestätigte meine Befürchtungen. »Die Familie deines Mannes versucht bereits, dich spirituell zu töten. Sei vorsichtig, Adesuwa, iss nichts aus der Wohnung deines Mannes, nimm nichts aus seinen Händen an. Trenne dich von ihm!«

Was für ein Schock. Auch Betty war von Juju-Priestern getötet worden, sie hatten ihr Fleisch zerhackt. Ich fragte mich, ob meine Schwäche womöglich durch die Magie der Juju-Priester verursacht wurde, die Tonys Verwandte auf mich angesetzt hatten. Sie bezahlten bestimmt ein Vermögen für diese Art von Mordversuchen.

Die Priesterin sagte mir, dass die Familie meines Mannes schon öfter nach dem Pot gefragt hätte. Und sie hätten bereits mehrere Male versucht, mich spirituell zu töten, was ihnen aber nicht gelungen sei. Andere Juju-Priester hätten ihre spirituellen Kräfte eingesetzt, um zu erreichen, dass ich von keinem anderen Mann schwanger werden könnte. Weil ich Tony immer noch kein Kind geschenkt hatte. Zum Abschluss bekräftigte die Priesterin, dass ich sehr stark wäre.

Ich glaubte ihr jedes Wort, nur nicht, dass ich sehr stark wäre. Was war von mir übrig geblieben? Eine junge Frau, die nicht einmal zwanzig Zimmer am Tag putzen konnte. In Nigeria hatte ich fast das Doppelte geschafft! Aber warum tat diese Priesterin das für mich? Offenbar stand sie nicht auf der Seite der anderen. Ich begriff, dass sie mich beschützte, also konnte ich ihr vertrauen! Aber sollte ich das wirklich tun? Einer Juju-Priesterin Glauben schenken?

O mein Gott! Ich war so hilflos. Alles war ins Wanken geraten, und eigentlich glaubte ich an gar nichts mehr in dieser Zeit. Doch immer wieder überfiel mich eine entsetzliche Angst, der Juju-Zauber wäre doch kein Schwindel und könnte mich tatsächlich töten. Dann dachte ich: Was ist, wenn ich wirklich eine Wassergöttin bin und Kräfte besitze, die ich einfach noch nicht begriffen habe? Immerhin träumte ich oft Dinge, die später tatsächlich eintrafen. Hatte diese Fähigkeit mit meinen Kräften als Ogbanje zu tun? Wie konnte ich sie nutzen? Weshalb erklärte mir das niemand? Musste ich es selbst herausfinden? Aber warum?

Gleichzeitig war mir klar, dass niemand in Österreich mich je verstehen würde. Was wusste man hier schon von Schlangen, Fischen, abgehackten Hühnerköpfen und nächtelangen Tänzen im Regen? Von halb nackten Männern, weißer Kreide und einer entsetzlich brennenden Haut! Von den Empfindungen im Intimbereich einmal ganz abgesehen! Wie konnte ich ihnen erklären, dass ich in einer Nacht das Bewusstsein verloren hatte und noch immer nicht genau wusste, was mit mir geschehen war?

Ich tat, was ich auch in Lagos getan hatte. Ich schlief unter der Brücke. Diese »Brücke« hieß in Wien: Karlsplatz.

Eines Morgens ging ich in die Wohnung zurück, um mir ein paar meiner Sachen zu holen, und traf wieder auf meinen Mann. Abermals gerieten wir in Streit, auch körperlich, und wieder war ich ihm unterlegen. Er schrie, dass ich an allem schuld wäre. An allem! Die Geschäfte gingen miserabel! Nun sei schon das zweite seiner Mädchen in Amsterdam festgehalten worden. Es gebe nur noch einen einzigen Ausweg: Ich müsse nach Nigeria fliegen und ein zweites Juju-Ritual machen. Er würde mir viertausend Euro dafür geben. Ich weigerte mich. Tony erhöhte den Einsatz: Er bot an, mir sechstausend Euro zu geben und weitere zehntausend nach Nigeria zu schicken. »Wenn du das Ritual machst, werden die Geschäfte wieder gut gehen«, sagte er. »Dann werden alle ihre Schulden bezahlen.« Offenbar wollte er mich unbedingt loswerden.

Nun erfuhr ich weitere Einzelheiten von meinem Mann. Vor jeder Reise mit einem Mädchen hatte er die Nacht bei einem Juju-Priester verbracht. Am nächsten Tag war sein Rücken immer voller frischer Schnitte. Ich hatte das bereits in Nigeria bemerkt, doch er hatte mir versichert, es handle sich um medizinische Eingriffe, weil er unter einer Hautkrankheit leide. Ich hatte mich stets darüber gewundert, aber nicht weiter nachgefragt. Nun wusste ich, woher die Schnitte kamen. Sein Rücken sah bereits aus wie eine Raspel.

Natürlich war sein Angebot verlockend. Aber durfte ich ihm trauen? Mit sechstausend Euro konnte ich mir eine Wohnung in Lagos mieten und später vielleicht sogar wieder eine Boutique eröffnen. Aber ich wusste auch, dass mein Mann bereits Geld für Rituale bezahlt hatte, die mich töten sollten. Vermutlich waren die sechstausend Euro nur ein Köder, um mich zurück nach Nigeria zu locken! Tony gab mir zwei Stunden Bedenkzeit.

Ich bekam Lust, »meine Kräfte« auszuprobieren und Macht über meinen Mann zu gewinnen. Irgendwie!

In dieser Nacht konnte mein Mann nicht schlafen.

Tony war sicher, ich hätte ihn verhext. Ruhelos wälzte er sich hin und her. Da er keinen Schlaf fand und mich immer wieder weckte, ging ich schließlich ins Wohnzimmer und setzte mich vor den Fernseher. In dieser Nacht kam Elisabeth mit einem Mädchen in die Wohnung. Die Kleine weinte, und Tonys Cousine drohte ihr: »Du wirst schon sehen, was passiert, wenn du nicht gehorchst.« Sie rollten Decken auf dem Wohnzimmerboden aus und legten sich beide zum Schlafen hin. Mich ignorierten sie völlig.

Am nächsten Morgen schlug Elisabeth das Mädchen. Mein Mann saß vor dem Fernseher und stellte ihn einfach lauter. Ich befahl Elisabeth, die Kleine in Ruhe zu lassen. Darauf schrie sie Tony zu: »Sie ist zu weich, die schafft das nie.«

»Dazu ist sie auch nicht hier, das ist deine Aufgabe! Sie ist meine Frau«, gab Tony zurück.

Elisabeth tobte, doch mein Mann blieb hart: »Mach weiter, oder willst die Schulden dieser Mädchen bezahlen?« Die beiden gerieten in einen heftigen Streit, und Tony schlug sie. Ich starrte auf das Mädchen am Boden und dann auf meinen brutalen Mann. Mein Gott, dachte ich, was tue ich noch hier, warum brauche ich immer so lange, bis ich endlich etwas unternehme, ich muss handeln! Als Tony die Wohnung verlassen hatte, lief die Kleine zu Elisabeth und tröstete sie. Dabei hatte sie das Mädchen doch gerade noch geschlagen!

Elisabeth starrte mich an und rannte Tony nach.

Das Mädchen bat mich, telefonieren zu dürfen. Ich erlaubte es ihr, forderte sie aber auf, auch mir zu helfen. Wir sprachen miteinander, und sie erzählte mir eine ganze Menge. Über den Mädchenhandel. Elisabeth habe sie geschlagen, weil sie sich geweigert hatte, auf den Strich zu gehen. Sie hatten ihr die Heirat mit einem Weißen versprochen, nun wurde sie gezwungen, einen fast siebzigjährigen Alkoholiker als Stammkunden zu bedienen und außerdem noch »anzuschaffen«.

Das Geld musste sie Elisabeth geben, und die wiederum gab es meinem Mann. »Ohne Tony wäre ich nie nach Europa gekommen, also habe ich ihm gegeben, was er wollte. Meine Familie ist sehr arm.«

Dieses Mädchen wohnte zusammen mit sechs weiteren blutjungen Frauen in der Wohnung von Elisabeth. Sie alle wurden zur Prostitution gezwungen. Als Miete musste jede von ihnen dreihundert Euro pro Monat zahlen. Elisabeth sammelte das Geld ein und gab es Tony, bei dem auch sie selbst noch Schulden hatte.

»Ist Elisabeth wirklich die Cousine meines Mannes?« fragte ich, denn ich hatte schon lange den Verdacht, dass zwischen den beiden etwas lief. Das Mädchen zögerte. »Ich will nicht die sein, die dir die Wahrheit sagt«, antwortete sie dann. Später fand ich heraus, dass Elisabeth Tony noch 20000 Euro schuldete. Dafür musste sie als »Madame« neue Mädchen betreuen, das heißt sie schlagen und zur »Arbeit« zwingen.

Ich ging ins Schlafzimmer und blätterte abermals die Pässe durch. Einer davon enthielt das Foto dieses Mädchens, wenn auch nicht ihren Namen. Ich gab ihn ihr, suchte ein paar Kleider für sie zusammen und sagte, sie solle gehen. Darauf bot sie mir die zweitausend Euro an, die Summe, die sie monatlich an Elisabeth zahlen musste, doch ich sagte, sie solle das Geld behalten.

Sie wollte nach Deutschland gehen. Ich habe nie wieder von ihr gehört.

Als mein Mann und Elisabeth zurückkamen, gab es einen gewaltigen Krach. Tony warf mir vor, ich hätte das Mädchen gehen lassen, und natürlich behauptete ich, nichts damit zu tun zu haben. Elisabeth meinte, Tony würde mich verwöhnen, ich solle endlich meine Rolle als »Madame« übernehmen. Und ich beschuldigte Elisabeth, mit meinem Mann zu schlafen.

Tony verbrachte die meisten Nächte außer Haus, und wenn wir uns sahen, stritten wir. Trotzdem wollte ich mich nicht scheiden lassen, aus Angst, er werde mich umbringen. Er drohte, mich töten zu lassen, falls ich ihn verlassen sollte. Das Einzige, was er akzeptiert hätte, wäre meine Rückkehr nach Nigeria gewesen.

Im Hotel verdiente ich zu dieser Zeit vierhundert Euro, mit Überstunden kam ich auf siebenhundert. Das reichte nicht für ein Leben in Österreich, aber den Rückflug nach Nigeria hätte ich damit schon bezahlen können. Ich wusste nicht, ob ich noch länger in Österreich arbeiten konnte, denn mein Reisepass blieb verschwunden. Tony behauptete weiterhin, er wäre verloren gegangen.

Was sollte ich tun?

Kurze Zeit später verließ Elisabeth meinen Mann. Darauf meinte Tony, nun solle ich die Arbeit als Madame übernehmen. Schließlich wüsste ich ohnehin schon alles, ich sei eine schäbige Schnüfflerin und hart genug für diesen Job. Er zeigte mir die Pässe von sechs nigerianischen Mädchen und erklärte, dass sie bereits in Nigeria »präpariert« würden: ein Foto, ein falscher Name, ein Visum. Das sei teuer, aber es ginge. Die Pässe würden in spezielle, große Grußkarten gesteckt, um die Durchleuchtungskameras an den Flughäfen zu überlisten.

Sobald die Mädchen in Europa ankämen, sei eine Madame für sie zuständig. In Wien sollte ich nun diese Rolle übernehmen. Er hätte Kontakte zu Madames in Italien, Holland und Spanien.

Ich sollte auf die Mädchen aufpassen und regelmäßig am Straßenstrich überprüfen, ob sie auch »anschafften«. Außerdem sollte ich jeden Tag kontrollieren, wie viel sie verdient hatten. Einmal pro Monat müsste ich dann das Geld abholen: zweitausend Euro pro Mädchen.

Falls sie sich weigerten zu »arbeiten«, sollte ich sie mit meinem Juju-Zauber bedrohen. Sie hätten ein anderes Ritual gemacht und wären leicht zu manipulieren.

Es war im Dezember. Tony verschwand wieder und gab mir einen Monat Bedenkzeit.

Ich konnte das nicht, nein, das würde ich nicht machen! Am 2. Januar 2004 um drei Uhr früh packte ich einen Rucksack und zwei kleine Taschen. Einige persönliche Dokumente von Tony nahm ich mit, um im »Austausch« vielleicht doch noch meinen Reisepass zurückzuerhalten. Dann rief ich ein Taxi und verließ die Wohnung. Ich fuhr zum Karlsplatz im Zentrum von Wien. Dort setzte ich mich zu den Junkies und wartete auf das Unbekannte. Schlimmer konnte es nicht mehr werden.

Ein neues Ich

Ich brach mit der Tradition und bezwang meine Angst. Ich wusste, es war Zeit, meine Mutter anzurufen und ihr alles zu erzählen. Diesmal nahm ich keine Rücksicht auf ihren Zustand, sie musste es verkraften, ob sie wollte oder nicht. Zu meiner großen Überraschung ging es ihr sehr gut, und ich spürte, dass dies der richtige Moment war. Also schilderte ich ihr meine Situation.

Mummy war entsetzt, doch sie brach nicht zusammen. Sie meinte, alles könne noch gut werden, doch ich dürfe mich mit keinem anderen Mann einlassen, solange ich nicht wüsste, ob ich mich wirklich scheiden lassen wolle, andernfalls gäbe es einen Skandal. Auf jeden Fall solle ich alles noch einmal genau überdenken. Doch ich zweifelte keine Sekunde daran, dass ich mich von diesem Mann trennen musste.

Eine Heirat war lediglich eine Zeremonie, besiegelt durch ein offizielles Dokument. In einer Ehe zählten Partnerschaft und Liebe, und von beidem war zwischen Tony und mir kaum etwas zu spüren gewesen. Mummy versuchte, mich weiter umzustimmen. Ich erklärte, dass meine Seele schon lange gegangen war und dass ich begonnen hätte, meinen Gefühlen zu vertrauen und nichts anderem. Meine Mutter hörte mich an, doch sie begriff nichts, bis ich ihr eröffnete, dass Tony ein Menschenhändler war.

Nach dem Gespräch ging ich auf den Stephansplatz und sah den Touristen zu, die die Auslagen in den Schaufenstern bewunderten. Ich schlenderte durch den ersten Bezirk, eine sehr reiche und noble Gegend, und prägte mir jeden Straßennamen ein. In meinem Inneren entstand ein Netz aus Namen, die mir noch wenig sagten. Doch ich wollte »Wien« spüren, so wie andere Leute, Touristen, Einheimische, die nichts von meiner tragischen Geschichte wussten. Plötzlich sah ich die Dinge in völlig anderem Licht. Auch, wie sich die Leute hier verhielten, wie sie miteinander sprachen und miteinander umgingen. Ich war plötzlich fähig, mich dieser neuen, fremden Welt zu öffnen, und konnte besser verstehen, was um mich herum vorging. Wahrscheinlich, weil ich begonnen hatte, Abstand zu meinem bisherigen Leben zu gewinnen!

Es wurde Abend, und die Dunkelheit brach herein. Eigentlich musste ich nun zurück zum Karlsplatz, der nur fünf Minuten von der Innenstadt entfernt war, um dort einen passenden Schlafplatz zu finden. Doch heute ging ich nicht »nach Hause«, sondern setzte mich in eine Bar.

Wer bin ich?, dachte ich vor meinem »Achterl Wein« und einer Packung Zigaretten. An diesem Tag begann ich wirklich zu rauchen. Die Zigarette wurde zu einem Symbol für meine neue Identität. An diesem Abend begann ich, mich zu fragen, was ich wirklich empfand und wollte. Ehrlich. Ohne irgendwelche Vorbehalte. Schonungslos.

War es richtig, mich scheiden zu lassen? Adesuwa war in

einer christlichen Familie aufgewachsen, sie ging in eine christliche Schule, betete immer, bevor sie wichtige Entscheidungen traf, gehorchte meistens ihrer Mutter, sehnte sich stets nach ihrem Rat! Aber Adesuwa hatte auch in den Straßen von Lagos gelebt. Adesuwa hatte bereits eigene Entscheidungen getroffen und Dinge getan, die sich für eine Christin nicht schickten!

Plötzlich fühlte ich mich schuldig und würdelos. »Aber ich bin immer noch Adesuwa!«, versuchte ich mich innerlich wieder aufzurichten. Doch mein schlechtes Gewissen ließ sich nicht betäuben. Und ich konnte sie mir bereits lebhaft vorstellen, die Gerüchte, die über mich im Umlauf waren! In Nigeria. Auch in Österreich, in der nigerianischen Community. Alle würden über mich reden, heimlich, hinter meinem Rücken. Und irgendwann würden sie mich mit ihren Vorwürfen konfrontieren. Diese Gerüchte! Eine entsetzliche Plage, besonders in unserer Kultur! Sollte ich deshalb nicht zu mir selbst stehen? Würde ich dieses Getratsche ertragen? Ich war stark, stark! Auch die Priesterin hatte es gesagt, mehrere Male, also konnte es nicht völlig falsch sein! Aber wie sollte ich mich völlig allein hier in Wien durchschlagen? Als afrikanische Frau, die immer noch gebrochen Deutsch sprach! Vielleicht war es doch besser, zu Tony zurückzugehen. Aber was war mit all diesen Mädchen?

Ich konnte es nicht.

Während ich eine Zigarette nach der anderen rauchte und mich äußerlich völlig ruhig, aber innerlich tief aufgewühlt nach meinen echten Gefühlen befragte, läutete das Telefon. Es war Tony. Ich hob nicht ab. Das Telefon läutete weiter, ich ignorierte es. Dann wurde es mir peinlich, mit einem hartnäckig klingelnden Mobiltelefon in einer Bar zu sitzen. Daher zahlte ich und machte mich auf den Weg. Ich konnte selbst nicht wirklich glauben, wohin ich meine Schritte lenkte: zurück zu Tony, in den siebzehnten Bezirk. Wie meine Mutter! Mein Vater hatte sie geschlagen, aber dennoch verteidigte sie diesen Mann. Niemand durfte ihm etwas tun. Niemals durfte eine Frau einen Mann verraten, verlassen, betrügen!

Auf dem Weg über die Straßen und Kreuzungen spürte ich, wie meine Augen nass wurden. Ich wollte nicht weinen, aber dennoch rannen die Tränen unaufhaltsam über meine Wangen. In den letzten Wochen hatte ich fast jede Nacht geweint. Nun war es spät geworden, und die Augen taten, was sie auch in den Nächten davor getan hatten: Sie produzierten Tränenflüssigkeit! Ich stand an einer Ampel, starrte auf das rote Licht und kämpfte gegen meine Tränen. Ich wollte endlich weitergehen, diese Straße überqueren, aber es wurde und wurde nicht grün! Und je länger ich wartete, umso deutlicher wurde mir bewusst, dass ich frei wurde! Seltsam, völlig neue, eigenartige Gefühle und Gedanken stiegen in mir auf. Ich konnte sie noch nicht wirklich zuordnen. Aber eines begriff ich sehr klar: Du bist frei, Adesuwa, dein Leben in die Hand zu nehmen und glücklich zu werden! Du musst nicht zurückgehen. Es ist eine Tradition, die das von dir fordert, doch du selbst weißt es besser!

Plötzlich, vor dieser roten Ampel, die minutenlang nicht auf Grün schaltete, wusste ich felsenfest, dass es die einzig richtige Entscheidung war, mich von meinem Mann zu trennen. Wenn ich zu ihm zurückging, würde ich immer die Hexe, die Wassergöttin, die Schlange sein.

Also drehte ich um und kehrte zurück zum Karlsplatz, meinem vertrauten Nachtquartier.

Um sechs Uhr früh sprach mich ein junger Australier an und fragte, ob ich eine Unterkunft brauche.

Der Mann hieß Martin, er war der Sohn sehr reicher Eltern, drogenabhängig und schwul. Ich blieb zwei Wochen in seiner Wohnung, hatte ein großes Zimmer für mich allein und konnte mich ausruhen, nachdenken und schreiben. Ich war nun fest entschlossen, mich von meinem Mann scheiden zu lassen.

Ich machte meine Arbeit im Hotel, wohnte weiterhin bei Martin dem Australier und schlenderte in meiner Freizeit durch Wien, um meinen inneren Stadtplan weiter zu vervollständigen. Häufig läutete mein Telefon. Wildfremde Frauen riefen an, um mir Bibelstellen vorzulesen. Andere Unbekannte sangen Lieder und sprachen von Frieden, Vergebung und Gehorsam. Ich versuchte, mich zu verteidigen, zu erklären, warum ich meinen Mann verlassen hatte, doch niemand hörte mir zu. Auch Jane begriff es erst sehr viel später. Es war völlig normal, dass mein Mann mich Hexe, Schlange, Fisch nannte. Nicht normal aber war es, dass ich das nicht länger ertrug!

Irgendwann hob ich nicht mehr ab und schaltete mein Telefon aus. Anrufe von Fremden wurden einfach nicht mehr beantwortet. Wenn ich durch die Straßen ging und eine schwarze Frau traf, fragte ich mich, ob sie mich kannte und vielleicht schon bei mir angerufen hatte.

Durch die Arbeit im Hotel lernte ich Petti kennen. Sie kam aus Sri Lanka. Ihre Mutter lebte ebenfalls in Wien, doch die beiden wohnten nicht zusammen. Petti hatte ständig auf ihre kleine Schwester aufpassen müssen und sich ausgebeutet gefühlt. Daher war sie froh, als ihre Mutter mit ihrer jüngeren Tochter zu ihrem Freund zog. Und eines Tages fragte sie mich, ob ich mit ihr zusammenwohnen wolle.

Also zog ich von einem hilfsbereiten schwulen Australier zu einer liebenswerten Frau aus Sri Lanka. Ihre Wohnung war perfekt für uns beide: ein Schlaf- und ein Wohnzimmer, eine separate Küche und ein kleines Bad. Die Miete betrug für jede von uns nur hundertfünfzig Euro.

Petti wurde eine gute Freundin für mich. Wir gingen gemeinsam zur Arbeit, lachten miteinander, wenn wir uns zufällig auf dem Gang trafen, und verbrachten die Pausen zusammen. Nur an den Abenden ging ich allein aus, denn ich hatte immer noch nicht genug von »Wien«. Meine innere Landkarte hatte bereits enorme Ausmaße angenommen, aber es gab trotzdem noch weiße Flecken, und es drängte mich, alles auszufüllen. Als wollte ich »mein neues Ich« formatieren, wie eine Computerfestplatte, auf die dann das neue Leben geschrieben werden konnte.

Meine Sehnsucht galt weiterhin Kanada! Ich wollte Geld sparen, um in die Heimat meines ehemaligen Freundes Michael zu reisen. Nicht um sein Grab zu sehen, sondern um die schönen, lebenswerten Seiten dieses Landes kennenzulernen. Manchmal konnte ich immer noch nicht glauben, dass er tatsächlich tot war.

Nach ein paar Wochen rief mich Tony an. Er wollte mich sehen und verlangte, dass ich ihm seine Dokumente zurückgab: Staatsbürgerschaftsnachweis, Meldezettel.

»Ja sicher«, sagte ich. »Aber du gibst mir dafür meinen Pass. Den echten!«, lachte ich zynisch.

Wir trafen uns bei McDonalds in der Alserstraße. Ich war früher dort als er und wartete auf ihn. Nach einer Weile sah ich einen schlanken, großen, schwarzen Mann zur Tür hereinkommen. Es war Tony, aber er hatte sich völlig verändert. Schlanker, zielstrebiger, aggressiver! Er setzte sich mir gegenüber und starrte mir mit funkelndem Blick in die Augen. »Gib mir die Unterlagen!« Ich hatte sie mir vorher kopiert und versuchte ruhig zu bleiben, denn er machte mir Angst. Alle seine Freunde standen hinter ihm, er fühlte sich so mächtig! »Du bist nicht mehr meine Frau, Ade, also musst du mir das Gleiche zahlen wie alle anderen Mädchen auch. Du schuldest mir 30000 Euro!«

Ich brach in Gelächter aus. Er verlangte, dass ich für ihn arbeitete, um meine »Schulden« zu bezahlen. Ich ließ mich nicht einschüchtern und spürte, dass bereits Welten zwischen uns lagen. Wie konnte das nur so schnell geschehen? Ich lerne rasch, dachte ich, das haben mir bereits mehrere Menschen bestätigt.

Er beharrte darauf, dass ich »eines seiner Mädchen« wäre. Ich solle mir schleunigst einen guten Platz am Praterstrich suchen, oder auf der Mariahilferstraße, je nachdem wo ich nun hausen würde. Dann sah er mir in die Augen und ich dachte, er wolle dort eine Atombombe zünden.

»Ich werde alle Mittel einsetzen, um dich zu töten. Physisch und spirituell! Wir haben uns an die Priester gewandt, die deine Freundin Betty getötet haben!«

Ich legte die Dokumente auf den Tisch, stand auf und ging.

Ohne Mann lebte ich weiter. Ich verbesserte mein Deutsch und ging jeden Tag in die Arbeit. Eines Tages wartete ich auf der Philadelphia-Brücke auf einen Bus, als ein Nigerianer mit seinem Auto vor mir hielt. Er fragte mich, ob ich nicht Tonys Frau wäre, und verlangte, ich solle einsteigen, er werde mich zurück zu meinem Mann bringen. Ich dürfe Tony nicht verlassen.

Ich stieg zu diesem Mann in das Auto, denn ich wusste, dass ich die Polizei rufen konnte, falls er unangenehm wurde. »Wenn ich meinen Pass zurückbekomme, kehre ich vielleicht zu Tony zurück«, sagte ich.

Der Mann brachte mich zu Tony. Letzterer saß ruhig da und ließ den Mann reden. Dieser fremde Nigerianer wiederholte unablässig, dass es verboten sei, sich von seinem Mann zu trennen, und dass ich freiwillig zurückkehren müsse. Und ich erklärte immer wieder, dass ich meinen Pass wiederhaben wolle. Nach drei Stunden stand ich auf und ging. Was für eine Unverschämtheit! Aber ich spürte, dass es Zeit war, Selbstachtung zu entwickeln.

An diesem Abend ging ich sofort nach Hause. Petti saß im Wohnzimmer und fragte, ob ich mit ihr tanzen gehen wolle. Sie liebte Salsa, und ich hatte sie schon einmal in ein Tanzlokal mit dem klingenden Namen »Floridita« begleitet. Petti zog mich an den Armen hoch und meinte, dass es Spaß machen würde und dass ich eine Abwechslung brauchte. Ich fühlte mich ausgelaugt und viel zu schüchtern für Salsa.

Mit geschlossenen Augen saß ich auf der Couch und lauschte der Musik, die Petti aufgelegt hatte. Bald würde ich einschlafen, dachte ich, aber ich wollte es nicht, denn in den Nächten kamen öfter diese Träume! Ich liebte und hasste sie gleichermaßen.

Ich saß neben einem Fluss und wartete auf den Sonnenaufgang. Aber vergebens. Eine Frau kam langsam auf mich zu, in der Hand einen Löffel. Dieser war gestrichen voll mit weißem Kreidestaub. Sie beeilte sich, mir den Staub zu bringen, aber jedes Mal verstreute der Wind das kostbare Pulver in alle Himmelsrichtungen und auch in das Gesicht der Frau. Sie wurde weiß, immer noch weißer und verschwand schließlich, löste sich vor meinen Augen auf. Als ich die Frau nicht mehr sah, bekam ich schreckliche Angst. Ich begann zu laufen, schneller, immer schneller, und erreichte immer dasselbe Schiff. Dort, an Deck, genau in der Mitte, neben dem Mast, sah ich in den Himmel, und er verdunkelte sich. Es begann zu regnen, genauso wie während des Rituals. Ein Mann tauchte im Wasser auf, er war nahezu fünfzig Meter groß, er wurde immer noch größer und mächtiger, und ich bekam Angst vor ihm. Vor lauter Panik sprang ich ins Wasser und landete am Wohnzimmerboden, direkt neben der Couch, auf der ich gelegen hatte.

Am 12. Februar 2004 lag ich wieder einmal zu Hause auf der Couch und genoss die Zeit mit mir selbst. Ich mochte das. Ich brauchte diese Art der Entspannung und konnte dann immer sehr gut nachdenken. Manchmal schrieb ich auch etwas nieder. An diesem Abend fühlte ich mich besonders wohl dabei. Da kam Petti herein, fröhlich und beschwingt, und sagte, heute müsse ich mit ihr ins Floridita gehen, sie wäre so glücklich, und ich dürfe es ihr nicht abschlagen. Eigentlich hatte ich keine Lust, ging aber trotzdem mit ihr »feiern«!

Das Floridita war sehr verraucht an diesem Abend und extrem überfüllt. Ich wollte wieder nach Hause. Auch wusste ich, dass die grüne, durchsichtige Bluse und die Wanderhose, die ich trug, kein passendes Outfit für dieses Lokal waren. Mein Haar steckte in einem schönen Knoten hoch oben an meinem Kopf, das war die »strenge« Frisur, die ich trug, wenn ich nur beobachten wollte. Also saß ich in einer Ecke und sah den Tänzern zu. Petti hüpfte glücklich zwischen ihnen auf und ab. Zwar wusste ich immer noch nicht, was sie so high gemacht hatte, doch ich lächelte ihr zu, denn ihre Freude wirkte ansteckend.

Dann sah ich einen großen, weißen Mann an einer Säule lehnen, der mich wohl schon die ganze Zeit angestarrt hatte. Ich rauchte gerade eine Zigarette und blies ihm den Rauch entgegen, denn ich hatte keine Lust, von jemandem angestarrt zu werden, schon gar nicht von einem Weißen in brauner Lederjacke. Ein anderer Mann kam zu meinem Tisch und fragte, ob ich mit ihm tanzen wolle. Ich lehnte entschieden ab, der Mann mit der Lederjacke sah es und begriff, dass ich nicht aufgelegt war für Männer. Petti gesellte sich zu mir, weil sie meine Unruhe bemerkt hatte, sie küsste mich auf die Wange und sagte: »Fünf Minuten noch, okay?«

Ich nickte. Der Kerl starrte mich immer noch an! Bereits seit über eine Stunde, doch sein Mut reichte nicht, um mich endlich anzusprechen. Ich versuchte, ihn zu ignorieren. Dann beendete Petti ihren Salsa-Abend, zog ihre Jacke an und ging mit mir eingehakt in Richtung Ausgang. Wir mussten an dem Weißen mit der Lederjacke vorbei.

»Stimmt etwas nicht mit meinem Gesicht?«, fuhr ich den Mann an. Es war ihm furchtbar peinlich, er stotterte, redete um den heißen Brei herum. Da ich ihn kaum verstand, meinte ich, er solle ein paar Sekunden nach draußen kommen, dort könnten wir uns in Ruhe unterhalten.

Das hatte ich noch nie zuvor getan. Einem Mann sagen, dass er mit mir nach draußen kommen solle! Was fiel mir ein! Der Mann ging tatsächlich mit mir ins Freie. Unsere Unterredung verlief etwas rau, und ich war ziemlich kurz angebunden. Er wich meinem Blick aus, lächelte ständig Petti an, aber unterhielt sich nur mit mir. Irgendetwas machte ihn befangen, doch er wurde immer freundlicher und wollte wissen, wie ich hieß, was ich machte und woher ich kommen würde. Das wollte ich ihm nicht gleich beim ersten Mal erzählen, und darum sagte ich: »Machen wir es einfach so: Du gibst mir deine Nummer, okay?«

Der Mann schrieb mir tatsächlich seine Telefonnummer auf, und ich versprach ihn anzurufen. Dann ging er zurück in das Lokal, und Petti und ich machten uns lachend auf den Heimweg.

»Äußerst schüchtern!«, sagte Petti und lachte. »Er konnte dir überhaupt nicht in die Augen sehen! Aber stell dir vor, Joana, dieser Mann ist mit dir mitgegangen, das ist doch total untypisch! Dass du dich getraut hast, ihn darum zu bitten!«

Wir lachten über diese Begegnung, und ich freute mich darüber, dass ich eine Sache selbst in die Hand genommen hatte, und zwar mit Erfolg! Ich hatte den üblichen Pfad verlassen, aber die Sache war nicht schlecht ausgegangen. Das gab mir wirklich Kraft und überzeugte mich, dass ich Entscheidungen treffen durfte und nicht sofort mit einem empörten Aufschrei rechnen musste! Im Gegenteil, ich hatte jemanden angesprochen, anstatt ihn zu »übersehen«, wie es mir durch meine Erziehung eingetrichtert worden war. Fantastisch, dachte ich. So möchte ich leben!

Wir fuhren völlig übermüdet nach Hause und vergaßen, dass wir in zwei Stunden aufstehen mussten, um in die Arbeit zu gehen. Im Nachtbus lehnten Petti und ich Schulter an Schulter, und ich musste ständig lächeln. Ich fühlte, dass ich immer noch eine Frau war, die an die Liebe glaubte, obwohl Tony, mein Vater und auch meine Mutter mich etwas anderes gelehrt hatten: Die Liebe gab es nicht. Es gab Triebe, Sexualität, Gier nach Reichtum, Macht und Gehorsam.

In diesem Nachtbus empfand ich das genaue Gegenteil. Ja, ich würde es wieder versuchen!, dachte ich. Ich habe es noch nicht satt, mich zu verlieben! Nein, all meine üblen Erfahrungen haben es nicht geschafft, mein Feuer völlig auszulöschen. Ich lebe noch. Irgendwo schlummert noch die Glut, der Lebensgeist!

In den nächsten Tagen machten es Petti und ich immer so, wie an diesem Abend: Tagsüber arbeiteten wir im Hotel, nachts gingen wir tanzen. Arbeit. Tanzen. Arbeit. Tanzen. Arbeit. Tanzen.

Wir feierten das Leben.

Nach etwas mehr als einer Woche rief ich tatsächlich diesen Mann an. Er hieß Harald. Seine Schüchternheit war verflogen, er schien etwas im Stress und meinte, dass er im Moment beschäftigt sei, doch er freue sich sehr, dass ich mich gemeldet hätte. Ob er mich zurückrufen dürfe? Natürlich willigte ich ein, nun hatte er ja meine Nummer. An diesem Abend gingen Petti und ich nicht aus, weil wir die Wohnung in Ordnung bringen wollten und endlich einmal früher ins Bett mussten. Also machten wir es uns im Wohnzimmer bequem, kochten uns etwas Gutes und plauderten. Plötzlich klingelte das Telefon, Petti hob ab und gab mir den Hörer: Es war Harald. Ich war total überrascht, dass er mich noch am gleichen Tag zurückrief, und ging etwas zögernd an den Apparat. Er fragte, ob ich am Wochenende bereits etwas vorhätte, ich sagte spontan, ich wäre noch frei. Doch als ich auflegte, dachte ich mir, dass dieser weiße Mann einfach nur aus Höflichkeit zurückgerufen hatte, er konnte es unmöglich ehrlich meinen!

Die Woche verging sehr schnell. Die Aussicht, am Wochenende einen völlig unbekannten Mann zu treffen, ließ mich sogar meine Sorgen mit Tony vergessen. Durch dieses Rendezvous wurden sie vorläufig auf ein Nebengleis verfrachtet!

Kurz vor dem Treffen mit diesem Mann fasste ich in meinem Inneren meine Situation zusammen: Mein Leben besteht nun darin, arbeiten zu gehen und Geld zu sparen, damit ich eines Tages nach Kanada reisen kann. Was auch immer dieser Mann von mir will oder nicht will, ich sollte es nicht so wichtig nehmen!

Am Samstagabend trafen Harald und ich uns in einer Bar im Zentrum von Wien. Er saß mir gegenüber. Wieder hatte er Probleme, mir in die Augen zu sehen. Ich musste lächeln und beobachtete eine Weile, wie er versuchte, sich seine Unsicherheit nicht anmerken zu lassen. Doch plötzlich drehte er den Spieß um und blickte mir direkt ins Gesicht, so intensiv, dass nun ich etwas verlegen wurde, denn einen so eindringlichen Blickkontakt war ich überhaupt nicht gewöhnt. Und dann seine Augen: Mich irritierte die Farbe seiner Iris! Immer schon hatte mich diese seltsame Augenfarbe verwirrt. Wie sammelte sich in so einem hellen Punkt überhaupt das Licht?

Der Blick dieser Augen drang in mich ein und erforschte mein Inneres und meine Vergangenheit. Ich saß plötzlich splitternackt vor ihm. Dieser Mann durchschaute mich buchstäblich. Und erkannte mich!

Wie machte er das?

Es wurde mir unheimlich, und ich sagte, dass ich auf die Toilette müsse. Dort atmete ich einige Male kräftig durch und sagte mir, dass ich es schon schaffen würde. Ich hätte bereits Schwierigeres durchgestanden. Dann ging ich zurück, setzte mich wieder an meinen Platz, bestellte noch ein »Achterl Wein«, und die Spannung legte sich ein wenig. Wir unterhielten uns über tausend verschiedene Dinge, nur nicht über Beziehungen, Freundschaften und Ehen. Es war ein bezaubernder Abend. Ich lernte eine Menge Dinge über Österreich, von denen ich bisher keine Ahnung gehabt hatte; er verstand es perfekt, unangenehme Themen zu vermeiden. Immer wieder gelang es ihm, die Unterhaltung auf einem höflichen, angenehmen Niveau zu halten, auch wenn es ihn nötigte, über die Monarchie und die Habsburger zu reden. Ich lachte sehr viel. Und mochte diesen Mann. Zu später Stunde hatten wir beide bereits einigen Wein intus, und Harald erklärte mir mithilfe von Besteck und Glasuntersetzer, wie man Ski fuhr. Der Untersetzer diente als Piste, der Löffel als Skifahrer. Mein Gott, ich würde nie in meinem Leben mit ihm in ein Skigebiet fahren, wozu sollte das also gut sein? Dann erzählte er mir von den schönen Bergen in Österreich und den großartigen Seen. Ich beichtete ihm, dass ich nicht schwimmen konnte und in meinen Träumen regelmäßig unterging. Er meinte, dass es überhaupt nicht schwer wäre und nur eine Frage des Auftriebs. Während er erzählte, musste ich an meine angebliche Berufung zur Wassergöttin denken! Was sollte das bedeuten?

Natürlich wollte mich Harald nach Hause bringen. Im Auto, vor meinem Haus, stellte er mir die Frage, die ihm den ganzen Abend am Herzen gelegen hatte. »Lebst du allein, Joana?«

Anstatt zu antworten, stellte ich die Gegenfrage: »Hast du eine Freundin?« Harald lächelte. »Natürlich nicht!«, erwiderte er, und es klang ziemlich überzeugend. Daraufhin musste ich auch lächeln.

Wir sahen einander nun jede Woche. Sehr zum Leidwesen von Petti, denn mein Leben richtete sich nun weniger nach ihr und mehr nach diesem weißen Mann, Harald. Doch Petti hatte weniger Probleme damit als ihre Mutter, die einmal eine unangenehme Beziehung zu einem Österreicher gehabt hatte! Als sie von Harald erfuhr, fing sie an, Schwierigkeiten zu machen. Sie war immer noch Hauptmieterin der Wohnung. Ich verstand nicht, was sie gegen meine Treffen mit Harald hatte. Es ging so weit, dass sie das Geld für die Miete nicht mehr annehmen wollte, mit der Begründung, dass ich ohnehin nicht mehr in dieser Wohnung leben würde, sondern zu viel mit diesem Mann zusammen wäre. Und am wenigsten konnte sie akzeptieren, dass ich Harald mit in die Wohnung brachte. Wir hatten nicht einmal eine »richtige« Beziehung miteinander, doch sie wurde von Woche zu Woche nörgeliger.

Harald fuhr mit mir oft auf den Kahlenberg. Ein Weingebiet im Westen von Wien, wunderschön, naturbelassen und typisch österreichisch! Er wollte mir die schönen Seiten seiner Heimat zeigen und beweisen, welch ein guter Bergsteiger er war! Bis zu diesem Zeitpunkt hatte ich immer noch nicht Schönbrunn gesehen, obwohl ich mittlerweile bereits über neun Monate in dieser Stadt lebte. An einem Sonntag führte mich Harald endlich zu diesem Schloss. Es war noch Winter, und Harald bewarf mich mit Schneebällen. Ich begriff den Sinn zuerst nicht, aber dann bekam ich Spaß daran und revanchierte mich. Vor dem Schloss baute Harald dann einen kleinen Schneemann. Er steckte ihm als Nase einen Ast in den Kopf und formte mit Kieselsteinen einen Mund.

Kein roter Sandhaufen, in dem tote Tauben steckten. Sondern eine Figur aus Schnee, mit Steinen und Ästen geschmückt. Einfach, weil wir Kinder sein wollten.

Ich fühlte mich so frei und glücklich, dass ich Tony immer mehr vergaß und nicht mehr daran denken wollte, dass ich dieses Kapitel in meinem Leben noch abschließen musste. Harald tat mir so gut! Meine Albträume verschwanden, der Alltag war nicht mehr grau, alles lag wieder frei und offen vor mir, der Reichtum des Lebens bot sich mir dar, ich musste einfach nur zugreifen und es genießen. So fühlte sich das Leben lebenswert an!

Eines Abends fragte er mich, ob ich auch an einer ernsthafteren Beziehung interessiert wäre.

Schuldgefühle stiegen in mir hoch. Weil ich ihm noch nicht alles erzählt hatte. Die ganze Wahrheit. Dass ich verheiratet war. Meine Probleme mit Tony, der offiziell immer noch mein Mann war. Dieser Mann behauptete, ich schulde ihm 30000 Euro, weil er mich nach Österreich gebracht hatte. Dabei schuldete er mir Geld, das ich zurückhaben wollte. Außerdem fühlte ich mich verantwortlich für die Mädchen, die dieser Menschenhändler in Österreich versklavte. Natürlich wusste ich jetzt, dass es sich um illegale Geschäfte handelte. Immerhin kannte ich viele Details und müsste eigentlich zur Polizei gehen! Mich jemandem anvertrauen. Aber sollte ich meinen zukünftigen »Ex-Mann« wirklich den österreichischen Behörden ausliefern, wo angeblich nur Rassisten saßen? Zumindest hatte man mir das ständig eingeschärft! Davon abgesehen hatte ich Angst. Tony drohte ständig, mich umzubringen.

Auf dem Weg von einem Ausflug zu meiner Wohnung begann ich Harald von meinem Leben zu erzählen. Umständlich. Tollpatschig. Ich fand nicht die passenden Worte und fing folgendermaßen an: »Ich bin verheiratet … nein, ich meine, ich war es, aber eigentlich bin ich es immer noch …«

Was für ein Desaster!

Unsere Beziehung war noch zu jung für diese Art von Geständnis. Harald tat, als ob er alles sehr gut verstehen würde, und verabschiedete sich dann ziemlich rasch. Ich dachte, nun ist es aus, bevor es richtig begonnen hat.

Als er ging, begann ich zu grübeln. »Vielleicht ist es besser so, wahrscheinlich bin ich noch nicht für eine neue Beziehung bereit. Nach allem, was ich durchgemacht habe!«

Aber am nächsten Morgen um sechs Uhr rief mich Harald an und bat mich, mit ihm am Wochenende in die Berge zu fahren. »Ins tiefste Österreich«, was so viel hieß wie »typisch Österreich«. Auf einen schneebedeckten Berg namens Rax, wo man auch Ski fahren konnte.

Auf dem Weg dorthin dachte ich über Harald nach. Ein Mensch, der die Dinge von der naturwissenschaftlichen Seite her sieht. Exakt und ohne übernatürliche Attribute. Wissenschaftlich, aber nie humorlos. Genau das, was ich brauchte.

Mir gefiel es auf der Rax. In den nächsten Wochen brachte er mich nach Dürnstein in der Wachau. Warum zeigte er mir das alles? Ich wurde ein richtiger Österreich-Freak!

Während der vielen Wanderungen erzählte ich ihm von meinem Leben. Jede Woche ein Stück mehr. An jedem Abend ein wenig intimer. Harald konnte ausgezeichnet zuhören, und wenn ich zu stottern begann, sagte er: »Das darf doch wohl nicht wahr sein, erzähle weiter.« Und er glaubte nicht an die Existenz von Juju-Zauber oder »Voodoo«, wie er es nannte. Er hatte nicht die geringste Angst davor.

Die Wochen verflogen, ich war glücklich und erholte mich erstaunlich schnell. An einem Samstagmorgen lud ich Harald zu mir zum Frühstück ein. Als Pettis Mutter erschien und Harald sah, rastete sie völlig aus. »Sie ist eine Putzfrau!«, rief sie, als könne sie Harald damit vertreiben. »Nicht mehr ganz«, antwortete er ruhig, »sie überwacht jetzt die Arbeit der Putzfrauen, ich glaube, man nennt sie Hausdame.«

Pettis Mutter wusste nichts von dieser »Beförderung« und fiel aus allen Wolken. Also kontrollierte diese Afrikanerin nun die Arbeit ihrer eigenen Tochter! Das passte ihr gar nicht. Ich legte die 150 Euro Miete auf den Tisch und hoffte, dass sie sich wieder beruhigen würde. Aber diese Frau fegte das Geld auf den Boden und wies mir die Tür. Es war mir furchtbar peinlich vor Harald! Auch er wurde auf diese Weise hinausgeworfen.

Ich sollte innerhalb von zwei Tagen ausziehen.

»Du kannst bei mir wohnen, Joana«, erklärte mir Harald, als wir draußen standen. »Ich muss noch allein leben«, entgegnete ich, »es ist wichtig, dass ich gewisse Dinge abschließe, erst dann bin ich wirklich frei.« Harald streckte mir einen Schlüsselbund entgegen. Von einer Wohnung im 16. Bezirk, die er gekauft hatte, aber nicht bewohnte. Er selbst lebte immer noch in Korneuburg, einige Kilometer außerhalb von Wien. »Du bist herzlich willkommen in meiner Wohnung. Sie steht leer.«

Am 30. April 2004, einen Tag vor meinem Geburtstag, zog ich in Haralds Wohnung. Die folgenden Wochen vergingen wie im Fluge, und ich wunderte mich darüber, dass keine Katastrophen passierten und Tony mich in Ruhe ließ.

Ich arbeitete viel, hatte als Kontrolleurin im Hotel nun auch die Aufsicht über alle anderen Afrikanerinnen, die dort arbeiteten, und natürlich auch über Elisabeth, die diese Demütigung nur schwer ertrug. Irgendwann erzählte sie es meinem Mann, und Tony sah darin wieder einmal einen

Beweis für meine übernatürlichen Kräfte, da gerade ich diesen Aufstieg geschafft hatte und nicht eine andere genauso tüchtige Frau. Natürlich hätte ich die Chefin behext!

Ich wollte mit diesem Wahnsinn nichts mehr zu tun haben und die Scheidung einreichen. Im Frauenhaus erkundigte ich mich, wie ich die Sache angehen sollte. Dabei lernte ich Miriam kennen, die sich für mich bei den Behörden erkundigte.

»Sie sind bereits geschieden!«, hieß es.

Was? Rasch erfasste ich die Situation und rief: »Aber ich habe mich nicht scheiden lassen, das war eine andere Afrikanerin mit einem gefälschten Pass, die mein Mann für mich ausgegeben hat!«

Miriam versuchte, mich zu beruhigen. Ich hatte einfach Angst, dass ich wieder einmal nicht zu meinem Recht kommen und Tony am Ende der Gewinner bleiben würde. Doch Miriam und ihre Kollegin Frau Zehetner unterstützten mich in jeder Hinsicht, und so kam es schließlich zu einem Prozess.

Das Verfahren dauerte länger, als ich gedacht hatte, Monate! Ich wurde immer ungeduldiger! So schnell wie möglich wollte ich mich dieser letzten Bindung an Tony entledigen und meiner eigenen Wege gehen. Mittlerweile gab es viele neue Menschen in meinem Leben, außerdem hegte ich immer noch den heimlichen Wunsch, nach Kanada zu fliegen und endlich dieses Land zu sehen, wo der Mann aufgewachsen war, der mir das erste Mal in meinem Leben gezeigt hatte, dass es mich wirklich gibt. Unabhängig von allen Traditionen, Ritualen und religiösen wie spirituellen Anforderungen!

Harald besuchte mich oft in »meiner« Wohnung, die natürlich »seine« Wohnung war. Er überzeugte mich davon, dass ich mit meinem Wissen über Tony zur Polizei gehen sollte, weil nicht alle Polizisten Rassisten seien. Ich vertraute ihm und wagte diesen Schritt. Aber die Beamten schickten uns wieder nach Hause und meinten, wir sollten uns die Sache noch einmal überlegen.

Harald war sehr besorgt über den Verlauf des Prozesses und brachte mich zu einem befreundeten Anwalt. Der Mann nahm die Sache für mich in die Hand.

Tony beschuldigte mich, eine Lügnerin und eine Prostituierte zu sein. Ich war überrascht, dass es nun nicht mehr um »Wassergötter« ging, sondern bloß noch darum, mich schlechtzumachen. Ich entgegnete, dass er ein Menschenhändler wäre und dass ich das auch beweisen könne. Doch der Richter wollte sich auf diese Schlacht nicht einlassen und meinte, ich solle doch einfach diese »gefälschte« Scheidung akzeptieren, und die Sache wäre erledigt! Aber damit konnte ich mich unmöglich abfinden. Ich glaubte an Recht und Ordnung und wollte mich »persönlich« von Tony scheiden lassen.

Nach einem langwierigen Hin und Her bot mir Tony tausend Euro an, wenn ich die Klage fallen lassen würde. Mein Anwalt riet mir, das Angebot trotz der lächerlich niedrigen Summe anzunehmen, doch ich könne Tony wegen Fälschung von Dokumenten bei der Polizei anzeigen. Ich willigte ein, nahm die tausend Euro, und mein Anwalt erstattete Anzeige.

Doch mir war nicht wohl bei der Sache. Das sollte es also nun gewesen sein? Und all die Mädchen, die auf den Strich gehen mussten? Im Prater und auf der Mariahilferstraße! Die monatlich, manchmal sogar wöchentlich zweitausend Euro an Zuhälter wie meinen Mann und seine widerwärtigen Kumpane zahlen mussten! Damit konnte ich mich nicht einfach so abfinden! Ich wollte die Sache an die Öffentlichkeit bringen. Den ganzen Menschenhandel zwischen Nigeria und Wien. Die Presse sollte davon berichten, es musste etwas dagegen unternommen werden! Doch zu dieser Zeit fand ich noch keine passenden Mitstreiter für eine solche Initiative.

Eines Tages übernachtete Harald »bei mir« in der Wohnung, und wir begriffen, dass wir uns wirklich liebten. Unsere Beziehung funktionierte, weil wir einander vertrauten und über alles sprechen konnten. Von einer Sache hatte ich ihm allerdings noch nicht erzählt. Doch ich wollte es so bald wie möglich tun, denn ich hasste Geheimnisse immer mehr. Sie vergifteten mein Leben. Es ging um die schauerliche Angelegenheit mit dem Pot! Immer noch stand er in der Hütte der Priesterin und sollte monatlich genährt werden, damit er nicht austrocknete.

Als ich Harald davon erzählte, reagierte er sehr verständnisvoll und machte mir nicht die geringsten Vorhaltungen.

»Ich glaube«, sagte ich, »ich will diese ganze Sache vergessen und ein neues Leben beginnen. Vielleicht schaffe ich es ja, eine Konzession für die Gastronomie zu bekommen, dann eröffne ich eine Bar.«

Das war mein Traum. Harald liebkoste mich. Er glaubte an mich und spürte meine Kraft und Ausdauer. Dieser

Mann hatte mir von Anfang an das Gefühl gegeben, eine wertvolle Partnerin zu sein.

Ich kündigte in dem Hotel, um nicht ständig auf Nigerianer zu treffen, die Tony kannten, und nahm vorübergehend einen Job bei McDonalds an. Aber irgendwie spürte ich, dass in meinem Leben etwas fehlte. Doch ich wusste nicht genau, was es war! Ich erzählte Harald von diesem seltsamen Gefühl, aber auch gemeinsam fanden wir nicht heraus, was mich immer noch so unzufrieden machte, so »unglücklich«!

Eines Nachts hatte ich wieder einmal einen entsetzlichen Albtraum. Ich erwachte völlig verstört und rannte auf die Toilette, wollte unbedingt allein sein, allein sein, allein sein! Und nichts mehr spüren! Eine Stunde lang saß ich dort und schluchzte. Wieder stürzten die Tränen unaufhaltsam aus meinen Augen. Doch ich konnte mich beruhigen, ohne Harald aufgeweckt zu haben, und ging zurück ins Bett.

Das Schlimme war, dass diese Alpträume immer wiederkamen. Danach flüchtete ich jedes Mal aufs Klo und brauchte immer länger, um mich zu beruhigen. Irgendwann begann ich, um Hilfe zu rufen, ich schrie, es möge mir jemand sagen, warum ich so unglücklich wäre, ich brauche Hilfe, ich brauche Hilfe! Aber es gab keine Antwort. Ständig musste ich an mein schreckliches Erlebnis auf dem Campus in Auchi denken, und an das Ritual.

In der folgenden Woche wollte ich nicht mehr schlafen, weil ich so furchtbare Angst vor diesen Träumen hatte! Ich schrie immer wieder, dass mir jemand helfen solle, mich befreien solle von diesen Bildern, Fantasien und meiner

Vergangenheit. Und dann schloss ich mich wieder auf der Toilette ein. Eines Nachts erschien Harald vor der Tür und verlangte, dass ich herauskam und ihm alles erzählte. In Ruhe. Für alles gäbe es eine Lösung. Ich solle mich zu ihm setzen und Schritt für Schritt erzählen, was so furchtbar wäre!

Ich konnte es nicht.

Stattdessen riss ich Klopapier herunter, nahm einen Kugelschreiber aus dem Zeitungsständer im Klo und begann etwas aufzuschreiben. Einen Gedanken. Ein Bild aus meinem Albtraum. Ein Wort aus meinem Unterbewusstsein. Immer wieder riss ich einen Fetzen herunter und schrieb meine Gefühle nieder. Erst nachdem fast eine ganze Rolle verbraucht war, begriff ich, was ich tat. Ich ließ endlich alles, alles, alles aus mir heraus. Meine ganze Geschichte mit all ihren Emotionen, Ängsten, Wirrnissen.

Das hatte mir gefehlt. Innere Ruhe! Und Klarheit.

In diesem Augenblick begann ich mein Buch zu schreiben.

Harald wollte zu mir herein, weil ich während der Niederschrift noch immer schrie, besonders wenn wieder eine Erinnerung wie ein Messer tief in meine Seele eindrang. Er wusste nicht, was ich in diesem Klo tat, hörte mich nur winseln und schreien und wollte einfach zu mir! Als er die Tür endlich mit Gewalt aufgebrochen hatte, sah er mich inmitten eines Bergs von Klopapier am Boden sitzen und stutzte. Dann hob er einzelne Fetzen auf und las. Auf jedem fünften Papier stand mein Name: Adesuwa. Er warf die Zettel zurück auf den Boden und fasste mich an der Hand. Wir setzten uns ins Wohnzimmer auf die Couch, und er nahm meine Hände. Lange saßen wir nur da und schwiegen. Harald begriff, dass ich diese Geschichte loswerden musste. Ich fühlte mich beschützt und aufgehoben. Und hatte das Gefühl, dass nun wirklich ein neues Kapitel in meinem Leben beginnen konnte. Eine Zeit ohne die furchtbaren Belastungen durch meine Vergangenheit.

Am Anfang konnte ich besser erzählen als schreiben. Wenn ich einen Stift in die Hand nahm, schossen mir immer eher Begriffe und einzelne Worte in den Sinn; wenn ich erzählen konnte, ging es flüssiger voran. Wochen vergingen, und ich erzählte nun endlich alles ausführlich und ohne Vorbehalte. Ich hörte nicht mehr auf. Bis heute nicht. Immer noch erzähle ich es Harald, immer wieder fallen mir weitere Details ein.

Ich begann meine Geschichte mit der Hand auf normales Papier niederzuschreiben. Eine echte Therapie. Harald ermutigte mich oft und sagte, ich dürfe ja nichts auslassen, man solle alles erfahren! Nie hatte ich das Gefühl, dass ich mich schämen musste, im Gegenteil: Ich bekam den Eindruck, als wäre es nicht nur für mich wichtig, diese Dinge aufzuschreiben, sondern auch für alle anderen Mädchen, die nicht die Kraft, die Gelegenheit und das Vertrauen eines Freundes hatten, der ihnen dabei zur Seite stand.

Eines Tages begriff ich, dass ich Adesuwa nicht mochte. Ich dachte daran, wie ich mich eines Tages von ihr getrennt hatte, auf dem Klo im Haus meiner Großmutter. Als ich den Brief von Michael zerrissen hatte und damit irgendwie den Glauben an meine Freiheit. Durch die Niederschrift begann ich immer klarer zu sehen. Ich hatte oft schlimme

Rückfälle und dachte, dass ich aufhören müsse, das aufzuschreiben, weil ich diese Dinge nicht erzählen dürfe, es wären Geheimnisse, über die man nicht sprach. Geheimnisse, die nur Leute wissen durften, die ebenfalls diese Rituale vollzogen hatten. Aber dann überwand ich diese Ängste und schrieb weiter. Seite für Seite. Ich öffnete alte Wunden, betrachtete sie und schloss sie wieder. Ich lernte zu weinen, wenn es notwendig war, und wieder damit aufzuhören, wenn das Leid durch die Tränen fortgeschwemmt worden war. Ich spürte, dass ich gewinnen konnte, und akzeptierte, dass ich dabei auch etwas verlor. Und ich begann zu begreifen, dass Mut keine Sache ist, mit der man geboren wird, sondern ein Entschluss, den man fasst und in die Tat umsetzt.

Es ist ein sehr langer Prozess, und ich glaube, ich bin immer noch nicht damit fertig. Irgendwie spüre ich, dass ich mit diesem Buch einen ersten Schritt gemacht habe, aber dass ich noch ein weiteres Buch werde schreiben müssen. Über Prozesse, die mir erst später bewusst werden können, dann, wenn ich die chronologische Geschichte meines Lebens schriftlich festgehalten habe. Anschließend werde ich beginnen können, an manchen Stellen »Warum« zu fragen. Daraus könnte vielleicht ein anderes Buch entstehen. Mit Antworten auf Fragen, die ich mir immer noch nicht zu stellen wage.

Während ich mein Buch schrieb, rief ich meine Mutter an und bat sie, mir ein Fotoalbum zu senden, mit Bildern aus meiner Kindheit. Sie sagte, sie könne es nicht finden, doch sie hatte noch ein paar Fotos von mir, die sie nach Wien schickte. Ich zeigte sie Harald, und als ich die Bilder wiedersah, auf denen ich Events in Nigeria organisierte, begriff ich, dass dies mein eigentliches Ich war. Die starke, lebensfrohe Adesuwa, die große Dinge anpackt!

An einem Abend ging es mit dem Schreiben so gut voran, dass ich gar nicht mehr aufhören konnte. Mein Rücken schmerzte bereits vom vielen Sitzen, ich hatte mir eine Kerze angezündet, um es gemütlich zu haben. Da klingelte das Telefon. Ich wollte nicht rangehen, denn in diesem Augenblick war mir nichts wichtiger als dieses Buch und meine Gedankengänge. Aber zu meiner Verwunderung legte der Anrufer nicht auf, und ich spürte, dass ich abheben musste.

»O Gott, wer könnte das sein?«, murmelte ich in mich hinein. Innerlich war ich immer noch nicht bereit, mit jemandem zu sprechen. Aber da dieses Telefon bereits minutenlang klingelte, hob ich endlich ab.

»Hallo?«

»Weißt du, wer hier spricht?«, fragte mich eine sehr vertraute Stimme.

Mein Herz blieb stehen. Furcht ergriff mich. Meine Beine wurden schwach. Sofort stand ich wieder vor dem Haus meiner Eltern und sah zu meinen Vater empor, der wie ein König auf seinem Balkon thronte.

»Adesuwa«, rief die Stimme in bekanntem Befehlston.

»Ja!«

»Hier ist dein Vater. Willst du nicht mit ihm reden, nach all dieser langen Zeit?«

Ich brachte keinen Ton heraus. Aber mein Vater wusste genau, was er wollte.

»Ich habe gehört, du willst einen weißen Mann heiraten.«

»Ja, da hast du richtig gehört«, antwortete ich ihm schon etwas gefasster.

»Weißt du nicht, dass du nicht mit zwei Männern gleichzeitig verheiratet sein kannst?«

»Ja, das weiß ich«, rief ich, »ich kenne die Gesetze, sie sind in Österreich nicht anders als in Nigeria, Daddy, aber ich habe mich bereits von Tony scheiden lassen. Ist das der einzige Grund, weshalb du mich anrufst?«

»Nun, ich sehe, du bist immer noch so rebellisch wie früher. Aber ich muss dir mitteilen, dass Tonys Eltern ihr Geld zurückhaben wollen. Schicke es mir, damit ich es ihnen geben kann.«

»Daddy«, rief ich plötzlich stark und »rebellisch«, »dieses Geld von Tonys Familie hast du genommen, also musst du es ihnen auch wieder zurückgeben!«

»Du bist sehr undankbar! Weißt du, wie viel Geld ich bereits für Juju-Priester ausgegeben habe, damit sie den Fluch der anderen Priester abmildern und du nicht elend sterben musst? Die Familie von Tony hätte dich sonst schon lange ermordet!«

»Spar dir dein Geld in Zukunft«, rief ich, »ich brauche diese Hilfe nicht. Gib es deinen neuen Kindern.« Ich wollte auflegen, doch dann fiel mir ein, was ich ihm noch dringend sagen musste: »Bitte ruf mich nie wieder an.«

Als ich den Hörer auf die Gabel knallte, bereute ich sofort, dass ich so mit ihm gesprochen hatte. Ich begriff, wie sehr ich immer noch unter den Verletzungen durch meinen Vater litt. Im selben Moment brach ich in Tränen aus. Ich spürte, wie sie mich befreiten. Es war ein sehr tiefes, gründliches Weinen. Als ich endlich wieder normal atmen konnte, setzte ich mich auf die Couch, starrte in die Kerze und konnte ganz klar denken.

»Ich liebe dich immer noch, Daddy. Mein Gott, ich liebe dich so sehr!«

Mein Vater weiß das nicht. Und er weiß auch nicht, wie sehr er mich verletzt hat.

»Alles okay?«, fragte mich Harald, als er an diesem Abend nach Hause kam. Ich stand auf und umarmte ihn. »Ja, alles ist okay. Besonders hier, in meinem Bauch, Harald. Es ist alles in Ordnung, und ich weiß, dass es gut werden wird.«

Viele Monate vergingen. Ich wurde schwanger. Von Harald. Wir hatten geheiratet und waren sehr glücklich. Die Priester in Nigeria hatten versucht, mich unfruchtbar zu machen. Damit kein anderer Mann mit mir je ein Kind würde zeugen können.

Nun war ich dennoch schwanger geworden. Obwohl es mein spiritueller Ehemann aus dem Wasser immer noch nicht erlaubt hat.

Unzählige Kinder in Nigeria kommen aus einer Familie, die durch Juju-Zauber zerstört worden ist.

Ich schreibe diese Geschichte, um auf diese Praktiken aufmerksam zu machen. Auf diese Tradition und ihr zerstörerisches Potenzial. Ich hoffe, dass es viele Menschen erreicht. In Europa und in Afrika. In der ganzen Welt. Besonders die Väter.

Ich hoffe, dass mein Vater eines Tages dieses Buch liest. Damit er begreift, was er seiner Tochter angetan hat, in dem Moment, als er sie verstoßen hat. Wegen eines Juju-Priesters.

Als ich mich entschlossen habe, dieses Buch zu veröffentlichen, traf ich eine Frau, die ich nie vergessen werde. Ich nenne sie Hanna. Ihr richtiger Name ist Johanna Tschautscher, sie ist Schriftstellerin und Regisseurin. Sie hat mich bei der Niederschrift dieses Buches begleitet und unterstützt. Die Arbeit mit ihr gab mir erstens die Möglichkeit, professionell an meine Geschichte heranzugehen, und zweitens verdanke ich ihr eine Freundschaft, von der ich mir wünsche, dass sie immer halten wird. Unsere Zusammenarbeit ermöglichte es mir, mich selbst wieder als Einheit betrachten zu können: Die vielen Gedanken und Handlungsstränge verknüpften sich zu einer einheitlichen Geschichte, der meines bisherigen Lebens.

Ich wünsche den Tausenden, Abertausenden und Millionen verlassenen Kindern und Opfern von Menschenhändlern, dass sie auch jemanden finden, dem sie sich anvertrauen können. Genauso wie ich mir wünsche, dass nigerianische Kinder nicht mehr der Hexerei bezichtigt und gefoltert werden, wie es Tracy McVeigh in ihrem alarmierenden Artikel »Children are targets of Nigerian Witch Hunt« beschreibt (*The Observer*, 9. 12. 2007).

2006, während meiner Schwangerschaft, begriff ich, in welche emotionale Abhängigkeit ich durch die Juju-Praktiken geraten war und wie sehr mich diese Fesseln belastet und erschöpft haben. Jeden Tag schrieb ich aufs Neue meine Erlebnisse nieder, und mit jedem Tag wurde etwas in mir klarer. Ich begriff, dass die Zeit gekommen war, das Schweigen zu brechen. Es war notwendig, etwas gegen den Menschenhandel aus Nigeria zu unternehmen, und zwar mit unterschiedlichen Mitteln. Darum gründeten wir einen unabhängigen Verein mit dem Namen »Exit«. Unser Anliegen ist die Aufklärung von Afrikanern in Nigeria über die Realität, die sie in Europa erwartet, und über die Folgen der Entscheidung, seine Ersparnisse und seine Freiheit für ein Leben in Europa zu opfern.

Seit zwei Jahren arbeite ich gegen den Menschenhandel. Wir realisierten den Kurzfilm »Greener Pastures«, der einen Einblick in das Leben von Opfern dieser Praktiken gibt. Er wurde bereits in Nigeria gezeigt.

Es ist notwendig, nach Nigeria zu gehen, um das Übel an der Wurzel zu bekämpfen. Die Gründe für die Flucht nach Europa anzusprechen.

Warum gehen so viele Frauen in den Norden? Meine Mutter wurde bezichtigt, eine Hexe zu sein. Diese Beschuldigung zerstörte ihre Ehe, sie sah sich gezwungen, ihre Heimat und ihre geliebten Kinder zu verlassen. Ich selbst rettete mich nach Europa, in der Hoffnung, hier diesen entsetzlichen Traditionen entgehen zu können. Während meiner Arbeit in Österreich begriff ich, dass es vielen Mädchen so ergangen ist wie mir selbst. Unzählige Frauen und Mädchen wurden dieser Art der spirituellen Folter ausgesetzt, weil Menschen ihre Kräfte missbrauchen, um andere manipulieren und kontrollieren zu können.

Während dieser psychischen Misshandlungen spaltete sich mein Selbst.

Ich musste meinen sensiblen, emotionalen Teil, der sich frei entfalten und ohne Angst dem Leben öffnen wollte, buchstäblich »zerreißen und die Toilette hinunterspülen«. Diesen Teil meiner Persönlichkeit nenne ich Adesuwa. Der andere Teil heißt Joana. Sie ist zielstrebiger, härter, rationaler und kühler. Durch ihre analytische Kraft konnte ich Adesuwa wiederentdecken und sie langsam erwachen lassen. Adesuwa erwacht immer noch in mir. Sie braucht Zeit, sie will das Vergangene verdauen, ohne wieder hart werden zu müssen. Sie will erkennen, dass sie vergeben kann und immer noch zur Liebe fähig ist.

Je mehr ich mich dem Ende dieses Buches näherte, desto mehr spürte ich, dass ich wieder zusammenwuchs. Zu Joana Adesuwa Reiterer. Sie vermag die Dinge heute von einem Standpunkt aus zu betrachten, den viele in Afrika nie werden akzeptieren können.

In weiten Teilen Westafrikas ist es völlig normal geworden, andere für sein persönliches Unglück verantwortlich zu machen und bedenkenlos zu psychologischer Folter zu greifen, nur um dieses Unglück von sich selbst abwenden zu können.

Ich fühle einen tiefen Schmerz, wenn ich lese, dass Kinder von ihren Eltern verstoßen werden, weil diese denken, ihr Nachwuchs hätte übernatürliche Kräfte – und das nur, weil eine religiöse Autorität behauptet, dass diese Kinder für das Unglück in der Familie verantwortlich sind!

Ich kenne die Hölle auf Erden, die solche Verwünschungen und Festlegungen hervorrufen. Ich kenne die Hölle in Lagos, wo unzählige Kinder und Jugendliche auf der Straße oder in Abbruchhäusern leben und sich selbst verlieren, weil sie eine Härte entwickeln, die ihnen verbietet, glücklich und frei zu sein. Es geht nur mehr um das nackte physische Überleben. Jeden Tag sterben verlassene Kinder. Manche werden von Autos überfahren, weil sie am Straßenrand Orangen verkaufen, während ihre Eltern weiterhin in Wohlstand leben. Doch sie haben diese Kinder verstoßen, weil sie an Traditionen und falsche Priester geglaubt haben. Aber was sie Traditionen nennen, sind Menschenrechtsverletzungen. Andere Kinder werden versklavt und in den Norden verschleppt.

Jungen Frauen wird vorgegaukelt, dass sie hier in Europa heiraten können und eine Familie gründen werden, aber was sie in Wahrheit erwartet, ist die Prostitution.

Viele Frauen sind so eingeschüchtert, dass sie keinen Versuch unternehmen, ihrem Elend zu entkommen. Sie wenden sich nicht an die Polizei, aus Angst vor Rassismus. Während meiner Arbeit an dem Kurzfilm »Greener Pastures« lernte ich aber das Gegenteil von Rassismus kennen: Ein Oberstleutnant der Wiener Polizei half mir bei der Realisierung meines Filmes.

Während der Vorbereitungen wurde das Österreichische Fernsehen auf mein Projekt aufmerksam und wollte eine Dokumentation über mich machen. Der Regisseur Robert Gordon begleitete mich auch nach Nigeria, wo ich meinen Film präsentierte und Aufklärungsarbeit vor Ort zu leisten suchte.

Ich organisierte Veranstaltungen, um auf das Thema Frauenhandel aufmerksam zu machen. Ich schrieb ein Theaterstück. Ich spielte in einem Kindermusical.

Vor einigen Monaten fragte mich die UNO, ob ich bei einer Konferenz gegen den Menschenhandel als Schauspielerin tätig werden wolle. Ich freute mich darüber und spielte an der Seite von Oscarpreisträgerin Emma Thompson in einem Theaterstück.

Liebe Eltern, ich habe es selbst während meiner eigenen Schwangerschaft erlebt: Ein Kind bringt Freude. Niemals kann es die Ursache für das Unglück einer anderen Person sein. Um gegen die Folterung von Kindern und Frauen vorzugehen, die der Hexerei bezichtigt werden, habe ich die »Initiative against Torturing of Sorcery-accused Persons« gegründet.

Ich hoffe, damit auf den Wahnsinn, in den unzählige Frauen und Kinder in Afrika getrieben werden, aufmerksam machen zu können.

Dank

Harald, du hast mir gezeigt, dass es sich lohnt, an die Liebe zu glauben. Du hast mir immer beigestanden. Danke für deine Liebe.

Mein kleiner Roland Efosa, deine Gegenwart gibt mir unglaublich viel Kraft. Ich liebe dich. Danke, dass ich deine Mutter sein darf.

Mummy, ich weiß jetzt, warum du fortgehen musstest. Ich habe dich sehr vermisst. Ich kann dir nichts vorwerfen, sondern bin dir dankbar. Ich liebe dich, wenngleich es mir immer noch schwerfällt, dir das zu sagen. Auch weiß ich nicht, wie ich es dir zeigen kann. Ich hoffe, dass eines Tages all deine Schmerzen für immer verschwunden sind.

Fred, Richard, Itohan – jetzt, da ich an euch denke, merke ich, wie sehr ich euch liebe. Ihr seid meine Geschwister.

Großmutter, wir nennen dich »Sister«, aber warum eigentlich? Wahrscheinlich, weil die Geborgenheit in deinem Haus und deine Bereitschaft, dich um uns zu kümmern, mir die Hoffnung gab, dass doch wieder alles gut werden kann. Ich danke dir, ich liebe dich!

Johanna Tschautscher, deine Aufmerksamkeit und Geduld haben mein Leben sehr stark verändert. Sie öffneten mir Türen, die mir bisher verschlossen waren. Ich lernte wieder zu weinen. Ich akzeptierte mich wieder und schäme mich für nichts mehr, auch nicht für meine Vergangenheit. Danke.

Es gibt viele Leute, die an mich geglaubt haben, sie waren alle für mich da. Diese Leute hörten mir zu und halfen mir, anderen zu helfen. Sie gaben mir Hoffnung und unterstützen mich. Ich danke euch von Herzen, besonders Robert Gordon, Gerhard Wallner.

Corinna Milborn und Mary Kreutzer, unsere Zusammenarbeit bei dem Buch *Ware Frau* brachte mir neue Klarheit und Antworten. Sie half mir, rationaler zu denken. Das war eine Art Befreiung von meinen Ängsten vor dem Juju-Glauben.

Herzlichen Dank an das Filmteam von »Greener Pastures«, das Team der Theaterproduktion »Traum vom Paradies«, die Mitglieder des Vereins »Exit« und an alle anderen, die ich nicht erwähnt habe. Ich habe euch lieb und werde euch nie vergessen.